"一起向未来"
社会实践系列丛书

丛书主编　李岭涛　薛文婷　钟　海

青春记忆

服务北京冬奥会
工作日志

刘贺娟　陈志生
郑珊珊　夏　天　主编

Together
for a Shared Future

中国国际广播出版社

图书在版编目（CIP）数据

青春记忆：服务北京冬奥会工作日志/刘贺娟等主编.—北京：
中国国际广播出版社，2022.11

（"一起向未来"社会实践系列丛书）

ISBN 978-7-5078-5249-3

Ⅰ.① 青…　Ⅱ.① 刘…　Ⅲ.① 冬季奥运会－志愿者－
社会服务－工作－北京　Ⅳ.①G811.212

中国版本图书馆CIP数据核字（2022）第198258号

青春记忆——服务北京冬奥会工作日志

主　编	刘贺娟　陈志生　郑珊珊　夏　天
策划编辑	祝　晔　赵　芳
责任编辑	梁　媛
校　对	张　娜
版式设计	邢秀娟
封面设计	赵冰波

出版发行	中国国际广播出版社有限公司 ［010-89508207（传真）］
社　址	北京市丰台区榴乡路88号石榴中心2号楼1701
	邮编：100079
印　刷	环球东方（北京）印务有限公司

开　本	710×1000　1/16
字　数	300千字
印　张	25.25
版　次	2023 年 5 月　北京第一版
印　次	2023 年 5 月　第一次印刷
定　价	78.00 元

"一起向未来"社会实践系列丛书编委会

主　　任：

李岭涛　薛文婷　钟海

执行主任：

陈志生　刘贺娟　夏天　郑珊珊

委　　员（按姓氏笔画排序）：

丁方卓　亓　鹏　丰华文　尹素伟　毕雪梅　任大方

刘　琳　刘　湜　刘亚平　刘庆振　刘贺娟　李　晶

李岭涛　肖　斌　吴　垠　佟　玲　宋扬　宋　巍

张凌霄　张瑞桓　陆　虹　陈志生　罗姣姣　庞明慧

郑珊珊　赵盛楠　胡岑岑　钟　海　洪建平　贺幸辉

贾　静　夏天　徐艺心　徐明明　高　歌　黄芦雷娅

梁　骏　路　鹃　薛文婷

《青春记忆——服务北京冬奥会工作日志》编委会

主　任：

李岭涛　薛文婷　钟　海

执行主任：

刘贺娟　陈志生　郑珊珊　夏　天

副主任：

贾　静　洪建平　刘　琳　路　鹃　梁　骏　高　歌

赵盛楠

常务委员：

徐若寒　张文强　武思帆　姜媛媛　赵　娟　田诗琪

委　员：

田健祯　皮思琪　刘逸轩　张泉玥　罗万意　姜子涵

段怡君　查钟毓　秦艺轩　贾朝辉　韩一瑄　蒙蝶双

樊欣阳

序　言

　　在北京2022年冬奥会结束了半年之后，北京体育大学新闻与传播学院（以下简称新传学院）冬奥志愿者的新闻实践活动成果——"一起向未来"社会实践系列丛书结集出版了，《青春记忆——服务北京冬奥会工作日志》是丛书系列中的一部。这本书以新传学院冬奥会志愿者的工作日志为主要内容，将志愿者们在冬奥会期间的工作情况展现给广大读者，把志愿者们的工作和生活鲜活地呈现给大家。

　　本书名中的"青春"是志愿者年龄特征的显现。书中的志愿者是新传学院的本科生和硕士研究生，大部分出生于2000年前后，绝对具有青春特质。"记忆"本来是个生理学、心理学的名词，指的是人脑对于经验过的事物的识记、保持、再现或再认的过程，是人类高级的心理活动。记忆不仅仅属于个体，人们可以记住怎样的内容，记忆的内容以何种方式呈现，是与集体、社会、历史、文化紧密地结合在一起的。关于北京冬奥会的"文化记忆"，可以表现在各个方面：有文字的，也有符号的，还有各种影像方式的记录。当我们见到身边的冰墩墩、雪容融以及满街的冬奥元素时，就知道冬奥会来了，冬奥就在我们身边。德国学者扬·阿斯曼在他的著作《文化记忆：早期高级文化中的文字、回忆和政治身份》中写道："文化和社会是人类存在的基本结构和基本条件，它通过让人们构造一个'象征意义体系'，即一个共同经验、期待和行为的空间，发挥连接和束缚的作用，从而创造了人与人之间的互相信任，并为他们指明了方向。文化记忆的机制主要在于人们借助'文化记忆'可以对'我们应当记住什么'或'我们绝不能忘记什么'的问题做出回答，而这种答案意味着一个集体对于共同生活的世界和规则的基本共识。"本书中的"青春记忆"是冬奥志愿者们关于冬奥会的记忆，属于新传学院的学子们，属于北京冬奥会，更属于我们追逐"伟大复兴的中国梦"的伟大时代。

"志愿者""志愿服务""志愿文化"都是舶来品。在不同的政治、经济、文化背景与社会变迁下，人们的理解很不一样。但这并不妨碍人们在"志愿精神"上达成共识：奉献、友爱、互助、进步是其核心内涵。在北京奥运会、冬奥会上，志愿者们弘扬志愿精神，在奥运赛场外闪耀着熠熠光彩。2008年，北京奥运会上，"向志愿者致敬"环节在闭幕式上首次亮相，并从此成为奥运会的固定环节。在北京冬奥会闭幕式上，6名志愿者代表登台接受了"红灯笼"。冬奥会的每一名志愿者，都像是提着红灯笼的人，用自己的行动去温暖和照亮他人。冬奥会上的志愿者经历，成为他们难忘的青春记忆。据统计，报名本次北京冬奥会的志愿者突破130万，最终有18000人被录用为北京冬奥会赛会志愿者。北京体育大学新闻与传播学院有96名优秀的学子成为北京冬奥会的赛会志愿者，其中包括本科生和硕士研究生，他们凭借优秀的素质在众多报名者中脱颖而出，融入冬奥志愿服务的队伍中。

2015年，北京成功获得2022年冬奥会的举办权。那个时候，新传学院这些志愿者大多还是高中生，在他们的心里就已经种下了对冬奥会渴望的种子。在本次新传学院的冬奥会志愿者中，有几名同学是因为想成为冬奥会志愿者而报考了北京体育大学。2019年2月11日，北京冬奥组委面向全球招募志愿者，成为北京体育大学学子们的热议话题。据统计，2019年至2021年入学的北京体育大学学子成为北京冬奥会志愿者的主要群体。在他们进入冬奥会赛场闭环管理之前，新传学院启动了"服务北京冬奥会"工作。在"服务北京冬奥会"的动员大会上，新传学院院长李岭涛对参与北京冬奥会的同学提出三点希望，希望大家争做重大赛事的参与者、争做专业技能的实践者、争做志愿服务的传播者。这代表了全学院老师对即将走向冬奥会赛场的志愿者们的殷切希望。本次工作的宗旨是在志愿者们服务冬奥会的同时，充分发挥新闻专业优势，用新闻报道等公开报道的方式来记录冬奥会赛事现场的所见、所闻、所感，将冬奥会展现在公众面前，让人们了解志愿者眼中的冬奥会是什么样的。撰写工作日志是其中的一项工作。工作日志，是志愿者们对于自己在冬奥期间的工作情况的记录，以每一天为一个记录单位，记录冬奥会时期的工作状况、社交友情和心路历程。对于一直在学校读书的同学们来说，"工作"使他们接触到新鲜事物。他们从写私人的日记转向了写要公开发表的工作日志，这需要在文字的运用和思想上进行转变。

作为本次"服务北京冬奥会"的指导教师之一，我和同学们一起度过了2022年的寒冬，同时我也感受到了同学们在冬奥会里的火热激情。新传学院的冬奥志愿者们遍布了北京赛区、延庆赛区和张家口赛区。书中的工作日志主要来自国家速滑馆、张家口赛区的冬奥会志愿者以及在"咪咕体育"进行冬奥会赛事解说的同学们。他们在高强度的服务冬奥工作之余，坚持用写工作日志的方式对自己的工作情况进行记录。在工作记录中，我们能够感受到志愿者的工作内容具有一定重复性，工作是琐碎的日常。在做志愿者的过程中，他们为冬奥成功举办贡献了力量。同时，他们拓展了社交的范围，能够在疫情下保持良好的心态，学会了在面对各种问题时保持积极乐观的态度，最终的收获是多方面的。

2022年的2月，是属于全体中国人关于冬奥会的文化记忆。在这段时间里，新传学院学子在冬奥的赛场上做志愿者，用他们对志愿工作的记录，谱写了冬奥记忆交响乐中的美妙旋律。新传学院冬奥志愿者们在这届无与伦比的冬奥会上呈现了中国青年的风采。天为幕布，地为舞台，冬奥志愿者们在天地之间进行了自身素质的完美展演，他们出发时，北京体育大学迎来了雪花飘飘。他们归来时，北体大校园已是春意盎然。在本书出版之时，有的志愿者已经毕业离开了北体大，奔赴人生的下一段旅程，有的还在学校刻苦攻读。无论他们现在身在何方，这段经历将是他们一生中难忘的记忆。他们的记录将打开人们了解冬奥会志愿者精神的一扇窗，让人们更加了解冬奥会以及志愿精神带给青年人的变化。同学们的青春记忆是整个时代的冬奥的文化记忆的重要组成部分。北京冬奥会的成功举办，是中华文化软实力得到全面彰显的重要体现。对于冬奥志愿者来说，他们会将这份记忆珍藏起来，他们的青春因为冬奥而精彩，冬奥因为他们的加入而更具有活力。"志愿精神"不仅仅在冬奥会上得到充分彰显，同时也会在社会各个领域得到进一步发扬，成为人们参与国家建设的重要精神支柱之一。

刘贺娟

2022年9月20日

目　录

做好北京冬奥会的一块"砖"

夏听雨，北京体育大学新闻与传播学院网络与新媒体专业2018级本科生，国家速滑馆志愿者，志愿岗位为媒体运行服务。

◎ 夏听雨

夏听雨的工作日志

【1月22日】出发，去场馆

随着北京2022年初雪的降临，北京冬奥会开幕的步伐也逐渐清晰。学校在今日为即将前往北京赛区、延庆赛区以及张家口赛区各场馆的同学们准备了振奋人心的出征仪式。看着近500名身着统一制服的志愿者同学，聆听着校领导的嘱托和激励，我在一声声口号中燃起了足以抵挡一月凛冽寒风的青春激情。

下午3点，载着我校44名志愿者师生的班车准时出发，前往国家速滑馆驻地。途中等待红灯时，一位行走在路边人行道上的大伯看向了班车中身着志愿者制服的我们，随后抬手一挥，向我们致意。小小的一个举动，却让我感到了莫大的鼓舞。作为一名北京体育大学派出的志愿者，能为北京冬奥会这样一场顶级运动盛会贡献一份属于我的力量，我感到十分光荣，也备受鼓舞。我一定会带着十足的干劲，以最专业的姿态和最灿烂的微笑做好志愿服务，让世界各国的媒体和民众看到中国志愿者的热情洋溢，以及中国青年的朝气蓬勃。

【1月23日】闭环中的年味

今天是在北京师范大学昌平校区驻地休息调整的一天。经过一天多的熟悉，我们已经对驻地的设施、服务都有了一定的了解。

临近春节，很多人都是第一次离家在外过年，但该有的仪式感一分不少，驻地内的同学们也都纷纷装点起了自己的房间。看到对面北师大（北京师范大学）的同学在房门上贴了福字窗花，我们也不甘示弱地拿出了学校为我们提前准备好的"高级窗花"，仔细地贴在了房门上，与对面寝室相呼应，在闭环生活中映出一丝年味。

明天就将正式进入场馆开始赛前准备工作，虽然我已经参加过10月份的"相约北京"系列测试赛，但面对规模、情境全然不同的正赛，我的心情依然有些忐忑。希望明天可以尽快熟悉业务流线，顺利完成首日工作！

【1月24日】上岗第一天

时隔三个月，我再次踏入了国家速滑馆。不同于测试赛时的精简，此次我们进入了闭环内的空间，所需服务的媒体数量以及服务范围也扩大了许多。

上岗第一天，在各位主管老师的带领下，团队60余名志愿者相互做了自我介绍，我们也对北师大的志愿者有了一些了解，相信在未来的工作中大家都能很好地进行配合。

下午，新闻运行经理尹老师给志愿者们进行了简单的业务培训，各位主管老师也带领小组成员进一步熟悉了媒体运行领域的流线和工作区域。

作为记者工作间和媒体休息区助理，比赛期间我将全程在"记者大本营"为来自世界各地的媒体提供帮助。为此，我将利用好赛前的这段时间，抓紧学习场馆提供的专业相关英文用语资料，争取在与外媒交流时更好地展现中国志愿者的风采。

【1月25日】原来小年是这样过的呀！

今天是农历腊月廿三，中国传统节日小年。由于全国各地的过年习俗各不相同，我的家乡对于小年这一节日并无太多庆祝仪式，也没有特别的吃食。

今年非常幸运，虽然处于隔离闭环内，但驻地和场馆老师们的精心准备让我好好体验了一把小年的节日氛围。场馆的午餐特地为我们准备了糖瓜，我原本还不明所以，只当它是一个饭后甜点，直到北方的同学向我科普了小年吃糖瓜这一习俗的由来。

驻地更是准备了各种活动，我报名参加了写福活动。虽然从来没写过毛笔字，但也靠着描红的本事写出了人生第一个属于我自己的福字。在热火朝天的节庆氛围中，原本来自不同学校、不同地域的同学们也不自觉地拉近了距离。大家纷纷拿出手机相互扫福，不时惊呼"我扫出敬业福了！"在闭环内无法回家过年的那些不安和惶恐，都一并在欢声笑语中被冲淡了。

【1月26日】不能忘记防疫呀！

随着媒体工作区防疫隔板安装的进一步完善，媒体记者们即将进入场馆的信号愈发明显。我们组的14名同学在主管老师的带领下进行了"破冰"，大家再次进行了细致的自我介绍，我们也与组内北京师范大学的同学进一步熟悉了起来。

下午，我与北师大的负责人一同跟随主管老师参与了新闻运行部门的会议。新闻中心副主任表示，1月27日起就将有记者开始进入场馆，这意味着我们即将与外国媒体记者进行近距离的接触。因此，防疫必然是重中之重。老师反复强调了要戴好口罩、勤消毒、保持社交距离，这三点防疫提示在场馆内也随处可见。此外，老师们还强调要积极响应媒体记者的需求，但不要过度服务。

作为冬奥会志愿者，服务他人是我们的本职工作，但自身的健康和安全更是进行服务的基石。因此，在未来的工作中我们一定要牢牢遵守防疫要求，勤换口罩，健健康康地进入场馆，也要平平安安地离开。

【1月27日】做好准备工作

今天上午，场馆进行了消防演练，并为媒体运行领域的志愿者安排了安全培训。通过消防演练，我们熟悉了场馆内的逃生路线，也对安全警报的声音和提示进行了了解。

随着运动员训练时间开放的临近，我们的准备工作也更加紧锣密鼓。今日场馆内的外国媒体、转播商的人数明显增加，我们对媒体工作间的布置也加紧进入了最后阶段。为了便于媒体朋友们连接场馆内的无线网，我们打印了大量的中英双语的连接指南，并张贴于每张工作台前，以保证每位记者在落座后都能第一时间掌握Wi-Fi的连接方式。

◎ 志愿者整理工作间桌面

今晚，我校马克思主义学院的陈世阳老师为我们带来了一场生动的思政课。陈老师通过视频的方式，向我们细致解读了习近平总书记关于冬奥会的讲话的内涵。通过老师的剖析，我更加深刻地了解了"为什么要办北京冬奥会""怎么办好北京冬奥会"这两个关于冬奥会价值论和冬奥会发展论的问题，也更加明确了自身的使命担当。

【1月28日】正式和媒体接触

今早的班车相比平时来得比较晚，因此我们刚到达场馆就进入了工作间进行分组，为今天的挑战做准备。今天是媒体工作间和休息区正式投入使用的第一天，我们迎来了十余家媒体，其中不乏外国友人的身影。起初，我对使用英语交流感到略有些紧张，担心自己的表达过于直接或不能顺利解决他人的问题。不过万事开头难，在提醒了两位记者正确佩戴口罩、做好个人防护后，我对于张嘴说英语的不安感减轻了很多，也能够更积极主动地向他人提供帮助。

不同于以往跟外教、外国同学的交流，与作为我们的服务对象的外国媒体交流需要更加慎重，稍有用词不严谨或表达不到位，就可能因为文化背景不同而产生误解，甚至有可能损害赛事和国家的形象。希望在之后的工作中，我能不断提升自我，争取在正赛期间有良好的表现。

【1月29日】抓阄儿上岗

今天的班车到达非常顺利，进入场馆后主管老师就为我们准备了特别的小活动，那就是抓阄儿上岗。因为工作岗位繁多，志愿者人手较少，排班难以做到完全的公平。主管老师为了尽力做到相对公平，在积累了昨天的工作经验后，想到了抓阄儿上岗的方法。我抽中了自己的幸运数字"8"，虽然每个数字背后代表的岗位并没有太大分别，但我想至少被幸运数字开启的一天一定会顺顺利利。

今天到达工作间的记者数量明显增多，最瞩目的当属人数众多的日本记者团。通过工作期间的观察，可以发现欧美记者普遍热情开放，日本记者则更有东亚人的内敛含蓄。因此，面对拥有不同文化背景且性格各异的记者，我们也要结合实际情况采用不同的表达方式，使用不同的面部表情和肢体语言。

【1月30日】又是积极工作的一天

往返于场馆和驻地的闭环时光中，我们总是能感受到老师们对志愿者的爱护与关心。考虑到大家可能会因为连续的早起上班而精神不济，甚至产生较大的心理压力，场馆的老师们非常细心体贴地提出在赛前将我们的工作安排调整为轮班制。一批同学按照原计划早上出发、晚上返回驻地，另一批同学则早上可以休息至中午再前往场馆。轮班的实行给同学们在紧张的工作中带来了一个休息和喘息的机会，因此大家都非常感谢老师们的贴心。

今天我所在的组仍是正常早上上岗，由于少了一半的同学，我们没有轮换休息的时间。但是大家都非常积极踊跃，没有因此产生怨言或懈怠，而是相互帮助、相互鼓励，一起完成了上午的工作。下午班的同学到达场馆后，我们组同学今天的工作就提前宣告结束。

头一次在场馆中有这么清闲的时间，我便和同组同学一起在场馆外逛了一圈，也更仔细地观察了场馆的布置和构造。

【1月31日】别样的除夕

今天是农历腊月二十九，也是真正意义上的春节。我和室友都轮到了上午休息，于是就借着这难得的机会开始为新年做准备。我们联系了驻地的阿姨，拿到了扫把和一卷珍贵的透明胶。就这样带着新年将至的愉悦心情，我们将房间仔细打扫干净，并将驻地发的装饰品都拿出来一一查看，为它们挑选最合适的位置。

下午来到场馆，老师们也在忙着贴福字，吸引了一批记者的围观，中国的记者们也在你一言我一语中迅速熟络起来。我们的两位主管老师还为大家准备了巧克力，迎接一个甜甜的新年。驻地为了应和节日的氛围，还为大家准备了瓜子、花生以及糖果，仿佛一秒回到了家里的茶几旁。吃完饭，我就和家人们进行了视频通话，看着家人们的笑颜，远在异乡的我似乎也没有那么孤单了。

【2月1日】在文字接待台工作的一天

今天我的岗位与以往不太相同，由于实行换班制后早班时间段文字接待台只剩下一位同学，难以应对大批到来的记者，主管老师便将英语沟通能力还算不错的我调换至文字接待台工作。这个岗位的工作内容较为细致繁多，并且需要与来自世界各地的媒体进行沟通交流。因为对岗位职责不熟悉，而且不清楚记者们究竟会问什么问题，我在上岗前非常忐忑。好在一同搭档的北京师范大学外文学院的研究生学姐非常耐心，在大批记者到来前先将具体事务跟我进行了简单说明，并且在记者来访后带我一起熟悉流程，我便很快掌握了文字接待台岗位的工作职责。

今天是中国农历大年初一，碰到的不少外国记者都用中文向我们说了"新年快乐"，这无疑拉近了彼此之间的距离，也消解了我的紧张情绪。希望我们后续的服务也能为身处异国他乡的外国记者们带来家一般的温暖。

【2月3日】运气不佳但不能懈怠呀！

今天我又回归到了早上的班次，比起晚班我似乎更喜欢早班的感觉，因为可以更好地把早晨的时间利用起来，也可以更快地进入工作状态，为更多的媒体记者提供服务。明天就是冬奥会的开幕式，我们领域也获得了一些现场观看的名额。不过很可惜，我的运气一如既往地不够好，只能在驻地观看开幕式的直播了。虽然一直安慰自己相信OBS[①]的转播技术，并且运气会用在更重要的地方，但还是对此感到有些遗憾，毕竟下一次再有这样的机会就不知道是什么时候了。

不过这些小小的失落并未影响我的工作热情。今天依然来了不少摄影记者，但他们已经熟悉了领取辅助通行物的手续和流程，我们作为接待台岗位的工作人员，需要进行提示和指引的地方也少了很多，整体工作都轻松了不少。

【2月4日】冬奥会开幕式

今天迎来了北京冬奥会的开幕式，时间过得真是太快了。今天的工作和以往都差不多，只是记者明显少了一些，可能是因为今天只是常规训练，不涉及训练赛，并且大部分记者都已经前往鸟巢准备观看开幕式了。随着开幕式即将到来的脚步声越来越近，北京冬奥会召开的真实感才渐渐落到了实处。

晚上8点，几乎所有人都不约而同地聚集在电视机前，等待着冬奥会的开幕。我能成为这场国际性体育赛事中的一颗小小的螺丝

---

① 全称是 Olympic Broadcasting Services，奥林匹克广播服务公司，它是国际奥委会设立的一家专门实现奥运会主转播商或奥林匹克转播组织功能的公司，总部设于西班牙马德里。

钉，并且亲身感受着中国从2008年北京奥运会后发生的翻天覆地的变化，这次看开幕式时的自豪感和荣誉感愈发强烈。

明天国家速滑馆就将迎来第一天正赛，我们的混合区、新闻发布厅也将正式投入使用。为了更好地保证混合采访区辅助通行物的发放，老师将我的岗位再次调配至文字接待台，主要负责进行辅助通行物的制作、发放，希望明天可以一切顺利。

【2月5日】一些质疑声

今天是国家速滑馆正式开赛的第一天，女子1500米项目的争夺赛率先展开，中国选手阿合娜尔·阿达克和韩梅也在"冰丝带"的第一场比赛中亮相。相较于选手们在赛场上的顺利，我们记者工作间迎来了进入场馆以来的最大问题。

由于受新冠肺炎疫情的影响，国际奥组委提出了一系列防疫举措，其中包括了限制混合采访区的人数，记者只能凭借辅助通行物进入。辅助通行物的数量有限，而开赛第一天前往文字接待台预约混合采访区的记者人数爆满，超出了名额限制的两倍。因为考虑到每次比赛选手的国籍以及夺金可能性的不同，场馆经理们对名额的分配并不遵从先到先得的原则，而是要人工进行分配。虽然我们都事先提示了记者并不是所有人都能进入，但是在最终分发名额的时候还是收到了大量的质疑。主要的质疑就是在赛前15分钟才进行辅助通行物的分发，难以让所有记者在比赛开始前拿到，从而影响了他们的观赛。虽然场馆老师们也在一同帮忙，但是面对几十人的"围攻"，我们中文和英语轮番上阵解释还是废了好一番功夫。后续我们立马进行了总结，希望明天能一切顺利。

【2月6日】总之，办法总比困难多！

今天是正式开赛的第二天，为了避免昨天的情景重新上演，我们在结合了混合采访区主管老师的建议后，不再对进入混采区的记者人数提前设限，而是做好记录，为每家报社或公司都提供一个辅助通行物。

这样的方式极大减少了记者们有意见、争抢的概率。大部分的记者都还是非常友善且理解我们的工作的，今天就有一位加拿大的记者在了解了我们的新规则后，笑着说："真抱歉你们昨天要处理那样的场面。"我们也对昨天场面的混乱表示了歉意。

总体来说，辅助通行物的分发虽然在一开始碰到了较大问题，但是在大家的群策群力之下，很快总结了问题出现的环节以及原因，并在结合了实际情况后积极做出调整。志愿者们都不怕遇到困难，也不怕辛苦和疲惫，只怕规则不明确会让各国记者对北京冬奥会和中国志愿者产生不满的情绪，从而给赛事和国家造成负面的影响。好在我们的调整还算及时，昨天也尽力做到了对记者们的安抚，没有造成更坏的结果。希望后面的日子能够越来越顺利。

【2月7日】偶遇网络红人"义墩墩"①

开赛第三天，记者们已经非常熟悉领取辅助通行物的规则和流程了，因此我们也少了很多需要指引和介绍的内容，不过我们还是出于以防万一的心态，向每位记者再次重申了规则。

今天还在场馆碰到了近期爆红的网络红人"义墩墩"，虽然他的注册卡上已经戴满了冰墩墩，但我们还是送了他冰墩墩的贴纸，

---

① "义墩墩"指的是日本电视台记者辻冈义堂。辻冈义堂在报道2022年北京冬奥会期间十分喜爱吉祥物冰墩墩，被网友称为"义墩墩"。

并跟他合了影。他也非常友好，跟每位同学都耐心地交流，并表示不接受采访，怕过度的热度影响到他的正常生活和工作。

【2月8日】休息区中的味蕾碰撞

今天是工作时间较长、工作任务较为艰巨的一天。因为今天的赛程安排较前两日有所变化，比赛开始的时间调整到了晚上6点半，因此我们的返程时间也延后至晚上10点。虽然在岗时间延长了，但因为我们对各个岗位的工作逐渐熟悉，并且对各家媒体以及常来的记者的性格都有了一定的了解，具体工作做起来也就更加得心应手。

因为今天是中国选手宁忠言的首秀，下午，大批中国记者都从各个场馆赶来，希望见证中国速度滑冰史上的突破。因为记者人数众多，休息区为媒体提供的免费茶点几乎无时无刻不在补货，国内外媒体都对中国的雪饼、仙贝等饼干非常喜爱，并且对藤椒味的盼盼方便面情有独钟，多位媒体记者都询问能否补货。我想，奥运会对中国文化的传播不仅仅是在赛场和开闭幕式上，这些通过味蕾进行的文化传播似乎更能记忆良久。

【2月10日】累并快乐着

今天中午，首都体育馆展开了花样滑冰男子单人自由滑的最后争夺，这场焦点战吸引了大部分记者前往，并且我们场馆今日的速度滑冰赛事开赛时间较晚，因此今天来到场馆的记者数量较前几日而言较少。

今天速度滑冰女子5000米的争夺赛将继续在国家速滑馆上演，中国运动员韩梅、阿合娜尔·阿达克出战。在国家速滑馆的前几个比赛日中，这两位中国运动员已经有了亮眼的表现。此外，不知道今天的赛事是否能延续国家速滑馆开赛以来每场比赛都有新的世界纪录或奥运纪录诞生的奇迹。

今天有一位日本记者签到时看到了我放在桌上的挂件，便问我是不是羽生结弦。在我回答"是"之后，我们俩相视一笑，这一瞬间让我感受到了体育运动突破国界的力量。今晚的比赛8点开始，为了给媒体记者们的工作提供保障，我们媒体运行领域晚班的志愿者11点才能离开场馆，是近期最晚的一次。虽然身体较为疲惫，但是一想到自己正在做的事情是有意义的，就充满了动力。

【2月11日】瑞典速度滑冰名将夺冠

转眼就是第六个比赛日，今天在国家速滑馆进行的是男子10000米的角逐，这又是一场瑞典选手和荷兰选手竞争冠军的争夺赛。在开赛前，我们在媒体区就感受到了两国记者对各自选手寄予的深厚期望。荷兰作为速滑大国，几乎每一场比赛都会有不少记者来访，瑞典记者通常只有较少人会到场。但是今天，瑞典新闻官告诉我们他们将有7名记者到来，并且都需要辅助通行物进入混采区，我想这从侧面体现了瑞典人对今晚这块金牌势在必得。

而瑞典选手也不负众望，以超出第二名13秒多的成绩成功在国家速滑馆斩获自己的第二枚金牌。开赛以来每一天的比赛都有新的纪录产生，这也更加印证了我们场馆的冰是"最快的冰"。

【2月12日】高亭宇众望所归

今天早上，我久违地来到了驻地食堂吃早餐。相比刚进入驻地时的新鲜感和迷茫，现在的大家似乎都已经找到了自己的生活节奏。

在达到场馆后，我们与往常一样为混合采访区辅助通行物的发放提前做着准备。稍有些不同的是，我们所准备的通行物的数量以及用于签到的表格页数都较以往有所增加。因为中国冬奥代表团旗手高亭宇今晚将出战速度滑冰男子500米决赛。在昨天预约混合区的100余名记者中，有超过1/3的记者都来自中国，大家都对高亭宇寄予了厚望。最终的结果也是众望所归，高亭宇一举打破奥运会纪录夺得金牌。我们场馆的志愿者全体沸腾，此前虽然每场比赛都有新的纪录诞生，但第一次见证中国选手创下的纪录还是有种别样的激动。

【2月16日】可以现场观看闭幕式了！

今天我轮换到了上午班的岗位，又是一个较为清闲的训练日。

直接进入我们文字记者工作间的大门这几天被关闭了，因为前几天下雪之后，场馆外墙上都还有积雪，直接通往大门的室外楼梯上经常会有碎冰落下，非常危险，因此老师们紧急拉上了防护栏并张贴了告示，以保证往来行人的安全。

今天我们抽取了前往闭幕式现场观看的名额，这一次我没有像上次开幕式名额抽取的时候很快点进去，而是等了一会儿再操作，没想到真的抽中了名额。一想到张艺谋导演说闭幕式会有体现双奥的部分时，我的期待值就拉满了，这也能为我的志愿者之旅画上完美的句号。

【2月17日】与美国记者交换徽章

今天依然是上午岗位的工作，因为轮班之后原定的车长不上岗，我担任了这一班志愿者的车长。

场馆的工作一如既往的顺利，没有太多的媒体到来，我们便进行了常规的工作，辅助通行物的发放，保证成绩单、出发名单等信息都是最新版本，并及时为记者们解答疑问。

非常感动的是，今天临走前一位来自美国五环杂志的记者找我们交换徽章，表示这是她来这边的最后一天，所以想留一些纪念并且感谢我们这些天的帮助。他们公司制作的徽章也十分用心，背景是长城，工作能得到认可，我们非常开心。

【2月18日】终于鼓起勇气和外国记者交换徽章了！

这是我在国家速滑馆的倒数第二天，虽然想到之后可能很难有机会再回到"冰丝带"，但还是有些开心，因为繁忙的工作终于要结束了。不过今天依旧是一个工作繁重的比赛日，在速滑男子1000米的比赛中，中国选手宁忠岩将会出战，这也吸引了一大批中国记者的前来。与之前一样，我们所准备的通行物的数量以及用于签到的表格页数都较以往有所增加。

今天比较开心的事，是我终于鼓起勇气主动向外国记者提出了交换徽章的请求。这两位记者分别来自朝日新闻和日本经济新闻社，他们的徽章都非常有特点，一个是哆啦A梦的造型，另一个则是神奈川冲浪图。他们每次来签到预约时我都会偷偷欣赏一下他们的徽章，今天终于提出了交换的请求。两位记者也都欣然答应，朝日新闻的记者还询问我哆啦A梦在中国是否有很多人喜欢。我也向日本经济新闻社的记者介绍了我交换给他的葫芦造型徽章上的内容，告诉他葫芦在中国代表了福禄的美好寓意。

很高兴能够在奥运会这样的体育赛事上，通过交换徽章这样一个小小的举动去进行文化交流，让更多外国友人了解我们的中国文化。

【2月19日】告别

今天的工作跟往常一样，对我们志愿者来说，今天的重点可能是告别。在正式进入冬奥会闭环之前，我总在想这将近20天的赛程要怎么支撑下来，会不会很累，工作会不会很难……但等最后一个比赛日真正到来的时候，才觉得之前的这些设想都没有发生，甚至还想再多几个比赛日跟场馆好好告别。

◎ 看台岗位志愿者与主管老师合照

今天下午有男子集体出发的比赛，高亭宇和其他中国队员也前往看台观赛，我跟着同学们一起去拍到了合影，也借此机会好好在看台看了看"最快的冰"，最后感受了一下比赛的氛围。

今晚，不少记者在离开场馆前都特意来接待台跟我们道别，有些是一句简单的"Bye-bye"，有些则表达了感谢。我们都非常受触动，因为在这一刻才能最真实地感受到我们作为志愿者所创造的价值和所受到的肯定。真的非常骄傲，能够为北京冬奥会提供一份保障、贡献一份力量。

夏听雨的冬奥记忆

1月22日，随着北京2022年初雪的降临，我的冬奥会志愿者之旅正式拉开了序幕。我是来自北京体育大学新闻与传播学院的大四学生夏听雨，在经历了多轮选拔和培训后，与我校其余43位志愿者一同以媒体运行志愿者的身份参与到了国家速滑馆的志愿服务中。

在2021年10月举行的"相约北京"速度滑冰中国公开赛中，我同样是以志愿者的身份和我校其余31名志愿者一起，进行了测试赛的媒体运行服务保障工作。参与测试赛的经历给我带来了许多非常宝贵的经验，也让我深刻意识到了作为一名志愿者所需承担的责任之重。作为冬奥会前检验各项准备工作的重要赛事，本次测试赛也在我心中留下了最重要的两个词，那就是"纪律"和"谨慎"，我也在冬奥会正赛期间的工作中时刻将这两个词放在心头。因为我们的岗位是直接与媒体接触的，所以在赛前接受的第一场培训中，老师就严肃强调了纪律问题。在之后的正赛培训中，这些纪律问题也被老师们反复提及，其重要性可见一斑。

首先，我们的任务是解答与赛事有关的基本问题，不允许接受采访性质的提问。其次，如果有任何自己不能判断的情况都要上报请示，不要随意行动。我还记得10月10日下午，我们的测试赛已进入尾声，突然微信工作群里收到了场内志愿者发来的一条消息，"老师，请问可以在场内给中国队加油吗？"作为观众，为自己国家的运动员加油是人之常情，但作为志愿者，我们必须要在确认这不违反相关规定后才能尽情欢呼。那一刻，我想我真正感受到了作为一名志愿者所承担的责任。我们不仅要做到服务他人，更要清楚自己代表着冬奥团队，甚至国家的形象。做任何事情之前，都要思考是否会产生负面影响，是否会有不良后果，万万不能贸然行动。

作为我校志愿者的学生骨干，在正式进入闭环前的主要工作是协助学校和带队老师进行信息统计报送、发放物资等工作，并组织其余志愿者同学进行岗前培训。在工作期间，作为上传下达、联结老师和同学们的中枢环节，我时刻提醒自己要将学校的通知传达到位，确保每一位同学都了解学校的安排和自己需要做的事情，如此才能尽量避免因为信息差而导致的问题。在同学们对通知不够明确或有疑问的时候，我也要做到积极解释协调，避免大家对学校和场馆的安排有误会而影响工作情绪。

此外，我还要多站在同学们的角度想问题，与每一位同学都尽快熟悉起来，以便多了解大家遇到的困难和问题并进行反馈，以免在赛前发生志愿者内部负面情绪传播的问题。本着这样的原则，我在遇到同学没有及时进行核酸检测、暂时无法按时完成三针疫苗的接种等情况时，积极与学校相关负责人以及国家速滑馆媒体运行经理进行沟通，协商解决方案，并且努力安抚同学的情绪，最终都成功化解了困难，保证我校44名志愿者都可以如期上岗。

我们的正式上岗日期定在了1月24日，自2021年10月的测试赛结束3个月后，我再次踏入了国家速滑馆。虽然我的岗位与测试赛期间一样，是记者工作间和媒体休息区助理，但我们的工作区域在冬奥会正赛期间扩大了很多，任务也复杂了不少。我们记者工作间和媒体休息区助理共有14位同学，工作岗位主要细分为文字接待台、摄影接待台、休息区和验证点。因为有了测试赛期间的合作基础，我与工作间主管徐老师较为相熟。在老师跟我了解岗位意向时，我便表示要做一块"坚实的砖"，哪里需要我就往哪里搬。

而在之后的工作中，我也真正如自己所说的一样，成为工作间的14名志愿者中唯一一个在每个岗位都工作过的人。其中，在混合采访区分发辅助通行物的任务，是我成为志愿者以来最重要且最具挑战性的工作。

开赛第一天，大量记者来到了国家速滑馆，并对混采区的名额进行了预约。因为防疫的相关要求，我们的混采区开放名额有限，并且不采取先到先得和线上预约方式。为了避免记者们没有获得名额而产生冲突，或者其他因为不了解规则而产生的问题，我作为接待台的志愿者承担了重要的解释说明和登记工作。虽然我们已经努力进行了提前的解释说明，记者们也都事先了解了辅助通行物的发放规则，但是第一天真正进行分发时还是遇到了较大的问题。原定只能进入35人的混采区，却收到了80余个预约，因此超过半数的记者都没有了进入混采区的权限。这引发了很多人的不满，我们的分配规则也遭到了质疑。面对几十名记者在接待台前的怒火，我虽然感到慌张和不安，但还是努力解释，并安抚他们的情绪，同时协助老师们给获得名额的记者分发辅助通行物。

事后，我们立刻对当天的问题进行了复盘，我也从接待台的角度向老师们提出了自己的想法。最终，老师们结合了混采区当天的实际情况，商议后对辅助通行物的发放规则进行了及时调整。我也在第二天将新的分发方式告知了前来签到预约的记者们，之后几天的工作也因此顺利很多。

经历过第一个比赛日后，我深刻体会到志愿者作为记者们在国家速滑馆开展工作时接触的第一环节，起着重要的门面以及事先提示作用。因此，我也在之后的工作中更加重视细节。在每一位记者前往接待台时，我都会起身并主动问好。虽然很多记者都十分善解人意，会让我们不必站起来，但我还是希望能给到他们最大程度的尊重，让他们感受到中国志愿者的热情。

在志愿服务期间，看着场馆里先进的设施、高科技的冰面以及完备的防疫流程，我深感自豪。能够在疫情的挑战下有条不紊地推动这样一场大型活动的筹备和进行，真的需要无数人的努力和奉献。我想我也真正做好了这块"坚实的砖"，顺利完成了志愿保障工作。

在最后一个比赛日的晚上，不少记者在离开场馆前都特意来接待台跟我们志愿者道别，有些是一个简单的点头，有些只是一句简单的"Bye-bye"，有些则动情地表达了感谢。我深深受到了感染和触动，自豪之情油然而生。因为在这一刻，我才能最真实地感受到我们作为志愿者所创造的价值和所受到的肯定。我可以骄傲地说，我是北京冬奥会媒体运行领域的一名志愿者，我为北京冬奥会提供了一份保障，贡献了自己的力量。

让我们一起向未来！

冬奥之约　热爱永恒

周雅婧，北京体育大学新闻与传播学院新闻学专业（体育赛事制作方向）2018级本科生，张家口国家跳台滑雪中心志愿者，志愿岗位为转播培训项目的赛时服务实习生。

◎ 周雅婧

周雅婧的工作日志

【1月21日】From 北京 to 张家口——一场未知的探险

2022年1月21日，我乘车前往张家口富龙风铃月谷酒店——冬奥实习期间我居住的地方。谁知刚下车抵达酒店大门就给我来了个下马威：禁止进入！

这让手拿着工作证和入住凭证的我一时有些不知所措。在保安的解释下我了解了禁止我进入的原因：因为1月21日是冬奥大闭环第一天，一切从严管理，必须有上级的直接指示才可以进入大闭环之内。在门口等待了超过40分钟，历经几番波折和多重关卡的信息核实后才终于入住。虽然还未去场馆，但酒店严格门禁、随处可见的消毒物品和身穿防护服的工作人员已经让我初步见识到了北京冬奥会对于疫情防控的重视。看到这些辛苦工作的保障人员，都会由衷地对他们说一声：谢谢！

【1月22日】首日工作从无到有

第一天前往国家跳台滑雪中心工作无疑是紧张且兴奋的。一早起来做个核酸、吃个早饭后乘坐印有"Beijing 2022"的专属大巴车来到场馆，我看着窗外飞舞着的雪花和白雪皑皑的雪山，第一次有了已经成为冬奥会一分子的真实感。因为我是张家口国家跳台滑雪中心第一批到的工作人员，所以工作的第一天一切从零开始：身份注册，打扫和装饰办公室，贴上各种指示路标，熟悉场馆内的所有工作人员。

◎ 张家口国家跳台滑雪中心

【1月23日】保障整个OBS团队的衣食住行

从这一天开始，runner①的任务明显加重，成吨的包裹堆在仓库里需要我们分装整理。包括60箱制服、6箱水壶、超过30箱暖宝宝、3箱口罩等物资……几乎是工作了一整天，才整理好了所有物资并按照应有的顺序进行排列分类并且运送到相应的办公室。我和我的另一个同伴打趣道："只有完成这些工作才知道为什么我们的职位名称是runner。"

此外，由于OBS餐厅还没有运行，所以我们需要乘车前往ZBC（张家口山地转播中心）为整个工作团队采购午餐，第一次去到张家口山地转播中心，给我的感觉就是两个字：宽敞。因为那是整个张家口赛区的转播枢纽，所以规模要比跳台滑雪中心大，有一些购

---

① Runner，外勤人员是OBS人员组织架构中的一级岗位，主要负责日常工作的执行。

买食物和纪念品的地方。还有一个很有意思的细节是，虽然我们距离山地转播中心只有不到200米的距离，但是却需要乘坐冬奥特约车才能前往，目的就是为了确保人员流动绝对安全。

【1月24日】难忘的adventure tour（冒险之旅）

由于昨日工作强度过大，所以今天经理决定带我们稍微放松一下。在"雪如意"附近工作了两天的我们终于有机会走进场馆，走进这个全世界最大的跳台滑雪场。位于2022年北京冬奥会张家口赛区古杨树场馆群的国家跳台滑雪中心，是张家口赛区冬奥会场馆群建设中工程量最大、技术难度最高的竞赛场馆，被形象地称为"雪如意"。"雪如意"的"柄首"是可容纳500人的多功能报告厅，它为观众提供了前所未有的观赛视角。冬奥会后，还可用于举办会议会展，接待旅游观光等。"雪如意"的"柄身"是赛道，国外的跳台滑雪赛道大多建在土石方等填充物上，"雪如意"则另辟蹊径，将168米长的大跳台赛道架在空中。从侧面看去，宛如一座身形柔美的"高架桥"，恰到好处地展露优美的S形曲线。踏上赛道之后，发现跳台比我想象中还要高要陡，我已经迫不及待想看运动员们在大跳台上"飞起来"的场景！

【1月29日】年关将至，年味渐浓

中国农历新年的脚步越来越近，OBS场馆运营团队也准备了一些新年礼物：春联和红包。春联上写着："冬奥赛场传捷报，冰墩雪容唱凯歌"，横批是"冬奥有我"，此外还有一些装着零钱的红包送给了我们这些runner。我们向外国友人们介绍中国的传统新年，帮他们推算生肖。负责餐饮的阿姨还说要在过年那天制作中国传统

美食，这是我们第一次进行一些工作之外的沟通，大家像一家人一样聚在一起欢笑着……

◎ 给食堂贴对联

一月在忙碌中度过，每天早上7点起床，晚上8点才能到酒店。但是在场馆里看着摄像机、安全保障措施、员工食堂等场所从无到有，再到精，心里无比自豪，一天的疲惫也都烟消云散了。期待接下来2月份赛事到来时的别样冬奥！

【2月1日】难忘跨年夜

2月1日是中国农历虎年，1月31日晚我们BTP[①]项目的实习生

① 全称为Broadcast Training Program，北京冬奥会BTP转播培训项目，是由奥运会主转播商OBS发起的教育项目，旨在通过培训在校大学生参与奥运会转播工作，为举办国培养转播专业人才，以实现体育转播行业的可持续发展。

聚在一起庆祝春节。酒店的中国餐厅特意为我们准备了实时同步的春节联欢晚会（春晚）的直播和种类丰富的菜品，大家都在餐厅里放声畅谈。当春晚歌手出场的时候，餐厅里所有人都在和他们一同歌唱，我们这里的大多数人都是第一次经历不在家中过年，这一次冬奥会实践将会是我们人生道路上宝贵的财富与不可多得的经历。

◎ 和冬季两项实习生一起跨年

【2月2日】与IBC^①的工作人员一起游玩

2月2日是场馆摄像机试运行的日子，今天有一位来自IBC（主媒体中心）的特殊游客，我承担起了带领他介绍我们场馆的责任。在与他的聊天中我了解到，他是一名西班牙人，名叫安东尼奥，这次冬奥会是他参加的第二次奥运会，也是第一次冬奥会。他和我分享了他在北京的生活，并且赞美了张家口优美的自然环境。他说不

---

① International Broadcast Centre 的缩写，国际广播中心。

同于整日待在封闭的环境里，张家口依山傍水，放眼望去都是美丽的山峰。崇山峻岭之间盘旋着几座雄伟的场馆，他也邀请我之后有机会到北京体验一下主媒体中心忙碌的工作和舒适的工作环境，我和他交换了徽章作为见面礼，希望之后有缘再聚。

【2月4日】冬奥开幕式

2022年2月4日是一个特殊的日子，因为今天北京冬奥会开幕了，在国家体育场"鸟巢"，全球几亿人共同见证了这场伟大的盛事。因为在张家口工作没有机会前往北京，我们选择守在电视机前观看北京冬奥会的开幕式。开幕式在一开始就震撼到了我，二十四节气开场不仅给世界传递了中国传统文化，更向世界传递了一个信号：中国非物质文化遗产是不可撼动的。随后，华丽的表演和舞台，让我梦回2008年北京奥运会的开幕式。不得不说"国师"张艺谋导演的开幕式可谓是匠心独运、亮点满满，最后的点燃火炬仪式更是让人眼前一亮。本次并没有采用点燃大火炬的形式，而是传递了中国秉持着环保节能的基本原则，向世界展现了大国风采。

【2月6日】纪念品商店火爆盛况

自从开幕式之后，冰墩墩、雪容融两个吉祥物可谓是火爆全网，尤其是冰墩墩，成为全国乃至全世界的顶流。所有的纪念品商店的冰墩墩都被抢购一空。2月6日，当我来到张家口冬奥会官方纪念品店时，发现前几天还有很多商品的商店已经"货去柜空"。

【2月8日】北京奇遇记

2月8日是我的休息日，我和伙伴一起来到了北京，体验与张家口不一样的冬奥会氛围。当然，我们此次来还有一个小私心，就是希望能在北京更大的冬奥会纪念品店买到冰墩墩，但是在起了个大早之后，发现也并不遂我们的心愿。IBC门口排了长长的队伍，物品也所剩不多。我们索性匀出了更多时间来享受MMC（主媒体中心）的设计构造。这里之前是国家会议中心，现在成为北京冬奥会的主媒体中心，在这里我们先后参观了IPC（主新闻中心）、IBC和NBC（美国广播公司）等多个组织部门，还体验了睡眠仓、机器人餐厅等之前从未见过的科技创新服务。总而言之，这是一次很特别的体验。从主媒体中心出来之后，我们来到了国家速滑馆——冰丝带。夜晚"冰丝带"的灯光与奥林匹克塔交相辉映，呈现出中国国旗、北京天安门等美丽的图案，令人叹为观止！

◎ 主媒体中心

【2月10日】云顶见证历史性银牌

晚上7点下班后，我们终于找到机会去云顶观看自由式滑雪空中技巧的比赛，云顶的全称是张家口云顶滑雪公园，包括U型池、坡面障碍技巧、空中技巧等自由式滑雪六个项目的比赛，是张家口最大的场馆群。顶着 -15℃的寒风，我们到达了OBS观众席所在的位置，中国队在本场比赛中派出经验丰富的几位老将：徐梦桃、贾宗洋和齐广璞。本次混合团体的比赛是冬奥会新增的项目，中国队在这个项目中也有强劲的夺金实力。在凛冽的寒风中，中国队3名运动员在资格赛中表现完美顺利挺进决赛，领先第二名美国队十几分。在决赛轮中，徐梦桃发挥完美，但是贾宗洋在第二跳略有失误，落地身体前倾没有控制住，翻了一个前滚翻才最终落地。尽管最后一轮齐广璞发挥完美，但是最终中国队遗憾负于美国，收获一枚银牌。中国队在平均年龄超过30岁的情况下，发挥出了他们的最高水平。尽管所有的观众都在为他们欢呼骄傲，但是令我印象深刻的是贾宗洋——中国的钢铁战士一直在哭泣，最后的颁奖和采访之中也都一直在抽泣。我们总说"老兵不死，只是慢慢凋零"，但我们更应该相信廉颇老矣，尚且能饭！让我们期待他接下来的比赛，中国空中技巧队必胜。

【2月11日】和英国餐饮团队领班打扑克

今天是有比赛的一天，摄像团队十分忙碌。而这恰巧给了我们赛时服务团队和餐饮团队一定的休息时间，我和餐饮团队的领班热情地攀谈起来，她叫Jane（简），今年已经65岁了。平时她就是一副活泼可爱的形象，遇到每个人她都会叫我们"sweety baby"（可爱宝贝）。当你吃饭时没有选择她做的甜品，她就会噘着嘴和你假生气。有一天，我们聊到了平时大家的娱乐方式，我说，现在的年轻人喜欢狼人杀和剧本杀，Jane跟我们说，她平时喜欢做一些手工艺品和打德州扑克，这让我们觉得非常新奇。我之前没有打过德州扑克，只玩过斗地主，所以我们就和Jane交流如何打德州扑克。没有想到她居然随身带了一副，于是我们在工作之余中英合璧，开始进行了一场扑克大战，场面其乐融融。在OBS团队中，每天都会接触到很多有意思的人，大家虽然来自不同的国家，但总能找到共同的语言。

【2月13日】再行北京

2月13日的北京和张家口都下起了鹅毛大雪，今天我和小伙伴一起前往北京主媒体中心进行外务活动，我们要去北京将张家口赛区的媒体包尽数领回。在北京上学四年，我从来没有见过北京下过如此大的雪，仅仅3个小时，雪的厚度就已经达到了脚踝。整座城市被纯洁的白色笼罩着，更显出一份肃静。雪天的交通似乎也更加拥堵了些，原本十分准时的TG班车也晚到了20分钟左右。车窗上泛着雾气，一车子不认识的人在温暖的班车上开怀大笑。那一刻我觉得很不真实，开幕式上的"Together for a Shared Future"（一起向未来）仿佛就在这一刻实现了。在完成了原本计划的任务之后，我们本以为纪念品商店会在13日补货，没想到等到的是人山人海的长队和依旧空空如也的纪念品商店。不过很幸运的是，我们在

◎ 北京的鹅毛大雪

书店遇到了一位来自法国的小姐姐，她送给了我们两个书签，我们在一起讨论着冰墩墩和雪容融，我告诉她冰墩墩是我们的国宝大熊猫，而雪容融是一个灯笼，是中国的传统工艺品。

【2月14日】情人节堆雪人

在完成所有工作之后，厂管的大老板交给了我们一项特殊的任务——堆雪人，因为昨天下了特别大的雪，所以场馆里的雪很厚。听到这个任务，我们立马起身开始工作，作为一个南方人，我很少见到这么大的雪，我发现北方的雪和南方有所不同，北方的雪比较干，含水量比较少，所以很难把它攒成一个球。我们向后勤团队借了一把铲子辅助铲雪，最终成功地堆起了一个小雪人。我们给他取了一个名字叫小台，对应着跳台滑雪这个项目。路过的场馆工作人员和OBS的工作人员都在与它合影。随着比赛的推进和在这里待的时间越来越长，从最初的只工作不进行其他活动，转为工作娱乐活动双线并行，我感受到了OBS这个大家庭的温暖。

◎ 与雪人合影

【2月15日】解说间见证谷爱凌夺银

由于跳台滑雪的比赛晚上才开始，所以早上我主动申请前往云顶滑雪公园CCR^①处帮忙，目的是想观看谷爱凌比赛。我在CCR办公室进行监听工作，负责各路解说信号顺利接入。令人兴奋的是，"青蛙公主"谷爱凌凭借着最后一跳的完美表现最终夺得银牌。在解说监控室看到的画面会比电视转播和现场看到的更加全面，它会有详细的裁判打分情况和选手的具体信息，这有利于解说员在解说过程中更好地向观众传递更多的赛事信息。

【2月17日】最后一个比赛日难说再见

2月17日是跳台滑雪比赛场地的最后一个工作日。作为赛时服务团队一员的我，需要在今天筹划一个简短的告别仪式。场馆经理首先发言，他表示了对场馆里所有团队人员的感谢，其次是后勤团队、摄像团队、场馆运营团队发言。一百多个人坐在餐厅里共同见证了这个时刻，就在这一刻我才真正意识到原来我们这段美妙的旅程要结束了，我们为大家准备了一个大箱子，可以把自己的衣服或者是觉得不需要带回国的东西留在这里，然后捐给有需要的人。没有想到，我们最后装了整整三大箱，里面有衣服、摆件、文具，还有一些纪念品。我们还与日本的摄像团队交换着礼物，有些伤感的是，他们对我们说着："See you in Paris."（巴黎见。）可是不知道我们还有没有机会和他们在巴黎再相见。

---

① 全称是 Commentary Control Room，评论控制室，场馆内负责评论员席运行的办公室 / 区域。评论控制室应该尽可能靠近评论员席区域。CCR 是 OBS 和通信之间音频线路的交接点。

【2月18日】GS团队收尾工作

在比赛日结束之后，我们场馆有超过一半的工作人员已经启程回到了自己的国家，而我们赛时服务团队需要留下来进行收尾工作。当我们到达场馆之后，经理交代的第一项任务就是整理所有的文创产品和撕下我们贴上的所有标识牌，刚听到这个任务的时候，心里不免还是有些感慨。在大半个月前，我们亲手制作了这些标识牌，并且将它们贴在工作区的各个角落，现在我们需要将它们撕下来扔进垃圾桶里。拍了最后的合照，打包好所有没有用完的工具送回ZBC，拆卸掉所有的摄像机和辅助设备，将器械悉数装箱搬运到货车上，看着恢复如初的办公室、食堂、洗手间、大棚，我们几个同学相视一笑说，真的结束了。这个笑里有欣慰、有苦涩，更多的是不舍。在工作的最后一天，我们还是收获了很多感动。在我们最后帮别人扫码下班的时候，有很多同事送给了我们小礼物，并且赞扬了我们这段时间的工作表现。

【2月19日】趣味告别——大跳台滑雪

今天的工作量更少了，因为团队里面有更多的人离开了。所以我们几个小伙伴决定去跳台滑雪赛道上探索一下。工作这么多天，我们从来没有深入地进入这个场馆了解雪如意赛道的内部结构。当踏上运动员赛道时，我们才发现这远比我们想象中的要更加陡峭。站在大跳台的水平面上，我们甚至看不到整个坡面，因为最大的角度达到了38°。这让我更加钦佩这些运动员，他们需要克服心里巨大的恐惧从这一跃而下，飞跃一百多米，而我从赛道上滑下来都战战兢兢。不过我从赛道上滑下来的时候，确实体验了一把飞的感觉，雪花扑在脸上冰凉凉的。今天是我们最后一天来到场馆了，走的时候我们与所有人告别。有缘再见，张家口国家跳台滑雪中心！

◎ 赛时服务实习生合影告别

【2月20日】闭幕式 "天下一家"

时光飞逝，一个月的冬奥会工作在今天就彻底落下帷幕了，我也进入了为期21天的隔离生活。在隔离的第一天，我在宾馆里观看了北京冬奥会的闭幕式。和开幕式一样，这次的闭幕式同样令人震

◎ 闭幕式的 "天下一家" 焰火

撼，尤其是最后的烟花秀环节，"One World One Dream"（同一个世界，同一个梦想）和"Together for a Shared Future"的人类命运共同体思想彻底震撼到了我。它不禁让我思考冬奥会的大家庭是否是世界的乌托邦，尤其是花样滑冰表演赛的时候，所有的运动员在场地里尽情地嬉笑打闹，配合着《想象》（*Imagine*）的音乐，怎能不让人热泪盈眶！

周雅婧的冬奥记忆

体育不仅仅是竞技，它还是符号，是文化，是强大的精神力量。

从2020年志愿者报名开始，我就向往着最圣洁的冰雪天地。2008年我和全家人一起观看了北京奥运会的开幕式，在小小的我心中留下了不可磨灭的印记。我从来没有想过也不敢想，我真的离奥运会这么近，我真的站在了比赛场馆上为冬奥贡献自己的一份力量。

冬奥会结束了，我仿佛做了一个长长的梦，在闭幕式"天下一家"烟花绽放的那一刻，我热泪盈眶。这一场梦醒了，那么美好又那么不真实，再一次加深了我对体育的热爱。

我这次的岗位是OBS公司赛时服务团队的实习生。北京体育大学的BTP分为两个岗位，分别是game service（赛时服务）和venue operation（场馆运行）。

在这里，每天的工作辛苦而充实。

我作为赛时服务团队的成员，主要负责整个团队的后勤工作，赛前与赛后任务量较大。赛时服务实习生一共有4人，3名中国大学生和1名英国小哥。我们负责整个一百多人团队的后勤服务，偶尔也会承担场馆的翻译工作。赛前布置整个场馆，贴上警示标语，协助技术部门安置摄像机机位，协助餐厅团队订购和发放食材，管理场馆与酒店之间的交通等；赛中我们属于机动组，除了日常的供货、交通管理运输之外，哪儿需要我们就往哪儿填补空缺；赛后需要进行收尾工作，将场馆恢复原样。工作虽然多而杂，但可以接触到很多岗位很多场馆不同的人，在与这些人的交流中碰撞出不同的火花。

一月份我们刚去场馆的时候，OBS团队与场馆运输团队的沟通出现了问题。因为中国场馆方和OBS技术部门几乎没有会说中英双语的人，所以我和另外一位BTP项目的同学便承担起了整个场馆的翻译工作。在打地基和摄像机的安装过程中涉及很多专有名词，很难准确翻译，有的时候需要来来回回跑很多次亲自示范。后来我们想到了一个妙招：在网络上搜索图片，毕竟图形是比文字更加生动的符号。果然这个方法起到了效果，技术部门与场馆的沟通变得更加顺畅。比赛中看到穿梭于场馆中的飞猫摄像机，不免让我想到打地基时有趣的经历，自己也参与其中，自豪感油然而生。还有一件印象深刻的事情是食堂正式营业的前一天，餐厅的水管仍然不出水。没有水就意味着有再好的食材和器材也无济于事。在尝试了多种挖掘方法无果之后，工人们探寻出了从洗手间接水管接水的方法，终于成功让餐厅出水了！大家可能难以想象闭环内维修工作展开的艰难程度，但这些困难我都看在眼里：在零下十几度的情况下工作，闭环内没有材料，要从环外买，经过各种检测才能进来，光买的材料就需要5个人来拿，其中经过了太多人的付出。

在这里，每天都能接触到很多有趣的人。

我们的经理是一个住在温哥华的巴西人，和她聊天永远不会冷场。我告诉她我曾经在埃德蒙顿交换过一年，离温哥华很近，她便像见到家人一般攥着我的手说，我就是她在OBS的半个老乡，因为我们场馆只有她来自加拿大。我们从加拿大的气候聊到上课方式再到2020年上半年刚开始肆虐全球的新冠肺炎疫情……她说她很喜欢中国的食物，比加拿大的食物好吃很多，我对这一点表示赞同。虽然她是我的上司，但我和她丝毫没有上下级的感觉，反而很亲密。她会帮我收藏徽章，会给我们平昌冬奥会的制服……在OBS团队中，每天都会接触到很多有意思的人，大家虽然来自不同的国家，但总能找到共同的话题。

　　在这里，我对体育有了新的了解。

　　我是一个非常喜欢体育运动的人，这也是我报考北京体育大学的原因。之前我也总是前往各大比赛场馆观看比赛，但体验感都不如这一次。2022年2月10日，我们一队人顶着-15℃的寒风前往云顶滑雪公园，观看中国队自由式滑雪空中技巧的团体决赛。一周后，又看了男子单人空中技巧决赛。运动员贾宗洋再次失误，无缘决赛，但这一次他没有哭，他的队友齐广璞成功圆梦。我看到他站在混合采访区拼命地为齐广璞鼓着掌，头盔下黝黑的皮肤被冻得有一些红。虽然这次依然有些遗憾，但他笑得很灿烂。有的时候竞技体育很残酷，却又很纯粹。31岁的年纪依然为自己的热爱追逐着，我们有什么理由放弃？这些天，体育带给我太多太多的感动，北京冬奥会上新人辈出，也有老将圆梦。当谷爱凌大跳台摘金后，她的对手第一个冲上来拥抱她的那一刻起，体育就早已超出竞技，超出输赢。

　　我爱体育，它有着连接一切的力量。天下大同需要体育！

一场18天的奥林匹克梦

陈欣雨，北京体育大学新闻与传播学院新闻学专业2018级本科生，张家口国家跳台滑雪中心志愿者，志愿岗位为场馆运行工作。

◎ 陈欣雨

陈欣雨的工作日志

【1月30日】出发，去场馆

今天是小除夕，也是吃年夜饭的前一天。早上8点，我们BTP的同学从清河站出发，前往河北省张家口市崇礼富龙小镇。看到路过的八达岭、居庸关，还有高高挂起的冰墩墩和雪容融横幅，有一种古代与现代交汇带来的奇妙感，让我对即将到来的20天闭环生活充满了好奇和兴奋。

特别开心的是，我遇到了一群格外可爱、聪明、活泼又团结的队友，大家分别来自北京体育大学和北京理工大学，虽然今天都是第一次见面，但是经过旅途点滴、互相帮忙搬运行李，到睡觉前已经在小群里聊到停不下来。我想起下午大家一起去ZBC找激活注册卡的地方，四五点钟崇礼的雪下得特别大，6个人从班车处步行至ZBC，没有找到地方，又辗转步行近一公里，在漫漫大雪里留下一深一浅的脚印；队里有女孩子懂得日本文化，还会讲一口流利的日语，恰好又碰到OBS中的专程前来的日本制作团队，我们（其实主要是队里的女孩）又聊得火热。

真好，五洲四海、四面八方的朋友来到中国、来到张家口、来到崇礼做客，我们又恰好有机会和他们共处，虽然语言略有不通，可是想要交谈的心情和为五环奉献的精神都从一件件小事中显露出来。

【1月31日】第一天正式工作

今天是正式工作的第一天！我早早就看到OBS的成员穿着派发

的厚冲锋衣，今天终于有机会轮到我们去场馆领服装啦！OBS给我们所有成员每人发了一套非常保暖的制服，包括冲锋衣、夹克、滑雪裤、保暖内衣、书包、手套、帽子和围脖等，颜色也是低调的暗绿，感觉不仅冬奥会赛时可以穿，即使以后有机会去滑雪也能起到保暖的作用。

◎ 穿着 OBS 刚发的制服

工作第一天，没有什么过多的工作要做，OBS任务有时候很轻松，也让我的惰性得到了满足，不过我也知道后面的工作内容就没这么轻松了，珍惜现在的每一天！

【2月1日】到"雪如意"工作了

上午我们跟着日本团队来到了跳台滑雪下面的场馆区安装了麦克风，不得不感慨语言的重要性，几个BTP的中国学生和那位日本经理语言互相不通，完全搞不懂对方在说什么，互相仅依靠着一些英语口语勉强交流，之前在BTP项目培训上学的电缆正反环绕、八字形摆放也因为时间太长忘记了一些。

◎ "雪如意"近景

下午迎来了几位中国传媒大学和北京理工大学的同学，由于我们的主管经理还没有来场馆，所以我和另一位北体大的同学自告奋勇领着新来的同学深入场馆，乘坐缆车仔仔细细地参观了"雪如意"内部。崇礼最近几天特别冷，风雪都非常大，阳光的照射下雪场上又熠熠生出了刺眼的白色，尽管风景很好，眺望远处是一片湛蓝的天空，我的鼻子里却充满了冰冷的空气，在场馆内部转了大约半个小时就回到OBS暖和的餐厅中去了。

【2月2日】媒体人的快乐

今天的工作量巨大，上午被日本领队带着步行到"雪如意"高处，然后帮我一起安装麦克风；还在顶峰处遇到了好多冬奥组委的中国成员，他们热心地要给我们两个女生饮料喝。没想到的是，楼梯居然全是镂空的，让本来怕冷的我在楼梯上瑟瑟发抖。

不过，早饭和午饭都特别好吃。午餐的厨师好像是俄罗斯的小姐姐，染着一头亮眼的红发。饭后，我还要了一份小蛋糕，蛋糕最下面贴满了"甜蜜的芝士超级好吃！入口即化"的字样。

说到底，跳台滑雪真是一项极危险的运动项目。下午恰好和领队一起在顶峰处摆放摄像器材，我们所在的位置也就是运动员起跳的地方，比赛时运动员将乘坐缆车抵达这里。我站立的地方叫作"标准台"，虽然相比"大跳台"的高度略低，但我站在摄像器材的旁边还是忍不住腿抖。特别开心的是，今天下午4点钟左右，标准台迎来了3位男运动员在这里测试，我们也格外幸运能够站在旁边清楚地观看运动员整理、上台、起跳的整个过程。准备起跳前，运动员和我的直线距离不到3米。近距离地看，我才发现他们的滑雪服非常特殊，看起来比所有媒体人员穿着的派克服都要单薄。由于跳台滑雪的得分还需除去风力的影响，所以他们的滑雪服全都是由特殊的纤维材料制成。摆放、助跑、跃下，整个过程一气呵成，OBS的摄像大摇臂紧紧跟随着运动员的运动轨迹。我们不需要观看转播，直接从领队的显示屏中就能看到整个过程，可能这就是媒体人的快乐吧！

◎ 出发台上的运动员

【2月5日】第一次举麦克风

之前从来没有感受到"冷"这个词的威力，但今天，我们步行前往"雪如意"跳台斜坡高处手举麦克风时，我才真正见识了张家口凛冽北风的威力。北方的冷已成为大家的共识，然而只有自己亲身体验，才能感觉到这种冷气所带来的"物理伤害"。中午12点钟左右，我们登上跳台半腰处，在OBS日本团队的指导下，按照对应的顺序分别将麦克风、耳机的电缆线与身上的机器相连。我们所要做的就是，当跳台滑雪运动员从高处飞出时，我们需要手持着巨大的麦克风，循着运动员在身旁空中划过的轨迹，将他们飞在空中的气流声收入其中，然后在后期转播的时候营造出逼真的现场感与真实的画面呈现。

◎ 跳台滑雪比赛中进行收音工作

　　然而今天的风极大，由于准备不够充分，我只戴了一双薄薄的手套，也没有戴围脖来保护自己露出的脸颊。可是既然要用麦克风记录每一位运动员的气流声音，当然不能够随意移动，所以只好忍着一身的寒意，原地不动站了两个小时。中途一度觉得非常崩溃，感觉手脚渐渐变得麻木，失去了知觉，长时间佩戴的 N95 口罩也因为哈出的水蒸气变得又湿又冷，黏在脸上。终于等到一位好心的志愿者把她自己的暖宝宝借给我，我马上抓到手里汲取仅有的温暖。天上一日，地上一年，然而对我来说却是"雪如意"上一日，地上一年。60 多位跳台滑雪选手终于跳完了，我也结束了自己近 3 个小时如同木偶般的站立，拖着感觉要马上失温的躯体踱回了 OBS 的办公室。

【2月6日】跳台滑雪开赛

2月6日是跳台滑雪开赛的第一天，由于比赛被安排在了晚上6点开始，所以上午我们就待在酒店，一直到下午2点才坐大巴前往"雪如意"场馆。下午的风格外大，我和另一位小姐妹的任务仍然和昨天一样，不过今天晚上会比昨天更冷，工作时间也会更长。6点比赛正式开始，不到5点的时候，我们就在手掌、脚背、脚底贴满了暖宝宝，薄手套换成了厚手套，挂耳式N95口罩换成了头戴式，戴上了围脖用来遮挡露出的脸部肌肤，在充分的准备下，我们又来到了"雪如意"半腰的地方。能够如此近距离地观看跳台滑雪运动员，无疑是一件极其难得的幸运之事。在我的前方不到10米的

◎ 跳台滑雪斜坡处

地方，就能清晰地听到运动员每次划过赛道的声音，每一次经过都传来雪板和空气碰撞的气流声，我伸出手中的麦克风，将气流声伴着画面带给屏幕前的每一位观众。

【2月7日】接触日本经理

按照工作任务的分配，我今天负责runner部分，简单来说，就是将进入决赛的名单从OBS的一个房间拿出，然后在几分钟之内小跑送至另一个房间，接着复印、分发给OBS其他转播办公室，方便他们制作转播。所以我工作的时间也就是在决赛名单出来后的那30分钟左右，在和日本经理交流之后，晚上9点20分，我的任务正式开始。今天是我第一次和日本经理近距离地接触，我才知道她来中国这么长时间由于网络问题还没注册微信，我用自己仅有的知识帮助她成功注册，然后加她好友、建立群聊。其间发生一件有趣的事，经理在看比赛转播的时候突然扭头问我："中国这次期待拿到多少块金牌？"我对冬奥夺金点了解不够，只好摇摇头。不过她认为中国的短道速滑、花样滑冰实力都很不错，也觉得我们有夺金的实力和可能。

【2月8日】乘坐冬奥专列高铁

今天我又迎来了自己的第二个休息日。和大家商议后，打算坐闭环内的冬奥专列高铁，前往位于北京市朝阳区的主媒体中心购买一些冰墩墩。早就听说MMC的冰墩墩非常难抢，于是我们定了早上8点的高铁票，不到40分钟就到了MMC。一进主媒体中心，就看到纪念品店门口排了长长的队伍，其中不乏外国人的面孔，冬奥会的进行，出现了"一墩难求"的场面，商店窗户上也贴了"毛绒玩具、手办今日已售罄"。即使是这样，也没有人放弃排队，抱着"来都来了"的想法要进商店一睹究竟。大约排了一个多小时的队，我终于进入店铺，除了一些冰墩墩的冰箱贴，以及一些U形枕头，其他比较火热的商品早已卖得干干净净。

在短暂地购买了一些冰箱贴以后，我们去到MMC的餐厅，打算一睹机器人厨师的"芳容"。"机器人厨师"是本届冬奥会的一项黑科技，主要是为了疫情防控和上餐效率。机器人非常特别，身着粉红的马甲，顾客取完餐后它就默默退下，可爱得很！

◎ 机器人送餐

休息日的我体会很多，遗憾没办法用文字或者图片完全记录，万分感激OBS和北京体育大学给予我们的这次机会，更感谢北京冬奥会的举办，让我能以一颗小小的螺丝钉的身份参与其中。心怀感激，由衷欢悦。

【2月9日】交换pin

最早听说交换pin（徽章）这件事情，是看到2021年东京奥运会上孙颖莎和国际奥委会主席巴赫交换"徽章"后得知的，等自己真正参与北京冬奥会之后，我才真正理解pin在奥林匹克中的含义。不少志愿者、冬奥会的工作人员，注册卡的挂绳上都挂满了各式各样的pin，但我想pin的意义不仅仅在于数量的多少，而是要让它回归原本的意义——每一枚徽章背后的故事是怎样的、它来自哪里、代表着什么意义。当我结束冬奥实习时，回看每一枚徽章，是否能够回想起当时发生过的每一幕和每一件小事，这才是pin背后的含义，也是我总舍不得拿自己的pin和别人交换的原因。我认为自己的pin就是最独特的、最好看的，也是专属于我和同学的冬奥记忆，所以格外珍惜，自然不肯轻易交换。时间过得太快了，转眼间我的工作时间已经过半，再过9天，我就要告别张家口跳台滑雪中心，再经过短暂的隔离之后，重新投身到冬残奥会的工作中去。

◎ 2022年北京冬奥会的pin

【2月10日】奥运专用的户外转播车

今天的任务量不大，中午1点左右到达场馆之后，我先饱餐了一顿，然后就被日本领队带着去参观了OB VAN。如果说轨道摄像机、高速摄像机是奥运转播的尖兵，那么奥运转播车OB VAN就是这些精兵的野战指挥部。所谓OB VAN，也即"Outside Broadcast Van"的缩写，是奥运专用的户外转播车。早在BTP项目培训之时，我们就在老师的陪同之下参观过OB VAN的外观与内部，但如今还是第一次在赛程进行时进入正在工作的OB VAN内部参观。转播车内部极大，跟随着日本领队的步伐，我们来到转播车内大大小小的屏幕面前，当时恰好没有比赛进行，工作人员也能为我们讲解一些知识。每一位日本工作人员都在用英语为我们仔细讲

◎ OB VAN 内部

解着，当谈到audio组（音频组）在拿着麦克风收声时，工作人员提到除了运动员飞过空中的声音会被收录进去，连我们拿着话筒和同伴说话的声音也会被录得清清楚楚。

【2月12日】camera（摄像）岗位初体验

工作进入倒数：今天我做了一天camera岗位，在岗的是两个日本人（一个摄像，一个摄像助手）。我作为唯一的中国人需要和他们一起最早到（要拍运动员入场），还要最晚走（要拍颁奖仪式），并要负责在这四五个小时内给摄像师保管和更换摄像机电池的工作。但今天巧合的是组里有一位法国朋友叫Eric（埃里克），他戴着口罩特别显年轻，我以为最多只有二十八九岁，没想到已经40岁了，并且还有一儿一女。最好笑的是，他和我吐槽冰墩墩很难

◎ 在 camera 组工作的地方

买，还开玩笑说我们中国生产很多东西卖到世界各地，唯独冰墩墩经常sold out（售空）。camera组实在是太冷了，Eric分了我一个暖宝宝，我才稍微好一些。不过我也拿KN95的口罩作为回礼。

【2月14日】 在camera组过情人节

"情人节快乐！"今天又被分到了camera组，负责FOP[①]区域的一些工作，主要在跳台滑雪运动员落地的区域负责帮摄像师更换电池。日本摄像师敬业、认真，还有点呆萌。他们用场馆附近的冰块雕刻了奥运五环和冰墩墩，然后带到比赛区域的某个角落摆放拍照。工作清闲时，有个叫Yoshihiro的摄像师特意把他的摄像机借给我摆拍，他把机子架到我肩上，然后教我一些简单的使用方法。我一直都知道摄像机器巨大笨重，他们需要扛着机器在比赛场馆四处跑动，自然以男性为主。当我自己亲自扛起摄像机器的时候，才真正感觉到它的真实分量。另外，站在FOP内部，我能够极其近距离地接触落地的运动员，看着他们精瘦的身材和优美的落地姿势，我又一次感知到体育的魅力。

【2月15日】 让冰墩墩走出国门

今天和同学早起去ZPC（张家口山地新闻中心）排队抢购冰墩墩，但仍然限购，库存也不足，排在前50位的人拿着类似"挂号"的卡片才能购买。我运气不错拿到了21，一扭头看到同属一个团队的日本大叔，正好排在51位，买不到冰墩墩。我想了想，自己已经有一个"墩"，后面还会继续参加冬残奥会，所以犹豫了一会儿，

---

① 全称是Field of Play，比赛场地。正式体育比赛使用的区域，包括为比赛提供直接或者周边支持的区域，在比赛支持区域将现场观众与比赛场地隔开。

就把卡片递给了大叔。他特别开心，忙着把信用卡递给我，买完玩偶后还要和我合照。我想自己什么时候都买得到墩墩，可他们两天后就要离开，当然要让"墩"的可爱传出国门。

我是发自内心觉得自己很幸运，遇到了这么好的一个团队！

【2月16日】告别前夕

早上收到通知，我们乘坐直达班车到达场馆后，所有人都要在餐厅门口集合拍大合照。我有些兴奋也有些伤感，兴奋的是终于能有机会见到OBS跳台滑雪项目的所有人，伤感的是18天竟然这么短暂，我就要告别这里前往下一站了。冬奥会于我而言，仿佛是现实世界里的乌托邦。看到有同样参加BTP项目的同学在朋友圈里这样形容："于一场世界编织的梦，一瞥奇境之瑰丽。但现实的引力太沉重了，一个人必须生存。我们需要生存下来，并继续前进。我们必须前进。"为了未来能够有更大的可能性、有更多的机会再次和大家重逢，分离是必须的，也是促使我进步的催化剂。合照拍完，也意味着我们即将面临告别。我仔细地看着合照里的自己，希望未来能够站上更大的舞台，去到更远的地方，实现更大的梦想。不妨说，BTP之行，正是改变发生的最初起点。

【2月17日】告别

今天已经是2月18日了，我一直拖着没有写昨天的"告别"，从来没有想到18天原来可以过得这么快。18天前，见到每个人我会开心地说"hi"；18天后，见到每个人我开始说"bye"。

其实2月17日早上，坐直达班车去场馆的时候，我就忍不住开始抽泣，把衣服领子拉得特别高，不想把伤感情绪带给大家，尽管离别本来就是一件不可避免的伤感之事。我永远记得电缆组大叔和我聊本科专业、研究生专业；也记得摄像大哥说期待我去札幌看看，更期待我们在不远的将来能够再次合作。

陈欣雨的冬奥记忆

2022年的除夕夜前一天，也就是1月30日，我们一行6个同学从北京体育大学坐上大巴出发，踏上前往张家口市崇礼区国家跳台滑雪中心（又被称为"雪如意"）的行程，自此开始为期18天的冬奥之行。在这一路上，我们见识过了勇敢拼搏的运动员、专业能力突出的转播人、坚守岗位的安保人员以及虽然寂寂无名但为北京冬奥会做着贡献的许多人。

在"雪如意"，我所在的岗位被称为场馆运行，作为被分配到张家口国家跳台滑雪中心的一名转播实习生，我工作的主要内容就是跟随转播团队前往"雪如意"的各个区域，协助他们完成转播工作。来自日本的札幌电视台团队负责此次跳台滑雪项目的转播，他们将VO[①]的工作又细分成了几个小组，分别是：音频组、摄像组、电缆组以及跑腿组。每一位负责VO的学生，都有机会轮流体验这4个不同的工作。在为期18天的日子里，我完成了VO所有4个小组的轮岗，也深深地体会到奥运转播的不易，尤其是在张家口凛冽的北风里，为了给观众呈现出最好的赛事直播效果，扛着笨重的摄像器材四处拍摄的转播团队，身上积满了厚厚的冰霜和雪片。

负责"雪如意"场馆运行的BTP同学一共有14名，主要来自三所高校：北京理工大学、北京体育大学和首都体育学院。最特殊

---

① Venue Operation 的缩写，场馆运行。

的是一位来自美国的大二女生Emily（艾米莉），千里迢迢来到中国的"雪如意"参加BTP。我们14名同学按照日本团队制作的工作日程，每天固定工作8个小时，乘坐直达班车往返酒店和场馆之间。日本团队非常贴心地收集了我们的照片、电话以及微信号码，方便辨认我们和安排工作。在协助日本团队的过程中，我们对国家跳台滑雪中心的了解也越来越深：跳台出发处，又叫作"顶峰站"，需要乘坐缆车上下，一左一右共两个缆车，比赛时一个由运动员乘坐，另一个由裁判、工作人员等乘坐。为期18天的工作里，我们协助日本团队完成了他们分配的4个部分的工作，也获得了他们的称赞与肯定。电缆组的组长称赞我们有"非常强的适应能力""能够举一反三"，在我们的身上，他们说回忆起学生时代的感觉真的很好。在张家口寒冷的环境下，我们拿着麦克风，或者带着三脚架四处走动，手指和脚趾变得麻木，眼睫毛冻结，寒风吹着我们的脸颊和耳朵。然而有了队友的支持和鼓励，我们坚持了下来，并报以微笑。

18天的工作竟然结束得如此之快。回想1月30日，我去张家口的第一天，尚不知道迎接我的是这么繁重、寒冷、劳累但有趣至极的工作。能够和来自日本的札幌电视台团队一起工作，同样让我感到无比的兴奋。这是我以学生的身份第一次接触到世界性的体育赛事，更是我作为一名体育新闻专业的学生，第一次投身于体育传媒、体育转播事业。张艺谋导演在冬奥会闭幕式上用"折柳寄情"来送别宾客，我也愿意以此，来送别使我成长、使我进步的札幌电视台的全体工作人员。我的冬奥会之旅正式结束啦，尽管可能队里的很多人和我都只是萍水相逢，甚至这辈子也难以再见，但我还是愿意引用日剧《逃避虽然可耻但有用》里面的一句话："只要活着，就能相见。"我愿意投入精力踏上学习外语的道路，更愿意未来有机会到日本留学、旅行，看更大的世界，见更多的人。万分感谢OBS和我的母校北京体育大学给予的这次机会，让我能够第一次如此近距离地接触顶级的全球综合赛事——北京冬奥会，让我的眼界愈宽，在我未来前行的道路上，能够有这样一段美好的回忆来时时回顾并给予自己精神支撑。

口罩之下 冬奥依旧温暖

傅海晴，北京体育大学新闻与传播学院新闻学专业
2018级本科生，张家口冬季两项中心志愿者，志愿岗位
为赛事服务外勤人员。

◎ 傅海晴

傅海晴的工作日志

【1月24日】上岗第一天

今天是我上岗的第一天，副主管告诉我中午12点45分跟随班车和大家一起去国家冬季两项中心（简称"冬两"）。许多工作人员还没到齐，这一天我只需要到岗半天。虽说是冬季两项中心的工作人员，但由于我们是赛事服务的runner，隶属于后勤部门，我们实际的办公区是离冬两中心不远处的白色板房区域。

我们的BLM（Biathlon Logistics Manager，冬季两项中心经理）是一位希腊人叫Themis（忒弥斯），她个头不高，有着大大的眼睛和东方人少有的极长睫毛，给人印象强烈而深刻。而副经理佳姐是中国人，昨天去激活注册卡时就跟她联系过，那时她似乎很忙，以至于无暇带我们去制服和注册中心。今天近距离接触才发现果不其然，她不仅要负责后勤的许多细枝末节，还要承担与其他中国人沟通以及为Themis翻译的工作。她有两部手机，而这一天她似乎就没有停止接电话，甚至在回酒店的路上也在努力沟通场馆的其他事宜。

我到了OBS办公室，领取了我自己的制服，并听Themis介绍了一下我们冬奥期间的工作情况。第一天的工作并不复杂：张贴每天班车的时间表，去仓库搬运工作人员的制服，给外国工作人员翻译等，一下午过得很快。

回到酒店，我试穿了制服，幸好很合身，而且件数很多，完全不必担心会着凉了。

◎ 国家跳台滑雪中心——"雪如意"

【1月25日】第一顿工作餐

今天我休假，但是进入闭环就意味着不能睡懒觉，因为每天6点至10点都必须去做核酸检测，另外也不可错过酒店提供的免费早餐。Themis告诉所有实习生，冬季两项工作区的厨师还没上岗，餐厅要到27日才能开放，所以平时就喜欢睡懒觉的我这次也不敢多耽误，7点半就已经洗漱完毕，做完核酸后去享受早餐了。餐厅在9号楼，步行过去不是很远。早餐总体上是中西结合的，有麦芬、欧包、培根等西式早餐，也有炖菜、油条等中式早餐。我往盘子里添了不少食物，找了个位子坐下，再次给手消毒后就开启早饭模式了。事实上，进入闭环后我就十分注意消毒和防护，每次从外面回酒店后也会花15分钟给所有东西消毒，吃饭前也会使用自带的免洗洗手液，丝毫不敢懈怠。早餐总体上很丰盛，我享用完毕后就回房间待了一天。直到晚上，副经理佳姐和其他同事回来，我们在3号楼的餐厅一起聚餐，顺便和冬两的其他中国人熟悉了一下。我们后勤部门一共有5个实习生，包括我在内有3个人来自北体大，因此我很快就融入了群体。佳姐看起来40岁出头的样子，但十分和蔼活泼，完全和我们打成了一片。有她在，我们的工作开展起来都多了一份保障。

【1月26日】正式上班

今天是我正式走上班流程的第一天，也是超级疲惫的一天。上午接到Themis的通知，可口可乐公司（赞助商）的人给我们送来了一台冰箱，需要我去签收，但负责派送的工作人员打电话告诉我不能送到门口，由于环外的人不可以进入环内，他们的车被警察拦在了300米以外，需要我们自己把冰箱推回去。不巧的是，5个runner中唯一的男生今天休假，因此只有我们余下的4个女生去办这件事了。我们4个人接到冰箱，费力推了差不多300米，好不容易推到了餐厅门口，发现冰箱比大门高一点点，需要横着进去。多亏餐厅门口坐着平时管理班车的调度人员，他用地牛帮我们把冰箱打横并推了进去。这一通操作下来，我的腰已经有点直不起来了。

今天中午还没有提供午饭，于是我趁着办公室人少的时候吃了两块巧克力。下午的时候佳姐给我安排了两个很重要的任务：一是带着4个清洁工人去赛道各个角落的房间进行清洁；二是把其中1号房间的桌椅搬到9号房间，下午必须完成。这些房间是不能步行过去的，只能坐机动雪橇才能到达。于是我借了机动雪橇，和司机、几个清洁工人踏上了雪道。坐雪车看上去很威风，但其实不然，车开得不仅不快，风还很大，一下午在外的我已经全身冻僵了。

最后这两件事虽然都完成了，但其实中间出了很多岔子，比如清洁人员要休息，不能马上出发；确认了多次9号房间到底在环内还是环外，工人到底能不能进；人手不够等。一切细节都得确认到位才行。这一天下来，我整个人疲惫不堪。不过在回酒店的班车上，佳姐夸我说做得太好了，因为这两件事一直困扰着她。听到她这么说，我的疲惫感一下子被成就感替代了。

【1月27日】搬运设备

同昨天一样，我上午去确认了三个媒体房间的设备，发现还有很多设备没有到位，但是下午媒体陆续就要来卸货。副经理很着急，告诉我这些东西必须在他们来之前搬好。但工人们那边人手不够调度不过来，这让我们很是着急。到了下午，几个工人终于来了，但是他们没开货车，因此需要将68把椅子一次次从OBS办公区运送到评论区，这实在是一件苦差事。我反复问他们是否有车，得到的都是十分无奈的回答：各个场馆都人手紧迫，他们还没吃午饭就赶过来了。时间紧迫，他们只能一次次用手把椅子运走。68把椅子，运了两个小时，运完后工人们都已经筋疲力尽了。而我的工作还没有结束，我需要把这些椅子分散到27个评论区房间，并将快递的台灯拆封、分配好。干完这些活后，竟然已经到了下班时间，我在回去的途中睡着了。

【1月30日】临近过年，工作增多

距离除夕还有1天，我们冬两的工作区也终于贴上了福字，虽然是彩色打印出来的，但聊胜于无。我像往常一样早15分钟到达班车点，清点坐班车的人数，然后跟随同事们坐车上班，一切都没有变。冬奥会越来越近了，工作也逐渐多起来，我自然没什么心思考虑过年的事情。到了工作区，经理给了我们一份表格，交代我们所有runner把这些人的制服从仓库里拿出来。那是一份很长的清单，因为冬两的工作人员似乎在这两天集中到齐了，我们要做的就是把他们的制服从仓库的大箱子里拿出来，清点后再送到办公室。这对于我们来说早已不是难事了，于是我们几人驾轻就熟地行动起来。一人负责查看清单和制服的位置，另两人负责找。

今天新来的人很多，午餐就餐人数上升到200人，偌大的餐厅一下子就被填满了。摄像组、无人机组、制作组等员工源源不断地走进来，再次给我以"冬奥会临近"的真实感。他们中有些人似乎也听说了中国的习俗，进门时不时祝福我们"Happy Chinese New Year！"（新年快乐！）回想起来也是神奇，奥林匹克把五湖四海的人会集于此，互相学习和了解对方的文化并致以敬意。我不禁觉得就算不与家人共同庆贺，这热闹的环境和和谐的氛围，也是别样的春节。

下午5点左右，张家口忽然下起了雪，并且逐渐加大。佳姐突然起兴要和我们一起和雪景合影。在回去的路上，她提议我们明天晚上一起去酒店的自助餐厅过年，我们欣然同意。在这与众不同的日子里，吃一顿不寻常的晚餐也是一件乐事。

【1月31日】除夕休假

今天是除夕，碰巧赶上我休假，于是我给自己订了一个丰富的计划：上午收拾房间、洗衣服；下午和家里人一起视频，同步过年；晚上和同事吃自助、看春晚，过一个不一样的春节。酒店的设施齐全，洗衣机、冰箱、电视都在房间，因此就算在这个物资紧缺的闭环里也过得舒服。

转眼到了晚上，我和同事一起去酒店的自助餐厅吃晚饭，副经理特地订了一个正对电视的位置，可以一边吃晚饭一边看电视。说实话，自助餐和平时的早餐区别不大，但可以看到来吃饭的人都是中国人，想必也想在这个特殊的日子犒劳一下自己。我难得喝了一点啤酒，举杯和大伙一起欢庆。

【2月5日】冬奥正式开始

今天是冬奥会开始的第一天，我们场馆就要角逐一枚奖牌。比赛时间是在下午5点，大约会持续两个小时。由于冬季两项起源于北欧，因此可以看到参赛的选手很多都来自北欧国家。他们穿着看似薄薄的运动服，在雪道上奋力地滑雪，一度让我以为滑雪是轻松的运动，在旁边观看的我已经冻僵了。终于，挪威选手在最后一刻绝地反超，赢得了金牌。我在终点处看见挪威代表队兴奋地抱在一起，欢呼雀跃，不禁心生佩服。

【2月7日】观看比赛

今天又是一个比赛日，而且来的工作人员很多，所以我们格外忙碌。给冰箱塞满了水和饮料，清点仓库的库存，帮忙上下班打卡。但这一切又都在比赛时停止。真的很佩服冬季两项的选手，他们不仅要保证滑雪的速度，还有兼顾射击的准度，看得我也很想运动起来。

【2月9日】参观IBC

由于今天没有比赛，所以又轮到我休息。这次准备来点不一样的。我们早起乘坐班车去ZPC，再换乘车去太子城。冬奥会的工作人员是可以免费乘坐高铁去清河站的，我们借此机会去MMC参观了一下。MMC十分宽敞，可以感觉到属于首都的气质，在这里工作的人似乎都很忙碌，没空停下来休息。我们在这里吃了午饭，和别的人换了徽章后就准备去特许商店转转。果然，不论是哪里的特许商店都要排队，我们排了近30分钟后，发现冰墩墩上午就被卖光了，于是只能失望而归。

【2月11日】感冒

今天感冒了，不知道是前两天去IBC冻着了还是前几天夜晚在外面数班车人数的时候着凉了。不过还好，我只是风寒感冒，没有出现发热症状，所以可以暂时放心。

做完核酸后，我又照常来到班车前，准备招呼在酒店门口聚集的众多前往ZBC的人上车。班车出发后，车上的暖气开得不大，我坐在后座感觉到一阵寒意。到了驻地后也还是日常需要做的那些事情：把水搬到餐厅的冰箱里，给所有人扫工作牌。要做的都是些琐碎的事，但我还是头疼欲裂，内心已经在祈祷赶快下班了。幸好下午没有过多事情做，我和其他实习生坐在餐厅门口的桌前，一边昏昏欲睡一边不停地擤鼻涕。因为要注意防疫，所以我每次都小心翼翼地摘下口罩，擤过鼻涕后再迅速戴上。其他同事都劝我和经理请病假，但我其实有点不好意思，因为前几天连着休假了好几次，不想再在酒店继续躺着。

回到酒店，我去酒店的医务室询问有没有感冒药。再三确定我没有发热症状后，医生好心地送了我一盒中成药，没收费，很感激。我回到酒店后马上喝了药，把热风开到最大，希望感冒能尽快好起来。

【2月13日】继续工作

早上起来后，除了流鼻涕以外已经没有什么不适了，于是我的日常工作又得以顺利开展。一出门就发现外面下了好大的雪，甚至有些遮挡视线，而我在北京就没见过这么大的雪。坐车的时候，我看到新闻说谷爱凌今天的U型池比赛因天气取消了，以为冬两的比赛也会取消，但到了驻地才知道比赛依旧。很佩服冬两的运动员，在如此恶劣的环境下还能继续比赛，真为他们捏一把汗。

下午的时候，我们几个暂时没工作任务，有人就提议去外面堆雪人，于是我们戴好手套出门了。不料刚下的雪不够实，很难堆成一个球形，费了好大力气才勉强堆了一个可以被叫作雪人的"物体"——五官和装饰都是塑料袋做的，看起来有些简陋。下午4点

◎ 大雪天堆雪人

多的时候雪还没有停，我看见VO的一部分助手已经回来了，他们看上去冻坏了，而且冬两今天有两场比赛，也就是说他们一会儿还要去外面受冻，我们赶紧给他们送去了暖宝宝，冲了热可可，希望大家都不要像我一样感冒。

【2月14日】节日聚会

今天是情人节，但很明显这个节日跟我没有什么关系，我们依旧要照常工作。不过Themis说今天要跟我们吃饭，我很是期待。

中午的时候，负责管理班车调度的涛哥给我们每人发了一块巧克力，说别人有的我们也要有。我们平时就跟涛哥混得很熟，但其实他跟我爸爸年龄差不多，总给我一种老父亲的感觉。昨天我的眼镜不小心压坏了，还是涛哥帮我办好的。为了感谢他，我把冬奥会前带来的熊猫徽章给了他，他看上去很高兴。很感谢涛哥一直对我们的照顾，让我在闭环内也体会到了同是中国人的情谊。

终于到了晚上，Themis特意说不要穿制服来，于是我换上了自己的衣服。Themis由于有工作所以稍晚来了一会儿，我本来还有一点紧张，但在她来之后这一切就迎刃而解了。Themis私底下并不像工作时那样严肃，而且很照顾我们每一个人，让慢热的我也一点点打开话匣子。我们开始谈论音乐、电影，谈论文化之间的差异，氛围真的好极了。最后，我们合影留念，为今天的晚餐画上句号。

【2月16日】送给Themis的礼物

我感觉自从和Themis吃过饭后，我们之间的距离就变得近了。离要说再见的日子近了，我们和佳姐商量临走前送Themis点小礼物。佳姐说她喜欢吃巧克力，还说她之前去IBC想买冰箱贴，结果只买到一个，所以我计划送Themis一个冰箱贴，也是我此前在IBC排队买到的，希望她会喜欢。

◎ 冰墩墩冰箱贴

【2月17日】买到了冰墩墩

今天是休息日，不过我可没闲着。早上7点多就起床了，我准备坐早班车去ZPC的特许商店买冰墩墩。结果我到那里才发现，排队的人已经从二楼排到一楼了，想要买冰墩墩已经是没戏了。但我又觉得可惜，心想好不容易起这么早，说什么也要买到，所以我随即定了去北京IBC的高铁，说走就走。

去北京的高铁时间不长，只需要40分钟，但是由于要倒班车，所以到达IBC时我已经饥肠辘辘了。不过我看到特许商店门口的队伍还不算长，心想今天肯定能买到冰墩墩。然后就开始了两个半小时的等待，由于是临时起意，我连充电宝都没带，快排到我的时候手机就没电了，还要多谢工作人员帮我充了一会儿电。不过终于买到了冰墩墩，也算是不虚此行。

【2月18日】冬季两项的最后一个比赛日

由于天气情况不好，明天的比赛整合到今天一起举行，所以今天是冬两的最后一个比赛日。在开赛之前，制作组的领导Andreas（安德烈亚斯）给所有人开了一个会，总结这十几天比赛日的活动，并感谢各位的付出。一想到冬奥会之行即将落幕，我不禁悲从中来。这近一个月的经历真的带给了我很多，我认识了来自各地的友善的同事，见识了国际大赛的规模，更重要的是真正感受到了世界的多种可能，这份经历我会珍藏一辈子。最后一个比赛日，我也认真地完成了我的工作。看到摄像组的人把班车上的贴纸撕下来贴在自己包上时，我没忍住地拍了下来。感谢这些有趣又友善的人们，让我觉得体育真的可以让世界和平。

【2月19日】告别部分同事

今天可能是冬季两项人齐的最后一天，于是我们刚上班就被安排一起合影。所有人在赛场的雪地上齐聚，对着照相机露出笑脸，这种感觉真的很好，我曾无数次这样想。虽然很多人要走就意味着我们也要忙碌起来，但是我第一次觉得忙碌是多么好的一件事，至少是我们的共同回忆。午饭后，Themis同实习生Stephanie（斯蒂芬妮）和Eva（伊娃）一一告别，因为今天是她们最后的工作日了。我们也不得不和很多同事道别，其中有的问我们以后是否会再见，有的会和我们碰拳告别。现在想来，这也是很残酷的事。我们几乎是最早一批来，迎接所有工作人员，最后再将他们送走。我逐渐被悲伤所包围，这样的经历可以说是绝无仅有，还不想这么快就说再见。

【2月23日】最后一天

今天是我上班的最后一天，但场馆因为没什么事情做就全员放假了。我完全没料到这一点，所以错失了和许多人合影的机会，不过我还是和佳姐、和 Themis 做了最后的道别。我把我们买的零食和准备好的冰箱贴送给 Themis，并和她紧紧地拥抱。我告诉她感谢她对我们的善意与包容，Themis 说这是她应该做的，并且承诺会给我们发邮件，如果有任何职位上的问题她都可以提供帮助。虽然有千万分不舍，但这就是最后的告别了。我不想说"再见"，因为我觉得以后会有再见面的机会，于是我对她说，"see you next time"（下次见）。中国的小伙伴们很容易见面，但 Themis 住在意大利，虽然见面的希望很渺茫，但我依然相信我们仍会相见。再见了，2022年北京冬奥会，谢谢你带给我的一切。

◎ 比赛的最后一天，团队大合照

傅海晴的冬奥记忆

犹记得上岗前在宿舍收拾行李时，我不断想办法把一袋又一袋零食和酒精棉片塞进行李箱。当时北京的疫情状况不容乐观，给本来充满期待的我泼了一盆冷水。于是我担忧地在内心祈祷：这次冬奥之行，只要核酸结果还是阴性，就是最大的胜利。那时的我肯定想不到，这一个月的收获其实远远超出预期。

我到的第一天，也就是2022年1月23日，在下榻酒店后我第一时间联系了我们的副经理佳姐，她在电话里说让我自己去领制服和注册中心激活注册卡，紧接着发了一张班车点的照片。由于是第一次来找不到路，我在ZBC下车后迷路了。我东问西问，差点走到闭环外面，花了一下午时间才成功激活了注册卡。后来才得知，佳姐每天都有诸多事宜要负责。因为她是中国人，所以与奥组委联络的活都是她来协调，身兼数职。有好几次，我在下班回去的路上看见她一直在接电话。晚上回来，佳姐叫我们所有人一块吃饭，约在酒店的一家中餐馆。一见佳姐，短卷发和她满口地道的北京腔让我对她有了很大改观。她似乎特别照顾我们这些实习生，还告诉我们有任何工作或生活上的问题都可以找她。那天晚上我吃得很饱，心里很暖。

我所属的部门是冬两OBS的后勤部，BLM是一位希腊女士名叫Themis，她看上去40岁左右，个头不高但很有气场，说话也是让人不容置喙的语气。佳姐经常给她翻译和沟通协调后勤部门的工作。来之前我就听说Themis很严格，必须严丝合缝地按照她的指示完成任务，并且要实时给她汇报进度。我还从未有过这样的上司，于是干活不敢有怠慢，除了工作的交流外也不敢和她插科打诨。

疫情防控方面，由于全球疫情状况仍不容乐观，这次北京冬奥会也采取很严格的措施。所有涉奥人员每天都要去固定检测点进行核酸检测，除去饮食以外，原则上应全程佩戴N95/KN95口罩，并且酒店和工作区到处都配有免洗酒精凝露，理论上还是比较安全的。我也逐渐习惯每天消毒的日常，只要保持社交距离就可以放心吃饭和喝水，一切并没有我想象中的那么恐怖。

我每天的固定工作大约是：去仓库找到当日到来员工的制服，确保餐厅冰箱里时刻有充足的饮料和水。打开餐厅的午餐系统并让来吃饭的员工刷工作卡用餐，安排好班车并查清楚每辆车上的人数。不过我们的工作远不止于此，后勤覆盖许多零碎的杂活，我们有时要做翻译工作，有时要坐车去其他场地勘查情况，有时要监督刚到的货物卸货。工作的第一周我不断感慨：后勤真的远比想象中要累，来得比所有人早，走得比所有人晚，这种机动工作是我从未尝试过的。

随着工作不断推进，我对OBS办公室的几位也逐渐熟悉起来。Themis是后勤经理，冬两场馆的餐饮、制服、仓库储备等许多事宜都会经由她手，是保证冬两OBS工作区正常运转的关键，因此她也需要事无巨细地关心每一个部门，每天来办公室找她的人络绎不绝。她隔壁办公室的是BVM（Venue Broadcasting Manager，场馆转播经理）的Hiro（希罗），他负责掌管场地和工作区的事宜。Hiro是一位日本人，性格明显比Themis含蓄许多。听说他在中国香港待过几年，很了解中国文化，过年的时候还给我们全体实习生发了红包。Hiro对面的办公室是VTM（Venue Technical

Manager，场馆技术经理）的 Marc（马克）和他的助手 Rui（鲁伊），Marc 是一个光头，再加上他总是不穿制服，所以在人群中格外显眼。Rui 个头虽不高，但是在工作区随处可见他的身影，他总是毫无怨言地干各种各样的活，脸上也经常挂着微笑，好似不会疲倦。

有一天中午，为了带几个清洁员工去分散在赛道上的几个工作间干活，我和 Rui 一块坐雪地摩托车在冬两的滑雪赛道上飞驰。雪地摩托车看上去很拉风，但坐上去只有冷的感觉。我们折腾了一下午，和工人们几乎绕遍了赛场，终于把所有房间清理干净。回到 OBS 工作区时已是傍晚，我被冷风吹得瑟瑟发抖，只想赶紧回餐厅暖和一会儿，没想到 Rui 一边和我开玩笑说他已经被风吹透了，一边又忙别的事情去了。还有一次，我被拉去给 Rui 同其他国外媒体和中方技术部门人员做翻译，忘记注意下班时间了，差点没有赶上回酒店的班车。Themis 得知后把 Rui 训了一通，我内心万分内疚，感觉并不是他的错。第二天上班时向 Rui 表达我的歉意，他却说不是我的错而是他的疏忽。现在想来他真的帮了我们很多忙，也从不计较得失，他像小太阳一样融化了张家口严冬的寒冷，真心地感谢他。

距离比赛开始没剩几天时，我对自己岗位的工作已经完全上手，这很大程度上都是佳姐的功劳。在我的印象中，尽管佳姐每天都忙得焦头烂额，但从来没有疏忽对我们的叮嘱和指导。因为 Themis 对细节要求很严苛，所以她在做事情之前都会不断提醒我们应该注意什么，就算犯了什么错误也没责骂过我，而是说："我替你顶着呢。"佳姐在我们团队所扮演的角色，绝对不是什么上司或者老师，而像一个亲密的好朋友，上班时每时每刻都照顾我们，每天下班还组织后勤部门的实习生一起吃饭，休假时邀请我们去各个场馆探索。我从没见过像她这样有活力、体贴又能干的人。我经常在想：如果没有佳姐在，我的冬奥之旅也许会比这无聊枯燥许多。

在冬两工作久了，我也明白了在OBS和其他公司工作的区别。在这里，可以放下对领导和同事的拘束，像朋友一样平等相处。虽然工作还是要倾力完成，但不必端着姿态，大可以说出你的看法或者开个小玩笑。这样的工作氛围令我十分愉悦，我也从一开始磕磕巴巴地用英语汇报工作成长为能完全随意地和Themis聊天，讨论音乐，讨论文化的差异。Themis说她在2008年北京奥运会时就来中国工作过，现时的北京和那时有着翻天覆地的变化。我不由得跟她感慨，中国正在变得越来越好，努力变成更有担当、更有实力的大国，她对这一点也表示赞同。从她口中我也了解到希腊人眼中的中国，和我印象中有出入的是，他们没有如此多的偏见，而是有着对文化差异的迷惑和不解。我认为，未来的中国可以通过更多、更深刻的国际传播来逐渐弥补这一点，本次冬奥会就是极佳的范例。

我的工作任期有一个月之长，但是自从冬奥会开赛后，时间就过得飞快。在这期间，我见证了运动员夺金的瞬间，目睹了我们场馆近两百名员工的辛苦付出。张家口的风虽冷，但比冷风更盛的是所有工作人员的热情与包容。我所见过的所有工作人员都富于爱心且不惧艰辛，我见过的OBS人员都对我们友好且善良。虽然疫情期间有很多出入都有了限制，但奥林匹克带来的和平与友谊仍然燃烧在冬两场馆的各处。

天下没有不散的筵席，一个月竟如此之短，我看着大部分人一个个先于我离开，一一向我挥手告别，就像与挚友分别。我感到了前所未有的失落。感谢2022年北京冬奥会，感谢这次冬奥会给我参与的机会，感谢每一位对我说感谢的人，这份美好回忆我永生难忘。希望以后能再次参与奥运，希望以后能和这些朋友再次相见！

服务冬奥，传递友谊

武思帆，北京体育大学新闻与传播学院新闻与传播专业2021级硕士研究生，国家速滑馆志愿者，志愿岗位为媒体运行领域的记者看台席助理。

◎ 武思帆

武思帆的工作日志

【1月23日】学习冬奥故事，协调交通事项

今天我们岗位没有任务，所以没有前往场馆。上午简单整理了驻地的事务，下午北京体育大学冰球学院院长王春露为我们带来了一堂思政教育课。王春露院长追忆了30年前参与国际赛事的艰苦条件以及在比赛中遭遇的困难。面对这种遭遇，他们没有一味地抱怨，反而更加以礼待人，并且发挥出自己真正的实力，在赛场内外改变了其他人的看法，赢得了尊重。而我们在面对一些困难时，也一定不要只会抱怨，要始终保持积极的心态，毫无保留地发挥出自己的能力，这样才能克服困难。1999—2000年世界杯短道速滑赛上，中国队摘取了12枚金牌中的9枚，王春露院长告诉我们，成功背后更多的是场下的一次次的积累、汗水和泪水。1998年长野冬季奥运会因为对手犯规导致她被撞出赛场痛失金牌，3年半后又因为腰伤一度可能错过2002年盐湖城冬季奥运会，但她咬紧牙关，选择了艰难的训练方法，最终参与并闯入盐湖城冬季奥运会短道速滑女子500米的决赛。王春露院长送给我们一句话："弱者等待机会，强者争取机会，智者创造机会。"作为新时代的青年，我们要做智者，牢记"使命在肩，奋斗有我"，用自己的努力去创造机会！

此外，作为国家速滑馆北体大媒体运行领域的交通负责人，我收到了驻地负责交通的老师的微信消息，内容是1月24日的用车共享表格。需要注意的是，在第一版的表格中，时间为到达场馆时间，具体出发时间需要与司机协商，接下来就是沟通的事宜，不过

今天晚些时候驻地交通负责人统一了大家的出发时间，最终表格中的时间变成了驻地出发的时间。

◎ 认真学习冬奥故事

【1月24日】第一次进入场馆

今天是第一次正式前往场馆，说实话有些紧张，尤其是作为交通的负责人，我不知道该如何确定北体大的同学是否都上车了。不过下楼以后其实很顺利，缓冲区每次进一辆车，管理老师会在群里通知各个学校的交通负责人，然后数好人数后才出发。

到达以后会有接待的老师，他们穿着统一的红色服装，老师们先是为我们分发了工作证，用于进入场馆和吃饭等事宜。进入场馆区域后，要经过两道流程，首先是人脸识别，接下来是安检，安检流程很严格。现金是禁止被带入内的。

第一天先帮助老师们把场馆媒体中心的椅子安排好，其实就是搬运的工作，然后新闻团队的老师与志愿者们分别进行了自我介绍。因为我是新闻记者看台席助理的岗位，看台席的老师带我们过了一遍新闻领域会涉及的区域，包括媒体工作区、看台席、混合区，重点介绍了看台席。我们负责的看台席分为五个部分，赛时应该会采取轮班制。最后老师介绍了一下我们的工作，其实主要就是服务媒体记者，为他们解答一些场馆、赛事的简单的问题，传达我们知道的信息，此外就是可能会遇到的一些突发情况。需要注意的是，作为新闻记者看台席志愿者，要能够用中英双语传达出当日比赛内容的信息，同时用好日常礼貌用语。另外，就是要注意帮助解答与接受采访的界限，不可以私自接受媒体采访。

【1月25日】语言情况整理，赛时媒体场地布置

今天上午我主要把昨天提到的双语情况进行了整理讨论，主要包括媒体看台席的信息、速滑馆的14块金牌的项目、注册卡的检验、口罩和饮水的提醒以及技术设备等问题该如何回答。基本上都是大家熟知的词汇，只要大胆表达，再配合肢体语言应该问题不大。

下午布置了文字记者接待处和摄影记者接待处，过了几个验证点，搬运组安装了赛时发布信息的白板。需要提到的是，今天场馆发现有志愿者违规上冰面，老师们也为此特意提醒了我们。

【1月26日】了解志愿服务注意事项

今天明确了记者看台席的两个出入口，分别是E8口和E9口。得知1月27日第一波运动队会到达，实际上今天已经有一些外国运动员抵达场馆了，原则上媒体也可以来，但正式通知是28日开始，

要求大家做好正式上岗的准备。其次就是防疫的安排，要求保持社交距离，并且特意强调了口罩4小时换一次，同时注意正确佩戴，保持气密性。了解了各个功能区的任务，其中看台区范围较大，有3/4都是媒体区，需要看台席助理来维持秩序，可以走动起来，眼睛随时盯着看台，如果有记者出现破区要及时提醒。我还学习了带桌媒体席一些可能遇到的技术问题的解决措施。此外，由于看台席面积较大，别的岗位的志愿者在不忙的时候可以来协助，也可以看比赛，但要注意不能坐下，有需要就提供帮助。会上还特别强调了服务过程要认真细致，但不要过度，也不要过多地阻拦，更多的是提醒他们。此外，今天还进行了一些饮用水、打印纸的搬运工作。

【1月27日】进行消费演练以及国家安全知识学习

今天上午主要进行了消防逃生演练，了解了紧急逃生通道的位置。中午，主管安全的老师为大家开了一次政治安全会议。

◎ 上岗前在看台席留念

明天媒体区域就要正式运行了，今天已经有零星的记者来到了看台席，于是下午我们看台席的志愿者赶紧摆上了椅子，提前上岗了。主要就是几个看台席的区域，每个区域由一个人负责解答媒体遇到的问题，然后就是在入口的验证点，只有证件上有4区权限或写有"E Stand"的人员才可以进入看台区。我今天的岗位在看台席，也没有几个记者提问，主要就是站着，最多指一下路。

【1月28日】媒体区正式开放

今天媒体区正式开放，我也算是正式上岗了。看台席共有11名志愿者，分两班轮着来。午饭也轮着吃，利用倒班休息的时候吃一些。今天上午我负责验证，主要还是证件上有4区许可的才可通行；下午换到了看台席，这里的记者更稀疏，也没有进行什么解答劝导的工作。今天我帮新华社的记者录了一段视频，主要就是框住他们的人和后面的国旗，然后他们说："我是新华社记者某某某，我们在'冰丝带'为大家报道。"

【1月29日】工作概况

今天还是先在验证点负责验证，后在看台席解答劝导。这两天还有一些OBS的工作人员进行设备调试的工作。今天日本记者来的比较多，大约有十几个，他们去了摄影看台，应该是商量工作，其他国家记者比较零散。

【1月30日】在实践中学习，沟通交通问题

今天一天我都是在验证点工作，记者明显比前两天多了很多，包括央视频、新华社，还有几个OBS的工作人员。另外，昨天的日本媒体今天也有继续来的，并且人更多，在我工作时段就见到大

约20人。还有一些咨询的，比如混合区在哪里、如何去记者工作间等。记得有个摄影记者想知道他能否去场边的拍摄区域，实际上场边的区域属于竞赛区，需要有蓝色的卡才有权进入。我今天收到了一个记者送的一套明信片，里面有12张，我分给了看台区的同学。总的来说，今天的工作很顺利，最大的收获就是英语的交流。对我而言，听外国人的英语需要1秒的反应时间，但是我回答得还算流利，因为问的都是我熟悉的区域。此外，关于地下楼层的说法，场馆写的都是"Basement 1"，但在实际交流的过程中发现有些外国人听不懂这个说法，于是我直接换成有标志的"B1"，或换成"Underground 1"。

补充一下昨晚的工作日志，昨天下班以后还做了很多事情，比如收了我们组的工作日志，给天目新闻发了视频，给媒体运行领域的同学发了N95口罩，以及解决了交通表的问题。

【1月31日】适应工作内容，传播除夕活动

今天休息半天，下午1点半才坐班车上岗，依然是看台席入口验证点的位置，主要被问到的问题还是场馆媒体中心怎么走，还有转播间的位置之类。

今天是除夕，对于新闻媒体来说是一个重要且热点的时刻。驻地领导为我们准备了年夜饭，我拍摄下来并制作成视频发给了天目新闻，随后看到了视频的发布。此外，我还将自己制作的成片发给了新华网，还在抖音、今日头条和小红书上进行了投放。

【2月1日】确认不同岗位志愿者的服务区域

今天依然是在看台席入口的验证点，根据最近的经验，我发现一般10点15分和11点15分这两个时间段记者流量最大。今天与

往常不太一样的是，有个记者问在哪里可以看到最近的比赛消息，我回答"Check your info"（请核查您的信息），但是他好像不太理解，于是我告诉他可以去媒体运行中心获得更多信息。还有一位OBS评论员出现了设备连接的问题，由于OBS的席位与看台的媒体席挨着，所以他们有问题就向我们咨询。我们先是报告了看台老师，但老师说转播不归我们管，会有专门的中国工作人员负责对接。不过，最近都看到OBS的技术人员在评论员席进行调试，也能认得出是谁，猜出来是干什么的，于是我在OBS处等了一会儿就遇到了技术人员，然后把他引导过去，很快问题就解决了。此外，今天看台老师再次明确了几个问题，主要是记者看台与其他区域的问题，记者看台是4区，与运动员区等挨着，我们管进不管出，进入4区必须有4区权限，去其他区域则会有其他岗位的志愿者负责引导。

【2月4日】确认持权转播商席位

今天上午训练的运动员比较多，媒体记者在11点左右人数最多，大约40人。今天的主要工作依然是在看台门口验证点验证媒体记者注册卡以及帮助媒体记者解决遇到的各类问题。除了之前说过的问题外，今天有记者咨询吸烟室的位置，但国家速滑馆是无烟场馆，不设有吸烟室。另外，确定了OIS的看台点位，以及为AFP（法新社）和AP（美联社）预留了座位。

今天剪了一条Vlog（视频日志），写了一篇关于志愿者防疫的稿子发给了新华网。

交通上面，赛时各个岗位工作时间不同，情况都很复杂，今天暂时把5—6日的工作表确定了，以后可能每天排班都会变化。

武思帆的冬奥记忆

北京2022年冬季奥运志愿服务已经结束了，在这个过程中，我作为一名国家速滑馆媒体运行领域的志愿者，岗位是记者看台席助理，主要负责帮助媒体记者解决遇到的各种问题以及证件核验、其他领域人员的引导工作。

媒体领域共有62名志愿者，均为闭环之内，其中北京体育大学44名，北京师范大学18名。媒体领域共分为6种岗位，分别是记者看台席助理11名、工作间助理14名、新闻发布厅助理8名、混合区助理6名、摄影助理20名以及转播助理2名、带队老师1名。

一般而言，媒体记者从一楼的媒体入口进入，通过路标或志愿者指引来到地下一层的场馆媒体中心，也就是媒体工作间。记者在工作间工作或休息，赛时再来到媒体看台席。媒体看台席共有7个区域的看台，其中有5个区域为带桌媒体席，有192个座位，两个区域为不带桌媒体席，大约有250个座位。媒体看台席下方就是竞赛区域，需要从地下1层或2层进入，左右两边都是摄影区域。上方有评论员席位、观察员席位、奥林匹克大家庭席位、运动员席位。

媒体看台席的权限为4区权限，E类文字记者、EP类摄影记者以及ENR（此类人员禁止摄影摄像，只能录音）可以坐在媒体看台席。相邻的评论员席位留给各国评论员（曾经见到过于嘉老师），观察员席位为RTB（持权转播商）的席位，这两个区域是5区权限，由OBS的工作人员负责。其中观察员席位应该是只有14个位置，并且需要提前预约。奥林匹克大家庭席位是6区权限，由礼宾领域的志愿者负责，各国的奥委会工作人员可以在这里落座。运动员席位是2区权限。

通常而言，我的岗位要么在验证点，要么在记者看台席。如果在验证点，最主要的工作是证件核验，只有持权（证件上标明具有进入某区域的权限）人员可以入内。另外，由于验证点正好是一个场馆的入口处，刚来的人员找不到自己要去的地方，我们就会进行引导。如果是其他领域的人员，比如持权转播商、评论员，就会把他们引导向属于他们的席位，那里有相关工作人员负责。如果在看台席内，一方面是提醒记者们各种注意事项，比如不能大声喧哗、佩戴口罩、禁止进食等；另一方面是解决可能遇到的问题，例如网络连接、显示器的频道、比赛安排表在哪里等问题。此外，还需要观察一些记者的工作是否符合要求，例如证件为ENR的记者就不能摄影摄像，只能进行录音，如果违规就得制止并拍下证据。

总的来说，整体工作最主要的是要站着提供服务，随时能注意到媒体记者们可能出现的问题，主动上前询问助其解决。所以站的时间很久，每天腿会很酸。当然，在这个过程中，大多数情况下用英语交流，因此很好地锻炼了自己的英语听说能力。第一次遇到这么多外国人，第一次与他们近距离交流，刚开始会有一些紧张，担心无法理解与表达清楚，但真正面对面交流的时候，就会有一些想说的词汇不自觉地就蹦出来，加上肢体语言，多数情况下都可以理解对方所要表达的意思。此外，在记者和我都比较轻闲的时候，还会聊一些工作外的事情，比如问问对方来自哪里、介绍一下自己的身份与学校、说一说自己的爱好等，真的可以感受到彼此的友好，对我来说是很难得的一份经历。

在岗位之外，我在网上也进行了一些以志愿者为身份的内容发布。其中在新华网的新华号"北京体育大学新传学院"上发布了视频《我为冬奥做贡献——北京冬奥会国家速滑馆志愿者武思帆》《冬奥会志愿者年夜饭都有什么》《冬奥志愿者的一天》，播放量分别约为18.9万、10万、7.7万；文章《冬奥志愿者如何防疫》《一个关于漂泊与爱的故事》，浏览量分别约为48.8万和42.2万。天目新闻发布相关视频4个，分别是介绍年夜饭（与其他同学的素材一起剪成一个）、"天目新闻特约拍客带你感受雪夜下的国家速滑馆"、"冬奥会今日闭幕 赛会志愿者介绍他收到的徽章"、"冬奥志愿服务结束 天目特约拍客分享收获"。抖音发布相关视频约10个，其中介绍年夜饭的视频播放量超过1000万，其余的播放量在1000左右。今日头条发布相关微头条约40篇，内容分别是介绍志愿服务原因、介绍开幕式、介绍志愿者如何防疫、入选过程、岗位和工作内容介绍、国家速滑馆比赛介绍等。其中，展现量在200万以上的有两篇，10万—100万的有5篇，1万—10万的有18篇，其余的展现量不到1万。小红书发布相关笔记19篇，其中《冬奥志愿者的年夜饭》和《一个关于漂泊与爱的故事》浏览量最多，分别为70万和60万。其中，我最喜欢《一个关于漂泊与爱的故事》，讲述了一个在他乡的记者与志愿者交流的故事。记者希望为在家的女儿交换到一个冰墩墩，但是没有合适的可以换的东西，最终志愿者决定将自己的冰墩墩送给记者。它之所以让我最喜欢，因为它确实是我自己亲身经历的事情，并且获得了很多关注，传播了中外友谊，切身体会到了奥林匹克文化的精神。

当然，我也注意到一些问题，比如就餐问题和各领域的沟通问题。

总体来说，我对这次的志愿服务比较满意。从工作过程来说，最重要的就是学会"看"，看记者的工作证，以及看他们的状态，是否要主动上前提供帮助；然后是英语口语能力的锻炼，由开始的胆怯，逐步到主动打招呼，态度会比之前更加积极。当然，也会遇到可能解决不了的问题，这时候首先是说明情况，然后向相关领域的经理、志愿者求助，最后对可能出现的问题做好提前的准备。

冬奥梦想照进现实

郝祥钧，北京体育大学新闻与传播学院新闻学专业2019级本科生，张家口赛区云顶滑雪公园转播培训项目赛时实习生，志愿岗位为后勤部门。

◎ 郝祥钧

郝祥钧的工作日志

【1月24日】工作第一天

今天是正式工作的第一天，因为之前团队中已经有一些同学提前上岗，他们更加熟悉工作内容和工作流程，所以这一天的时间就在跟着他们边工作边学习，希望我可以更快上手。我所在的部门是后勤部门（logistics department），简单来说就是管理在云顶场馆群工作的OBS成员衣食住行的问题。今天上午主要帮助厨房的工作人员搬运厨房和餐厅所需要的物资，从食材到调料，从桌椅板凳到消杀工具，大大小小的物品都需要我们来搬运。

我们的部门经理来自意大利，闲暇时和我们有说有笑，可一旦进入工作时间就像换了个人，对待工作非常认真，有一点不满意的地方就会及时提出来。这也是我要在今后的工作中需要适应的一个新变化。

【1月25日】"Lunch is coming！"（午餐来了！）

今天是工作的第二天。

我们主要负责后勤部门的工作。前至发放制服，后到搬运物资，这些都是我们的工作内容。今天发生了一件很有趣的事情，由于多方协调不畅，我们的午饭在下午3点才送到。那些外国工作人员之前说饭到了叫他们一声，当我进入办公室的一刹那，看到他们看我的眼神，不知道的以为我是那碗饭。"Lunch is coming！"大家可自行脑补下课铃响一瞬间冲出教室奔向食堂的壮观，我从来没有被人如此需要过。

后勤工作真的非常繁杂琐碎，而且更需要面面俱到，事无巨细。今天主管领导在上班前把所有runner集中到餐厅，严肃地批评了我们昨天的工作。因为刚上岗没几天还不熟悉流程，而且确实事情比较多，所以我们这个团队也在不断地从解决问题中积累经验，努力成为媒体工作最坚实的后盾。

【1月26日】在工作中学习

今天是工作的第三天。上午9点15分打完卡后，又有一批新伙伴加入团队。每天第一件事情就是给这些新来的员工发放制服。一个制服包内有12件衣服，由于全部是冬装，所以把它们从仓库搬到报到点位还是需要花费一番力气的。有了前两天的经验，今天分发时明显比之前效率提高了许多。领取，查验，签字，一气呵成，倒也没有遇到太多的难题。最复杂的还是制服调换。

因为OBS的要求，如果衣服不合身，最快速的解决方法是同事之间自行调换，所以这也对我们几个中国小伙伴的英语口语能力提出了更高的要求。不只是沟通双方的需求，还需要解决一些跨文化交流的问题。在协调沟通的过程中我也学到了一些非常实用的口语表达，这对我之后的学习工作也是大有裨益。

【1月27日】别样的微型采访

今天是工作的第四天。昨天入住酒店之后，云顶场馆群的OBS场馆运行的实习生与我们搭上了同一辆班车共赴场馆。根据排班安排，今天我们团队只有4个人在岗。早上打完卡后我们4个人抱着30多包制服忙上忙下。中午领队吩咐我和另外一个同伴回酒店取转播用的线材与机器。

【1月28日】志愿者们的工作

今天是工作的第五天。赛区来了一批身穿蓝白相间制服的同学——没错，他们是服务张家口赛区云顶场馆群的志愿者。早上和他们简单交流了一下，来张家口的志愿者基本上都是来自河北省各大高校：河北大学，河北师范大学，河北建筑工程学院……围绕着衣食住行、服务保障等工作内容，身处OBS工作的我对志愿者的一天也有了更加直观的了解与感受。正对我们工作地点的志愿者主要负责查验证件。简单来说，如果身份卡上没有对应场馆进入权限的数字，志愿者的工作就是引导其前往正确的目的地。张家口室外接近-20℃的低温对他们的工作确实是一个巨大的考验。相比于在北京赛区[①]的志愿者，他们的工作环境以及生活环境稍显恶劣，但仍乐在其中。

【1月29日】假期

今天是来到工作岗位的第六天。由于排班的安排，今天我可以享受来之不易的休息日。虽然可以休息，但是所有OBS成员仍需要每天在早上9点之前完成核酸检测及吃早饭。

吃完早饭回到房间，冲上一杯咖啡，打开电脑，我开始对之前5天的工作进行一个复盘。简单来说，具体的工作可能与上岗之前，无论是本人还是学院、学校的设想都有一定差距，至少与我们从媒体端接收的重大体育赛事的印象有一定出入。这也使我更加意识到，一届体育盛会的成功举办离不开千千万万人的支持与保障。正是因为有这些后勤人员每天披星戴月、手提肩扛的辛勤付出才使得

---

① 2022北京冬奥会采取"两地三区"的办赛模式：两地指北京与张家口，三区指北京赛区、延庆赛区、张家口赛区。文中"北京赛区"指坐落于北京市区的各场馆组成的比赛区域。

奥运会有得以成功举办的可能性。希望在今后的工作中各方可以全力保障广大志愿者与赛时实习生的生活，减轻其工作与精神压力，以更饱满的状态服务冬奥会，享受这次难得的经历。

郝祥钧的冬奥记忆

2022年2月20日晚，随着奥运圣火在国家体育场缓缓熄灭，2022年北京冬奥会落下帷幕。在本届赛事中，中国代表队以9金4银2铜的优异成绩排在金牌榜第三名，是中国参加冬奥会以来的最好成绩。作为北京冬奥会中奥林匹克广播公司的一名员工，我也得以在家门口服务冬奥、见证双奥之城。

从1月22日下榻张家口赛区驻地酒店之时，到2月23日结束了最后一天的工作，这整整一个月的时间见证了我的成长，带给我许多从书本上学不到的知识。利用隔离期宝贵的休息时间，我也借此机会回顾一下自己的"奥运之旅"。虽然表面上只有32天的工作时间，但资格考核、岗前培训等"预习"工作与我在岗工作是分不开的。因此我将自己的工作分为三个阶段，不同的时间段，不同的地点，感受自然也不同。

第一阶段：2020年底—2022年初

BTP项目相关负责人于2020年10月来校宣讲，此后经过一轮笔试、两轮面试、岗前培训等种种考核，我最终于2021年底获得了参与项目的资格，这也是我人生第一次深度参与这种世界级的大型赛事。前进的路上总是布满荆棘，在2020年12月已经确定持有参与岗前培训资格的时候，我对冬奥会产生了无限憧憬，恨不得越早召开越好。但由于疫情形势不容乐观，原定于3月的培训无限期推迟，我们也只能在漫长的等待中继续准备"冲击"冬奥会。心理学认为，焦虑来自对不确定性的恐惧，而且随着身边的同学一个个以志愿者的身份确定了服务冬奥会，我的心态产生了一些波动。就这样，在无尽的焦虑中我依然要做好准备，等待最终考核。国庆节结束之后，线上考核终于来了！面试的时候我没有背着丝毫的包袱，15分钟的面试很快就结束了。关上电脑的那一刻，忽然感觉之前的努力没白费。但殊不知，我又陷入了新一轮的等待。这次时间不长，两个月之后，当注册卡发到手中的那一刻，我才意识到：冬奥会真的要来了！我利用期末考试结束到上岗前的一个月时间学习英语，同时也关注着有关冬奥会的一切信息，向成为一名真正懂英语、懂体育的新时代体育人才努力。

第二阶段：2022.1.22—2022.2.4

1月22日，我正式地踏上了前往冬奥会的旅程。此阶段的工作为冬奥会正式开幕前的准备工作，包括负责交通、餐饮、制服、物流等后勤工作。以2月1日的工作安排为例：

- 05:45—06:15　将当日工作人员引导至相应的通勤车辆前往场馆。
- 06:30—07:00　将当日工作人员引导至相应的通勤车辆前往场馆。
- 07:20—10:00　分发当日报到工作人员的制服。
- 10:00—12:00　深入赛道（上山）进行转播设备及基础保障物资的搬运。
- 12:00—14:00　午饭期间需协助就餐人员打卡，就餐完毕后及时整理桌面，清理垃圾。
- 14:00—17:00　深入赛道（上山）进行转播设备及基础保障物资的搬运。

- 17:00—18:00　将当日工作人员引导至相应的通勤车辆，返回酒店张家口赛区。

不同于其他两个赛区，无论是生活条件抑或工作环境，张家口较北京与延庆都要恶劣。总的来说，有两大困难需要克服：恶劣的气候、崎岖的地形。由于云顶场馆群所承办的比赛均在室外进行，且部分项目需要举行夜场比赛，所以如何克服严寒成为我工作的重中之重。尽管每日都是全副武装，但由于都是室外作业，且年前低温天气频发，最低温甚至在-30℃左右，眉毛和头发被冻住是常事。过了一周，手上满是搬运时被物资割破的口子，甚至生了冻疮。此外，因为深处山区，所以我们的大部分"移动"均依靠步行。在寒冷的天气走崎岖的山路对于身体是极大的挑战。如何运用英语进行有效率的沟通也成为我需要思考的一个问题。第一次身处全英文的工作环境，而且做的是与人打交道的工作，简洁明了准确的表达显得尤为重要。上岗的前几天，由于工作人员来自全球各地，因此迅速适应对方的文化成为工作初期的重中之重。在相处的初期，上述一系列的困难需要去适应，但也有许多收获。虽然我的岗位接触不到许多最先进的仪器及最为核心的转播技术，但后勤工作少不了与人打交道。在奥林匹克的大家庭中，这是我第一次感受到不同种族、不同年龄的人为了同一个目标而奋斗的使命感。

第三阶段：2022.2.5至工作结束

2月4日晚，我在电视机前收看了开幕式。北京冬奥会正式进入赛时阶段。由于前期的准备工作业已完成，所以此阶段的工作量相对来说少了一些，我也有更多的时间在现场观看比赛。在云顶场馆中，既有徐梦桃、齐广璞这样的老将四战冬奥、圆梦赛场，也有谷爱凌、苏翊鸣等一众小将初展头角，获得了1金2银的历史性突破。云顶滑雪公园见证了中国冰雪三代人的成长与收获。奥运会是一场大型思政课，能够目睹中国奥运健儿在家门口夺金，我既兴奋又感动。一场比赛不仅仅是运动员在场上竞技，其背后的支持与保障也至关重要。在金牌榜前十名中，除中国外的九支队伍均来自发达国家，这也体现了我国蒸蒸日上的综合国力。2月19日云顶滑雪公园的最后一项比赛——男子U型池空中技巧结束之后，工作人员与转播人员立刻清理赛场。下午的时候，大部分比赛设施就已经不见踪影。说实话，看着孤零零立在场地上的五环，心里很不是滋味——像久久未见的老友刚刚团聚后又匆匆告别。

通过对上述工作的阶段性总结，借助这次赛事，我对今后的发展也有了一些切身的体会。

首先，学好英语。英语仍是目前为止世界上使用范围最广的语言，不要让语言成为新时代中国青年走向世界的拦路虎。

其次，拓宽视角。如果有志于走向世界的青年"固步自封"，在已有的认知框架中打转，可能之后人虽处异乡，但始终无法融入当地人的生活，更别说大展宏图。

最后，锻炼身体。在云顶滑雪公园的转播团队中，工作人员大体来说身强体壮，如转播时需要携带大型转播设备，在固定的机位从比赛开始站到比赛结束，需要快速适应各种可能出现的恶劣天气……因此，媒体工作从体力和耐力两方面对从业人员提出了极高的要求。

总之，这次奥运之旅填补了许多认知空白，修正了一些认知偏见，但更多地留给自己的是美好的回忆，是体育震撼心灵的力量。

在"冰丝带"上转播冬奥

赵雨泉,北京体育大学新闻与传播学院网络与新媒体专业2018级本科生,国家速滑馆志愿者,志愿岗位为转播服务。

◎ 赵雨泉

赵雨泉的工作日志

【1月23日】入驻北师大昌平校区驻地

2022年1月23日，正式入驻北师大昌平校区驻地后，在完成核酸检测等日常工作的同时，我们也不忘进行学习。下午，全体志愿者观看了短道速滑世界冠军王春露老师上的一堂"冰雪上的思政课"，以"我和我的祖国"为主题。在这堂特殊的思政课后，我了解了冬奥赛场上的很多励志感人故事。2022年北京冬奥会、冬残奥会是我国重要历史节点的重大标志性活动，是展现国家形象、促进国家发展、振奋民族精神的重要契机。作为冬奥会志愿者中的一员，我感到非常光荣，也深知责任重大。使命在肩，奋斗有我，我将努力做好每项工作，传承发扬奉献、友爱、互助、进步的志愿精神，向世界展现中国青年的良好风貌，为冬奥贡献青春力量。

【1月24日】上岗第一天，到场馆啦

2022年1月24日，这是我们服务于国家速滑馆的志愿者上岗的第一天。从驻地出发乘车约30分钟后，我们抵达了美丽的"冰丝带"——国家速滑馆。抵达场馆后，我们立刻投入到工作中，在场馆老师的指导下，布置记者工作间。然后，媒体运行领域志愿者集体进行自我介绍，在北体大志愿者相互熟悉的同时，也认识了来自北师大媒体运行领域的志愿者以及场馆内的主管老师们。下午，我们分别进入各自的领域工作，我跟随转播服务业务领域的老师熟悉了转播综合区、转播混合区、综合办公区等工作地点。冬奥进入倒计时，各国转播人员陆续抵达场馆。随后，我与转播服务领域的老

师一同接待了日本电视台（NTV）的工作人员，带领转播商参观、熟悉工作区域。下午5点20分，当日志愿服务工作结束，安全乘车返回驻地。

【1月25日】一起过小年

2022年1月25日，是我们上岗的第二天。虽然在测试赛期间已经来到过场馆工作，但是经过短短三个月，工作区域扩大，场馆内的各个方面都更加完善，场馆对我来说变得熟悉又陌生。因此，在冬奥会开始之前，我们需要做的还是熟悉场馆的各个部分，明确自己的工作区域，记清工作流线，严格遵守场馆纪律，以便在赛时能够更好地工作。1月25日是农历小年，工作之余，我也参加了驻地举办的写春联、写福字的活动，场馆和驻地都已弥漫着浓浓的年味。小年有扫尘、布置房间等习俗，传承传统文化，我与伙伴们一起打扫房间、张贴窗花，这也寄托着大家对新的一年的希望，希望2022年北京冬奥会、冬残奥会的举办能圆满成功，让我们一起向未来！

【1月27日】参与"冬奥大讲堂"学习

2022年1月27日，我们已经对大部分工作区域比较熟悉，能够独立处理场馆中的简单问题。上午，各国转播商陆续抵达场馆，我们协助老师为主转播商（OBS）及持权转播商提供服务，包括OBS厨房区域食物的运输、转播设备进入等。在工作实践中，我不仅提升了对场馆的熟悉程度，也训练了自己与外籍人士交流沟通的能力。下午，继续延续上午的工作，服务各国抵达场馆的转播商，同时也协助老师完成文件打印等工作。晚上8点，全体志愿者党员、预备党员于线上参与了由北京体育大学马克思主义学院副院长陈世阳老师主讲的"冬奥大讲堂"理论学习活动，学习了习近平总书记关于冬奥会筹备办赛重要指示批示精神。经过这次理论学习，我对冬奥会的到来及我的冬奥工作有了更多的信心和期待，也做好充足的准备去面对冬奥工作中的困难与挑战。

【1月28日】为转播商提供服务

2022年1月28日，早上8点30分，我们准时从驻地出发来到场馆，开启一天的工作。作为一名转播服务助理，我们的工作就是作为场馆工作人员与转播商之间的纽带，协助主转播商及持权转播商做好冬奥会期间的转播服务，让全世界都能收看到这场冰雪盛会。上午，在场馆转播老师的带领下，我们为转播商提供了赛前的各项服务，解决了交通、饮食、物资、防疫等大大小小的问题，同时也确保转播商的物资能够顺利运送进场馆，为冬奥赛时转播做好充足的准备。下午，我们接待了主转播商（OBS）工作人员，前往转播混合区、竞赛区域解决了灯光的相关问题。下午5点20分，我们有序地乘坐大巴车，安全返回驻地，结束当天的工作。新春佳节即将到来，志愿者们也收到了来自场馆、学校、驻地的关怀和激励物资，我也承担了相关宣传工作，在志愿服务工作之余做好学校相关的宣传工作，向外界展示北体学子丰富多彩的冬奥生活以及良好的精神风貌。

【1月29日】和老师一起工作

2022年1月29日，不知不觉，我们进入闭环已有一周了，新年与冬奥的气氛越来越浓厚。早上8点30分，我们准时从驻地乘车前往场馆，开启一天的工作。29日上午，我作为转播服务志愿者，协助转播领域老师完成各种表格、文件的签字，以确保中央广播电视总台的设备、物资能够顺利进入场馆。随后，我们与老师前往转播综合区，确保中央广播电视总台转播车的顺利进入。下午，我们继续跟随老师服务好主转播商以及持权转播商，确保来自各国的转播商能够顺利进入场馆。经过一天的工作，虽然很累，但是感觉很有意义。临近新春佳节，我们也感受到了来自学校、驻地和场馆的关心，希望能和老师、同学们以及驻地、场馆所有的工作人员一起过个好年。

【1月30日】开始轮班制

2022年1月30日，今天是我上岗第七天，对场馆以及各自岗位的日常工作也已经有了更清楚的了解。从今天开始，我们在场馆实行轮班制。早上8点30分，我和同学们准时乘坐大巴车前往场馆，开始一天的工作。上午，我帮助转播方面的老师完成了进入交接区[①]的申请，以确保美国全国广播公司（National Broadcasting Company, NBC）的物资能够顺利运输进场馆。下午，我与老师一起，前往竞赛区域FOP，与体育领域的主管老师、主转播商工作人员对冰上摄像头的放置及使用流程进行探讨。随后，我们帮助老师布置了转播混合区，在布有线缆的区域贴上黄黑胶带，确保赛时转播人员及运动员的安全。转播工作复杂且琐碎，我也希望在冬奥期间能够锻炼自己的新闻业务技能，努力成为一名合格的新闻工作者。

【1月31日】第一次在外过年

2022年1月31日，今天是除夕，上午我在驻地休息。学校、驻地都为我们发放了关怀物资，我们在驻地贴好窗花、对联、福

---

① 非闭环区物资进入闭环区的过渡区域。

字，驻地充满了新年的气氛和仪式感。下午1点15分，我准时乘坐大巴车前往场馆。下午5点，我们参加了学院召开的慰问会，感受到领导老师对我们冬奥志愿者的关心，我们也将尽最大努力圆满完成冬奥任务。晚上回到驻地后，驻地老师精心准备了饺子、花生、瓜子、糖果等年货，我们在房间门口贴上春联，第一次在外过年，让我感受到了足够的温暖。

【2月1日】大年初一的工作

2022年2月1日，农历大年初一，也是我们上岗的第九天。场馆的各个办公室门口也贴出了福字和对联，为美丽的"冰丝带"增添了新春氛围。大年初一早上8点10分，我们依然准时上岗，有序从驻地出发前往场馆。上午，我协助老师打印主转播商（OBS）工作人员联系方式，填报临时进入交接区工作需求表，以确保持权转播商的物资和设备能够顺利运输进入场馆。下午，我们前往转播综合区沟通OBS食堂运送蔬菜的问题，以确保赛前和赛时OBS厨房组的正常运行。这是我第一次大年初一还在岗工作，希望在我们的共同努力下，能为世界呈现出一场精彩的冬奥盛会！

【2月2日】在场馆的工作

2022年2月2日，是我作为转播服务助理上岗的第十天，今天我们依然实行赛前轮班制，我上午在驻地休息，下午1点10分，准时乘坐大巴车前往场馆工作。今天是大年初二，场馆内充满年味，新年新气象，冬奥会也临近开幕。我们当前的主要任务就是赛前的各类优化、完善工作。目前OBS及持权转播商进场人数已接近200人。我们的主要工作包括内场转播线缆优化、协调转播混合区显示屏调整、日本电视台转播混合区转播网络测试、美国全国广播公司物资运输、与OBS经理协调彩排时间等。转播服务工作虽然琐碎且辛苦，但是看到OBS及持权转播商陆续进场，国家速滑馆一天天热闹起来，一个个问题迎刃而解，作为一名冬奥会志愿者，我还是感到无比的自豪。

【2月3日】开幕式前一天

2022年2月3日，今天轮到我上早班，早上8点10分，我们准时乘坐大巴车前往场馆。随着冬奥会的临近，场馆内各项设施都更新完毕，整个场馆也已经热闹起来，竞赛区域已经进入测试赛阶段，各国运动员已到场训练。进入比赛前最后的准备阶段，转播方面一切工作都已经有条不紊地进行着。今天我们延续前两天的工作内容，帮助OBS解决最后的一些问题，包括协助转播设备的测试、

◎ 和大家提前测试内场转播的灯光情况

持权转播商部分物资进场、协调OBS厨房组餐饮运输、转播混合区的相关布置、为OBS及持权转播商提供疏散路线等。下午5点20分，我们结束了一天的工作，准时乘车返回驻地。2022年北京冬奥会明天就要开幕了，正赛即将开始，身为一名冬奥会志愿者，我们已经准备好了！

【2月4日】去鸟巢现场观看开幕式

2022年2月4日，今天就是北京冬奥会开幕的日子。因为国家速滑馆的首场比赛在2月5日，因此2月4日还处在演练、彩排、调试阶段。4日下午2点，我们抵达场馆，工作主要是跟随场馆老师进行彩排，提供自己力所能及的帮助，一起为国家速滑馆5日的首个比赛日做好充分的准备。下午3点半，经过安检和核酸检测后，我与场馆老师乘坐大巴车前往鸟巢观看开幕式。作为一名志愿者，我很幸运能够去鸟巢现场观看开幕式。亲自到达国际盛会的现场，体验与电视转播不同的视角，我被壮观的冬奥会开幕式深深地震撼到了。这场开幕式也真正体现了简约、安全、精彩的办赛理念，我感到非常骄傲和自豪，也将永远铭记这个夜晚。

【2月5日】第一次观看OBS的现场转播

2022年2月5日，国家速滑馆迎来首个比赛日——女子3000米的比赛，其中有两名中国选手参赛。进入赛时，由于比赛均集中在下午，转播志愿者的工作时间调整为下午2点到晚上8点半。今天我的工作主要集中在BIO（Broadcast Information Office，转播信息办公室），比赛前，持权转播商陆续到场，我的工作主要包括提醒转播商保持社交距离、发放背心、检查转播商是否预定单边机位①等。在转播信息办公室，我们也能通过屏幕收看比赛转播，这也是我第一次观看OBS的现场转播，让我收获满满。在最后一组的比赛中，荷兰选手打破了沉寂20年的奥运会赛会纪录，在美丽的"冰丝带"创造了奇迹。晚上8点半，我们准时乘坐大巴车回到驻地。

【2月6日】短道速滑男子5000米的比赛

2022年2月6日，是国家速滑馆的第二个比赛日。今天有男子5000米的比赛，来自荷兰和瑞典的两名运动员先后刷新了奥运会纪录。下午3点左右，持权转播商陆续来到场馆，前往转播信息办公室报到。我今天的工作主要在BIO，协助OBS的工作人员一起为持权转播商提供服务。我的主要工作包括提前预订单边机位、observer seat（观察员席）以及转播综合区的转播商登记并发放贴纸，为进入内场的转播商发放袖标以及相应的背心②，并在赛后回收袖标和背心。同时，我的工作还包括时刻关注现场选手排名的变化，并将最新的排名报送给主管，以便评论员席上的各国评论员能迅速接收到准确的赛场信息。晚上7点半，我们结束一天的工作，回到驻地。

【2月7日】在验证点工作

2022年2月7日，是国家速滑馆的第三个比赛日。今天有女子

---

① 根据使用方划分，摄像机位可分为多边机位和单边机位。多边机位是主转播商（OBS）用于制作公共信号的机位，由OBS提出整个场馆的机位制作计划。单边机位是持权转播商根据本国观众的需要，向OBS预定的特定位置的机位，单边机位拍摄的信号仅限于该转播机构独自使用。

② 除了注册卡规定工作人员的工作区域之外，贴纸、背心、袖标是主要的辅助通行物，规定工作人员的通行权限。

1500 米的比赛，有 3 名中国运动员参加，来自荷兰的运动员还刷新了奥运会纪录，这是国家速滑馆开赛以来的三场比赛中第四次刷新的赛会纪录。比赛主要集中在下午，15 点的时候，持权转播商陆续来到场馆，前往转播信息办公室报到。我今天主要是在转播混合区协助 OBS 的工作人员一起为持权转播商提供服务。主要工作在验证点，检查进入 5 区的人员是否有 5 区权限，是否佩戴相应的袖标、贴纸等，如果没有通行权限的人员则不能进入转播混合区；如果发现未领取袖标、贴纸和背心的转播商，我们会提醒他立即前往 BIO 领取。

【2月9日】在驻地观看比赛

2022 年 2 月 9 日，国家速滑馆没有比赛，因此转播领域今日休息，这是转播领域志愿者进入闭环后的第一个休息日。虽然是休息日，但是志愿者的生活也是同样丰富多彩。在驻地休息之余，我也没有停止了解冬奥新闻和冬奥知识。同样，我还在驻地有限的条件下进行体育锻炼，强健体魄，以便用饱满的热情和精力投入到工作中去。休息日所做的这一切都是为了在下一个比赛日更好地投入到工作中，为冬奥会多作贡献。虽然国家速滑馆没有赛程安排，但是我也关注着其他场馆的赛事。晚上 7 点，我在驻地收看了短道速滑的比赛，为中国冬奥会的健儿们加油，我为他们感到骄傲和自豪，也希望他们能够在北京冬奥会的赛场上再创佳绩，书写历史。作为转播服务志愿者，我有幸能够在冬奥会现场，也因自己的工作能让更多人看到这一体育盛会而感到高兴。

【2月10日】最晚结束工作的一天

2022 年 2 月 10 日，是国家速滑馆的第六个比赛日。今天有女子5000米的比赛，中国运动员韩梅、阿合娜尔·阿达克将出战。在国家速滑馆前几个比赛日中，这两位中国姑娘已经崭露头角。比赛在晚上8点开始，下午5点半，我们乘坐大巴车准时来到场馆。比赛前两小时左右，持权转播商陆续来到了场馆，并前往转播信息办公室报到。我们终于在晚上10点结束了一天的工作，这也是我们最晚结束工作的一天，虽然有点晚，但却看到了国家速滑馆美丽的夜景，我感到非常开心和骄傲。

【2月11日】见证了新的世界纪录的产生

2022年2月11日，是国家速滑馆的第七个比赛日。今天有男子10000米的比赛，这场比赛虽然没有中国运动员上场，但是我们在"冰丝带"再一次见证了新的世界纪录的产生。

【2月12日】看见了"金丝带"

2022年2月12日，是国家速滑馆的第八个比赛日，今天国家速滑馆有女子团体追逐1/4决赛以及男子500米比赛。这两场比赛中均有中国选手出战，其中在男子500米比赛中，高亭宇打破了奥运会纪录并获得冠军！我今天的工作依然是在转播混合区的验证点，协助OBS的工作人员检查转播商的证件及辅助通行物。起初，转播商数量较少，我们的工作有条不紊地进行。但是随着比赛时间的推移，中国选手夺冠，大批中国转播商涌入混合区，因此我们的工作逐渐忙碌起来。不仅需要在验证点检查证件和辅助通行物，还要对现场秩序进行维持，与未预约的转播商进行沟通，说明无法入场的原因。当天晚上，在我们离开场馆的时候，"冰丝带"发出金色的灯光，变成了"金丝带"，让我感受到了不一样的场馆美景。

【2月13日】增加了很多同事帮忙

2022年2月13日，是国家速滑馆的第九个比赛日，今天国家速滑馆有男子团体追逐1/4决赛以及女子500米短道速滑。在男子团体追逐1/4决赛中，由中国选手廉子文、王浩田、徐富出战；在女子500米比赛中，由中国选手金京珠、田芮宁出战。由于在昨天的比赛中中国选手夺冠，大批转播商进入转播混合区，导致现场秩序的混乱。因此今天在转播混合区，OBS增加了工作人员的数量，并且设置了更多的障碍物，使转播混合区以及新闻运行混合区之间形成更好的人员分流，以便更好地维持现场的秩序。同时，随着比赛时间的推移，持权转播商也对场馆的规则、流线更加熟悉，我们的工作开展得很顺利。

【2月17日】工作强度增加了

2022年2月17日，是国家速滑馆的第十三个比赛日，今天进行的是女子1000米的比赛，中国选手殷琦、金京珠、李奇时出战。最终，日本选手高木美帆夺得金牌并打破奥运会纪录，弥补了她在国家速滑馆前几场比赛的遗憾。由于今天日本夺金热门选手夺冠并破纪录，媒体数量激增，我们的工作强度增加了，不过最终我们还是圆满地完成了今天的工作。

【2月19日】最后一个比赛日

2022年2月19日，是国家速滑馆的第十五个比赛日，也是最后一个比赛日了。今天我的工作地点依然是转播混合区入口处的验证点，进入转播混合区、赛场周围固定机位、场心的转播商都需要经过这里，完成验证后才能进入各自的位置。今天的工作内容包括验证入场人员是否具备5区（转播区域）的通行权限，以及入场人员是否佩戴相应的辅助通行物。转播混合区验证点与转播信息办公室的工作人员相互配合，共同确保主转播商及持权转播商在流线上有序工作，构建场馆内转播服务的基本联络体系。因为今天是最后一个比赛日了，我们也与这段时间一起并肩作战的场馆转播工作人员、OBS工作人员拍照留念，留下了宝贵的记忆。

赵雨泉的冬奥记忆

在2022年北京冬奥会中，北京体育大学共44名师生志愿者前往"冰丝带"——国家速滑馆进行服务，其中两名为转播服务专业志愿者，我就是其中之一。转播服务专业志愿者在赛前和赛时开展工作，工作地点包括转播信息办公室及转播混合区。工作内容涉及信息咨询服务、收发辅助通行物、通行权限验证等。在冬奥会期间，转播服务专业志愿者协助主转播商、持权转播商的工作，实现了较好的工作效果，共同为世界呈现了冬奥会的精彩。

对我来说，成为2022年北京冬奥会志愿者的愿望产生已久，为了这个愿望，我也做了很多的准备和努力。我的家庭与体育和奥运深深结缘。我是河北石家庄人，我的小姨曾是2008年北京奥运会开幕式演员，我的表妹是一名冰球运动员。因此，在2015年北京申办冬奥会成功后，我的内心就种下了一颗种子：希望能在这场"开在家门口的冬奥会"上，成为一名志愿者，尽自己所能，服务冬奥、奉献冬奥，向世界展现中国青年的良好风貌。出于对新闻传播行业的向往和对冬奥会梦想的坚持，2018年，我选择进入了北京体育大学新闻与传播学院，开始了本科的学习。因此，在大三时，我毫不犹豫地报名了冬奥会志愿者。在本科的前三年，一方面为了提升冬奥服务的专业素质，努力学习专业知识；另一方面为了积极准备冬奥志愿者选拔，努力学习英语和冬奥知识。2021年9月，我以专业第一的成绩保送至中国传媒大学电视学院攻读硕士研究生，同时也如愿通过选拔，成为冬奥会志愿者的一员。保研后，我有更多的精力投入到冬奥服务的培训中，为做好冬奥志愿服务工作做出充足的准备。同时，冬奥转播服务工作也让我学到更多专业知识，对我未来的研究生学习也会提供很大帮助。

我所服务的场馆是国家速滑馆，又称"冰丝带"，它是本次冬奥会北京赛区的标志性场馆之一，也是唯一新建的冰上场馆。2021年10月，我来到这个美丽的场馆，参加了冬奥会测试赛——"相约北京"速度滑冰中国公开赛，这是国家速滑馆建立以来承担的首个国际赛事，也是我服务冬奥的开端。从测试赛到正赛，我对国家速滑馆、速度滑冰项目以及转播都有了越来越深刻的理解，也是在这里认识了场馆转播服务经理段然老师和场馆转播服务副经理赵炳陶老师。两位老师在工作上总是耐心地指导我，解答我各方面的疑惑，让我在这次志愿服务工作中收获满满，同时在生活和学习中也处处关心我。在国家速滑馆，北京冬奥组委转播方面的工作人员很少，仅有这两名老师以及两名志愿者。经过北京冬奥会的赛前准备和赛时工作，我们成为很好的朋友，在"冰丝带"上并肩作战。

2022年1月24日—2月4日，是2022年北京冬奥会的倒计时阶段，转播服务工作也在紧锣密鼓地准备着。这段时间的主要任务就是主转播商、持权转播商的物资及人员进场。由于物资和人员都是从闭环外进入，所以需要安保、防疫、交通、后勤等各领域配合工作，确保安全后才能逐步进入缓冲区、交接区，最终进入闭环内。每个流程都需要严格的审批以及与各方面的交流，因此这对于我们对专业知识的了解、英语水平以及沟通能力来说都是一个挑战和考验。在协助场馆工作人员准备相关材料、完成审批的同时，每一个细节也都需要我们投入时间和精力。主转播商方面，由于主转播商OBS是自己搭建厨房和食堂，所以在物资和人员进场过程中会出现各种各样的问题。例如，确保主转播商OBS工作人员入场时所携带烹饪必备刀具的安全，确保蔬菜、生鲜冷链食品的配送安全等。持权转播商方面，各国的持权转播商在赛前陆续到来，需要带领他们提前熟悉各自的工作点位，帮助他们解决灯光、线路、网络测试、设备等方面的问题。这一系列的工作为赛时转播工作的平稳运行提供了保障。

在2022年北京冬奥会期间，国家速滑馆于2月5日—2月19日承担速度滑冰项目的比赛，共产生14枚金牌。转播服务志愿服务工作主要集中在转播信息办公室和转播混合区，协助主转播商联络团队的工作。与其他志愿者不同，转播服务专业志愿者的工作内容与主转播商OBS设置的BTP项目人员的工作内容基本一致。转播信息办公室及转播混合区共同构建了整个场馆内主转播商、持权转播商的联络体系。

转播信息办公室的主要工作内容为核对持权转播商的预约情况，并为其发放辅助通行物，使之能顺利进入自己应到的位置。辅助通行物主要包括红色马甲背心、绿色袖标、贴纸，分别对应进入场心、赛场周围固定机位及转播混合区固定预约位置、转播混合区其他位置的权限。从而明确各持权转播商的工作位置、流线及权限，确保对转播权及持权转播商的保护。因此，转播服务专业志愿者在工作中需要清楚不同辅助通行物所代表的通行权限，明确各国持权转播商的预定情况，了解不同类别转播机位的位置。同时也需要具备较强的沟通能力和英语听说能力，了解英文专业术语，确保与持权转播商的有效沟通。

转播混合区的主要工作地点集中在入口处的验证点，进入转播混合区、赛场周围固定机位、场心的转播商都需要经过这里，完成验证后才能进入各自的位置。在转播混合区，转播服务志愿者的工作内容包括验证入场人员是否具备5区（转播区域）的通行权限，以及入场人员是否佩戴相应的辅助通行物。转播混合区验证点与转播信息办公室的工作人员相互配合，共同确保主转播商及持权转播商在流线上有序工作，构建场馆内转播服务的基本联络体系。与其他区域的验证点不同，转播混合区验证点不仅需要对区域（5区）通行权限进行验证，还涉及众多种类辅助通行物的验证，包括进入转播混合区固定预约位置的绿色袖标、进入场心转播的红色马甲背心以及进入转播混合区其他位置的贴纸，转播服务志愿者需要清楚各类辅助通行物对应的权限。

在这段时间内，我经历过晚上11点下班的疲惫，也有部分持权转播商会对场馆的转播规定不理解，也处理过一些棘手的问题。但是，我也同样收获了很多转播方面的知识，也收到很多转播商的感谢和肯定。我很感谢场馆转播服务老师、OBS工作人员对我的指导和帮助，也感谢学院老师对我的关心和帮助。这也是我一生一次、一次一生的宝贵经历。

我和速滑馆的冰雪之约

赵璐瑜，北京体育大学新闻与传播学院新闻学专业2019级本科生，国家速滑馆志愿者，志愿岗位为媒体运行领域的摄影助理。

◎ 赵璐瑜

赵璐瑜的工作日志

【1月22日】出发进入闭环

今天上午在正式出发前，学校在体育馆前给我们全体志愿者举行了出征仪式，我们穿戴整齐，在风雪中聆听校领导对我们的期待和祝福，当全体志愿者喊出"请学校放心，我们准备好了，使命在肩，奋斗有我，北京冬奥，我们一起向未来"的口号时，我深刻感受到了我们肩上的责任和使命。下午2点，我们正式坐大巴车出发前往驻地——北京师范大学昌平校区。进入学校后，我们有序消毒、办理入住。房间内设施齐全，干净整洁，在安顿好之后，我们又进行了例行的核酸检测并在驻地吃了第一顿晚餐。晚上，北师大的老师召开了全体志愿者的第一次会议，向我们介绍了有关防疫的一些规定和在驻地的就医以及日常注意事项，并叮嘱全体志愿者关注身体状况，不舒服要及时汇报。

【1月23日】学习冬奥故事

今天媒体运行的全体志愿者并没有到场馆的任务，我们在驻地进行短暂的休整，明天将正式上岗，进入国家速滑馆。上午驻地并没有安排各项活动，留给各位志愿者进行作息的调整和进一步的房间整理等。下午，首都高校志愿者共上一堂"冰雪上的思政课"，短道速滑世界冠军王春露以"我和我的祖国"为题，普及冰雪运动常识，讲述为国争光的故事。王春露老师曾在1998年长野冬奥会获得银牌，2002年盐湖城冬奥会获得银牌、铜牌，在她的运动生涯中共获得25次短道速滑世界冠军。王老师的故事生动有趣，让我们对我们国家冬季运动的发展情况、冬季运动的概况以及北京冬奥会的重要性有了更加深刻的认识，收获颇丰。

【1月24日】上岗第一天

早上8点30分，我们准时从北京师范大学昌平校区出发，前往国家速滑馆。到达速滑馆后，媒体运行中新闻运行的各位主管和摄影运行的主管前往大门迎接全体志愿者并向志愿者们发放进入场馆的注册卡。通过安检后，我们来到B1层的VMC进行休整，场馆运行副经理尹老师向我们介绍了媒体运行这个大家庭，各个领域的主管们也都进行了自我介绍并对大家的到来表示热切欢迎。接着全体志愿者都分别进行了自我介绍，并表达了对来到场馆参与志愿服务的开心和激动。下午摄影运行的老师带领我们进行媒体流线的勘探，进入国家速滑馆的比赛场地，看到了漂亮的场馆和巨大的冰面，我们绕场一周，熟悉和记忆摄影记者的各个点位。

【1月25日】布置摄影区域

今天的主要任务就是对媒体VMC区域进行布置。在摄影领域方面，VMC的边缘有一块专门划分给媒体记者们的摄影储物柜，我们今天的任务就是布置这块区域，将各项标识等整齐划一地贴在柜子上。我们利用尺子和马克笔，将左右上都量出9厘米的距离，由两个人看，两个人贴，保证标识的整齐性。接着我们将柜子的钥匙拔下来，按照序号整齐地放到指定的位置。下午，我们将冬奥的四张设计海报贴在了摄影记者休息区的位置。我们预先用尺子量出约60厘米的离地距离，用双面胶将四面贴近，由三四位同学指挥调整高度，最后小心翼翼地将海报贴好。不仅如此，在两个柱子上还为摄影记者贴上了场馆摄影位置点位的示意图，方便他们更好地找到位置。

【1月26日】参加摄影培训

今天上午，作为摄影运行助理，我参加了摄影运行团队的摄影培训，培训由摄影运行主管王若男老师主讲。在培训中，我了解了国家速滑馆建成的整个过程，以及在建设过程中的多个"创新之处"。我也为我能在2022年北京冬奥会唯一新建场馆服务感到荣幸。接着，王老师向我们介绍了关于速度滑冰的一些相关知识，包括比赛规则、运动员的装备穿着、进行的比赛、参赛运动员和速度滑冰短道速滑的区别。在老师的讲解下，我对速度滑冰的规则和各种知识有了一个全面且清晰的认识。最后，对于摄影运行领域，我了解到摄影运行领域要做的各种内容，要服务的具体点位，如何识别赛事摄影记者和摄影记者相关权限，应急处理预案和风险处理方法。我深感岗位的重要性和重大责任。在未来的几天，我也要努力消化培训内容，提升自身专业能力，赛时更好地为媒体记者们服务。

【1月27日】第一次进入场心位置

今天我们以熟悉场地流线为主要任务。作为摄影助理，我们需要帮助摄影记者在赛事能够准确地找到摄影点位，拍出好看的照片，完成他们的冬奥任务，并向全世界展示北京冬奥会的面貌。今天老师们带领我们进入场馆，告知我们各个点位，以及场地插头网线的具体情况，我也第一次进入了速滑馆FOP区的场心位置。第一次近距离地接触到运动员的活动范围，离冰面如此之近，也让我再一次感受到了速滑馆的魅力和这块全亚洲最大冰面的美丽。

【1月28日】收到纪念品

今天陆陆续续有运动员和媒体记者到来，我们也将正式进入工作状态到各个点位去值守，为摄影记者解答疑惑。今天我很幸运地被分到了FOP区的B1点位，那是离冲线重点位置非常近的点位，而且FOP区不同于C点，离冰面和运动员非常近，观感很好。进去之前，我们在摄影办公室领取了每个摄影助理专属的袖标，每个人都有一个独特的编号。进入FOP后，我看到了荷兰队和加拿大队的运动员，祝福他们在冬奥会取得满意的成绩。

◎ 摄影拍摄点位 B1

【1月31日】第一次在外面过年

2022年1月31日是除夕，虽然是新年前一天，但是由于比赛将近，所以日常的训练并不能停止，我们也依然需要上岗。今天我所在的摄影点位是E，属于看台的一个摄影点位，E点是一些比赛的起点，会有一些记者愿意来这个点位拍运动员起跑的样子。但是由于E点并没有网线，因此来的记者也不多。由于我们是第一次在外面过年，驻地给我们安排了丰富多彩的活动，比如写春联、贴对联、包饺子，还发了羊毛毡，完成之后将作品发到群里就可以收到精美的"虎虎对联"。在除夕来临之际，我们通过各种形式给大家送去了祝福，比如我们在场馆的标志性地点和场馆的外侧给各位老师拍摄了新春祝福的视频，还在食堂收到了来自老师和家长拍摄的祝福视频，以及来自全校各个学院老师给我们精心准备的新年贺卡。

【2月1日】为记者解答疑问

今天是大年初一，距离开幕式还有3天，距离速滑馆的第一场比赛还有4天，因此各项比赛的准备工作都在紧锣密鼓地展开中。今天我是早班岗，被分到了FOP最为热门的B1点位，也是在今天，我遇到了第一次来向我提问的外国摄影记者，他向我询问有关B1点位的各项疑问，我用英文给这位记者做了回答，他很友好地和我表示感谢。因为是大年初一，下午我们也早早回到了驻地，结束了一天的工作。

【2月2日】冲线位置，摄影点位C

今天是大年初二，我们轮班来到国家速滑馆，从今天开始，会有一些测试比赛。我今天来到了摄影点位C，C是终点线冲线的位置，会是一些记者热衷于拍摄的点位，即使是测试赛，也会陆续有许多记者来到各个点位拍摄。今天我遇到了许多来自盖蒂图片社、法新社等外国媒体记者们，大家都选择提前来到点位进行考察，以便在赛事开始时可以直接进行拍摄，我主要的工作是向大家介绍国家速滑馆摄影点位的具体分布情况以及各个点位之间要如何到达等各项问题。

【2月3日】最高层的摄影点位H

今天是大年初三，我来到了全新的点位——摄影点位H。H点是一个与众不同的点位，因为它不同于其他大部分在看台一层和FOP周边的点位，H点位在场馆的最高层——第三层，这也是我第一次到这么高的点位。H点被设置用来拍摄场馆全景以及整个比赛的总体情况。因为还没有到赛事颁奖，所以并没有什么记者前来，但还是看到了一个记者违规在摄影点位录像，我走过去打量了他一下，以为是中国人，就开口用中文提醒他：这里是摄影点位，除了摄影记者可以使用外，其他任何媒体禁止在此处进行摄影和摄像各项活动。他并没有打断我，只是在我说完之后回我了一句日文，并向我示意让我和他的中国同事说，最后经过我详细的解释后，这位媒体记者离开了摄影点位H。

【2月4日】倒计时结束，北京冬奥会正式开幕

今天是大年初四，立春，也是北京冬奥会开幕的日子。我还记得我第一次进入速滑馆那天，我看到对面观众席上方的椅子上有用白色椅套盖起来的几张椅子，摆出了009这三个数字，当时我们还在疑惑这三个数字代表着什么，后来意识到这是冬奥会开幕前的倒

数牌。虽然我们没有看到它从100一步步变到009，但是今天进入FOP之后才意识到，我见证了速滑馆倒计时从009变成000。晚上8点，我们准时守候在电视机前，看到了中国传统节气和中国古诗词的绝美融合，看到了五环从冰雕中渐渐破冰而出，看到了火炬在由国家名字包围的雪花中熠熠生辉。初四、二十四节气、立春，这就是中国人的浪漫吧。

【2月5日】国家速滑馆第一场比赛

今天是大年初五，还没有从昨天科技绚丽的开幕式中跳脱出来，国家速滑馆终于要迎来2022年北京冬奥会的第一场比赛。今天在这里举行短道速滑女子3000米的比赛，中国队出战的有韩梅和新疆运动员阿合娜尔·阿达克，我今天轮到了最忙碌的B1点。还没到比赛时，就有近30位记者来到点位，这让我很紧张，他们向我询问有关摄影点位如何到达、是否可以先到先得、比赛时能否移动位置等各种问题，我都一一进行了解答。比赛中，荷兰选手打破了奥运会纪录，中国运动员虽然没有夺金，但是也在一步步突破自己的成绩，而我作为摄影点位的助理，很好地帮助各个记者解答了疑问，也提醒了他们各个注意事项，帮助摄影记者的工作顺利进行。

【2月6日】制止违规行为

今天在国家速滑馆举行的是男子5000米的比赛，我被分配到B2点位，也就是之前提到过的换道点位。今天的摄影记者相较于第一天的B1没有那么多，但是还是出现了一些违规行为，比如有个加拿大记者为了有更好的摄影角度，趴在防撞垫子上拍照，这样的行为不管是对摄影记者还是对运动员来说都非常危险，提醒他之后，就再没发生违规行为。今天的比赛发生了十分戏剧性的一幕，荷兰选手打破了长达20年未被打破的奥运会纪录，就在大家以为金牌被荷兰选手收入囊中的时候，随后出场的瑞典选手打破了荷兰选手刚刚打破的纪录，创造了最新的奥运会纪录，最终收获金牌。

【2月11日】新的世界纪录

今天在国家速滑馆举行了速度滑冰男子10000米的比赛，有一位极具实力的瑞典选手参加，他也是此项目的世界纪录保持者，大家都很期待他会不会打破自己创造的世界纪录。今天我所在的点位是E点，这个位置处于换道后的弯道，在长距离比赛中，并不是一个拥有精彩看点的位置，相对于别的点位一直以来都比较冷清，所以少有人来，我也因此能够很放松地欣赏一场完整的比赛。长距离比赛并没有短距离那么激烈，因为速度滑冰不存在运动员之间直接身体的接触，因此赛事的观赏性不如短道速滑，但是10000米这样挑战人类体能极限的项目，又让人不禁肃然起敬。

【2月12日】高亭宇打破奥运纪录

今天的国家速滑馆很特殊，要举行两场比赛，一场是女子团体追逐的1/4决赛，另一场是男子500米的比赛，中国队和开幕式旗手高亭宇将分别出战。我今天所在的点位是F，F点在今天团体追逐和男子500米时都是热门点位。团体追逐时，摄影记者们偏爱F点，原因是这里有一个奥运五环的标志，可以拍摄3名运动员经过五环时，完美地和这个显著标志合影；而500米的比赛，F点是出发点，可以拍摄到运动员起跑时的情景。上午时我在点位执勤，遇到一位新华社的记者问我要今天选手的出发顺序；还有两名日本队的随队人员想要观看比赛，但是误坐了摄影点位被我劝离。下午我并没有轮值，因此能专心地观看比赛，最终高亭宇打破了奥运会纪录，"冰丝带"亮起了金色的灯光，在高亭宇身披国旗绕场一周的时候，我深受感动。

【2月13日】完成赛前清场

今天的比赛是男子团体追逐1/4决赛和女子500米的决赛，我所在的摄影点位是G，位于昨天摄影点位E的上方，不在FOP比赛场地，在一层看台的弯道附近。今天工作遇到了点问题，因为每天都会有摄影记者在非比赛时间来到场馆拍摄运动员的赛前训练，因此我们每天都要在赛前两小时左右进行清场，以保证没有摄影记者占座，所有人都是公平地先到先得（除了部分国际奥林匹克摄影队记者预定的点位）。在G点，日本记者们早早地来到了这里，但是我到达位置进行执勤的时候已经到了清场时间，却没有记者前来领取他们的东西。G点有4处占位，占位的东西也是五花八门，有镜头盖、衣服、包，有的包甚至还配一把锁，将包和椅子一起锁起来，最后我们贴上了英文的提示，将他们的东西移开，保障了后续到来的记者们的权益。

【2月17日】协调解决座位事件

今天速滑馆举行的是女子1000米的比赛，我今天所在的摄影点位是B2，在FOP比赛场地内，也是换道的地方。今天来到B2点位的摄影师们挺多的，其中法新社预订的摄影点位被一位其他国家的摄影师占领，但是当时法新社的记者并没有来到这个点位，按照规定该记者可以在此拍摄，后来法新社的记者来到这个位置后，经过几番来回考察，他仍然觉得这个预订的位置是最好的，他与那位记者商议后，便留在了这个点位，也是圆满地解决了这个小事件。在女子1000米决赛中，日本选手高木美帆打破了奥运会纪录，收获了第一枚金牌，此前她一直都是银牌，真为她感到高兴。

【2月19日】最后一个比赛日

今天是速滑馆的最后一个比赛日，我的摄影点位是场心A，也就是在冰场的中心。一来到速滑馆，我们就看到了老师们给摄影记者的感谢信，在塑封之前，我们在感谢信的后面附上自己想写的话和想画的画，送给我们想送的记者。我也创作了3张，送给了我眼熟的记者，希望他们最后一天的工作能有一个好心情。比赛开始我就来到了场心，确保记者数量不超过6人，比赛结束后，我收到欧米伽一位工作人员的pin，他们真的好友善。待到比赛全部结束后，我们来到冰场一起玩耍，合影留念，真的舍不得速滑馆，舍不得摄影运行这个团队。

【2月20日】现场观看闭幕式

今天是北京冬奥会的最后一天，速滑馆并没有比赛，但是作为一个抽中了观看闭幕式的幸运儿，今天下午我和我的小伙伴们来到了鸟巢一起在现场观看北京冬奥会的闭幕式。天气非常寒冷，我们收到了奥组委非常贴心的物资包，里面有毯子、坐垫、巧克力、帽子等，在正式开始之前，由于等待得过于无聊，现场的观众们玩起了人浪，气氛高涨，很欢乐。整个闭幕式让我最感动的点就是全场观众打开手机闪光灯，一起合唱《我和你》。不知道大家注意到了没有，闭幕式上的五环升起方式和2008年的

◎ 摄影运行团队给摄影记者们准备的感谢信

◎ 摄影运行团队合影

五环升起方式是一样的，不管是2008年北京奥运会还是2022年北京冬季奥运会，北京作为一座双奥之城，有属于它自己的奥运荣光，而闭幕式用这样的方式致敬2008年，同时也在致敬这座英雄的城市。

赵璐瑜的冬奥记忆

初 见

仍记得第一次来到速滑馆的那一天，2021年10月的"相约北京"系列测试赛，我站在安检外的广场上遥遥向里望，那是我第一次见到国家速滑馆。带着内心的雀跃和激动，我踏入满是淡蓝色装饰的场馆。

初来乍到的我当时还很拘谨，即使内心对比赛场地有着无限的好奇，想进去看看速度滑冰的比赛场地到底是什么样的，但是由于第一次参加这么高级别的赛事，害怕自己莽撞的行为会和赛事规定有所冲突，所以第一天的我一直待在比赛场地外的媒体区。进入赛场的白色大门一直有各类人员进进出出，而我透过半开的小门终于窥探到了场地内的一隅——由浅到深渐变的座椅，明亮的灯光，齐整的冰面。

这样小心翼翼地观察并没有持续太久，第二天，作为摄影助理的我终于看到了整个场地的全貌，在老师们的带领下，我们带着摄影点位图纸一个一个进行点位熟悉，了解每个摄影点位可以拍摄到的照片的角度，周边的设备布局，以及我们所要提供的具体服务内容。

傍晚结束服务离开场馆时，天已经大暗，走出场馆我们便被速滑馆的霓虹外观所吸引，一条条闪亮的灯带将周围的暗夜照亮，像一条条冰蓝色的丝带——"冰丝带"因此得名。

测试赛只有短短3天的时间，这3天我在速滑馆完成了我的许多"第一次"：第一次进入国家速滑馆，第一次踏入速度滑冰的比赛场地，第一次成为摄影助理，第一次观看一场完整的速度滑冰比赛……

这也让我更加期待2022北京冬奥会的到来。

再　遇

2022年1月23日，在结束学校准备的"出征大会"后，我们正式前往北京师范大学昌平校区，开始为期近两个月的闭环隔离。经过短暂的休整，第二天我们正式出发前往国家速滑馆。

第二次来到速滑馆，少了一些第一次到来时的好奇，但心中的期待仍然不减分毫。熟悉的主管老师们，熟悉的岗位——摄影助理，熟悉总是能够减少未知带来的恐惧，我们依次进行自我介绍，摄影大家庭除了测试赛时的10人小分队开始扩大到20人。

依然是熟悉的流线勘探，好像和测试赛时一样，又有了那么一点不同的意味，北京冬奥会比赛期间，摄影点位开放得更多了，这也是我第一次来到FOP场地，第一次离比赛的冰面那么近。

进入FOP区后，对面赛时观众区三层的座椅吸引了我的注意，场馆的座椅多以蓝色为主，其中掺杂着少量红色。而三层看台区的座椅被套上了白色的椅套，遥遥望去像是3个数字"009"。我们都在七嘴八舌地讨论着这个数字代表着什么，后来我猛然醒悟——倒计时，距离北京冬奥会正式开幕还有9天。

很难形容我当时理解过来的心情是什么样的，感觉有点感动，又感觉有点浪漫，还隐隐有点使命在肩的意味。虽然我没有看到之前的几个数字，但是可以想象数字从100开始，每天被更换，进入场馆的"冬奥人"看到数字一天天临近，心中想必也是又期待又紧张吧。

赛前训练时，来的记者并不太多，我们的主要任务也是以熟悉摄影点位流线和各项工作为主。每次听到老师们说赛时摄影记者会是现在的多少倍，心里总是忐忑不安。

开　赛

2月4日，立春，农历正月初四，春天的伊始，北京冬奥会正式开幕了。那天晚上我们窝在同一个宿舍里准时在电视机前收看开幕式。在看到各个民族、各个职业、各个年龄段的人排成整齐的两队，一步步慢慢地传递国旗，电视机前的我们都被震撼到了，后来在网上看到升旗的军人脸上流下一行泪，"清澈地爱，只为中国"。不管是军人还是普通百姓，我们都在为祖国的强大而动容。中国代表队出场的时候，全场沸腾了，特别是旗手还是"我们馆"的高亭宇，不知道从什么时候起，国家速滑馆变成了"我们馆"，渐渐地，我们已经和速滑馆融为了一体。

2月5日，速滑馆的第一个开赛日。回忆那一天的工作可以用"兵荒马乱"来形容。那天很巧，我被安排在了B1摄影点位。开赛前一个半小时，B1区所有摄影点位已经人满为患，由于所有的摄影点位都按照"先到先得"的原则，后来的摄影记者们只能扛着"长枪大炮""委屈"地站在先到记者的后排拍摄。看到那么多摄影记者，我的内心其实是恐慌的，很害怕会出现什么我解决不了的意外，那天大概是我整个冬奥期间和摄影记者沟通次数最多的一次。我向记者们介绍这些位置如何占用，向记者们解答各个摄影点位流线的问题，告诉他们起点和终点在哪里，甚至还有一个记者非常友善地向我表示感谢并向我介绍他自己，并亲切地叫我"Lu"。一天下来，虽然很累但是成就感满满，开赛前害怕和恐慌的情绪随着第一天比赛的顺利举办而慢慢消散。

友　谊

比赛在一天天有条不紊地进行着，整个摄影运行团队的默契度也越来越高，在办公室的闲暇时刻，常常出现"韩语""日语""西班牙语""法语""捷克语"……七八种语言"大混战"的情况，我们聚在一起讨论自己的专业，讨论今天在工作时遇到的印象深刻的摄影记者们，讨论今天和别的朋友交换到的pin。

北京冬奥会将以前我们本没有机会结识到的朋友相聚在媒体运行团队这个大家庭中，从彼此陌生到渐渐熟悉再到建立起深厚的友谊，很神奇，短短十几天的时间，人与人之间的距离就能拉近那么多。

我们走在场馆地各条流线上，向路过的每一位朋友热情说"hi"，而那些外国记者们总是用中文回以"你好""谢谢""再见"。我们都在用着对方国家的语言向他们表达我们的友善，我想这就是奥林匹克所带来的跨越国界、跨越种族、跨越语言的"Together"（在一起）。

元宵节的那一天，我照例在摄影点位G值岗，在摄影点位的边缘位置有位摄影记者在比赛前两小时就已经到位，一直在点位上坐着，相比在我面前和同事们"扎堆"闲聊的日本记者们，他显得有点无聊。在我换岗前，我摸到了口袋里有一颗之前在办公室拿的柠檬糖，我走过去将糖递给他，并祝他元宵节快乐，他接过之后顺便和我聊起中国元宵节的意义，后来我走远了一点，仍然能够听到他用生涩的中文举着那颗糖跟我说"谢谢"。一个小小的举动，他很开心，我也是，"赠人玫瑰，手有余香"这句在作文里被视为俗套的话语，此时此刻显得多么贴切。

那时我心里总希望他们都能够感受到中国的善意，希望他们都能爱上中国。

不　舍

比赛顺利地开展着，日子过得很快，开赛前总觉得北京冬奥会遥遥无期，现在赛事一下子就结束了。记得比赛最后一天，我刚到办公室，老师就拿着一沓纸跟我们介绍说这是他们给摄影记者们准备的感谢信，大家可以在后面进行随意创作，塑封后可以送给摄影记者们。

我拿到了两张，一时之间难下笔，后来还是用中文和英文写了一些传统的祝福话语，之所以用中文是希望他们能够对中国文字有更深的印象。

塑封后我在媒体休息区溜达了两圈，看到了深受大家欢迎的日本共同社的记者大昭廉，不过他已经收到了两份感谢信，因此我就作罢，送给了他对面的一位摄影记者。

前来兑换袖标的记者在收到信之后也在我们准备的纸上留言，"big thanks"（万分感谢）、"the best photo team"（最好的摄影团队），收到这样的评价，即使赛时再辛苦，我们也感到值得。

比赛结束后，我们来到了之前从不敢"冒犯"到的比赛冰面上玩耍留念，模仿着运动员和裁判员比赛和发令的模样，在冰上肆意地滑行着。

领奖台更是热门，大家都"争当冠军"，整个台子人满为患，不少同学只能退而求其次"得个银牌或者铜牌"。

狂欢的热闹结束之后，余留下来的就是不舍了。离别在即，即使是不断重复着"隔离结束见""北京还能再见"也不能消散此刻的离愁别绪，拥抱再拥抱……

在"冰丝带"的这些天，像一场冰雪之梦，很梦幻却那么真实。

速滑馆、速滑馆里并肩作战的朋友，我们终会再见。

何其有幸，但当自强

张海霞，北京体育大学新闻与传播学院新闻学专业2019级本科生，国家速滑馆志愿者，志愿岗位为媒体运行领域的摄影助理。

◎ 张海霞

张海霞的工作日志

【1月23日】到达基地

今天是我在驻地安顿下来后的第一天，我们需要在这一天熟悉基地，好好休息，养足精神，为接下来的冬奥志愿者工作生活做好基础。

昨天在北京体育大学的誓师、壮行还历历在目，今天就已经改换天地，到了新的居住地点了。我完全按照学校倡导的"轻装上阵"来收拾行李，所以刚来时总归还是有些许不安，不过一到驻地，扑面而来的友好、亲切和真诚很好地安抚了我。无论是进门之前的消杀人员、门口迎接的老师，还是分派房间的工作人员，甚至是食堂打饭的叔叔阿姨们，都对我们这些志愿者饱含热情。同时，在同行的志愿者队友身上，我也时常能感受到这种颇具感染力的青春与活力，这样的氛围也会带动着我更好投入到接下来的工作，关于进入场馆的时间已经通知下来，我也更加期待明天，一起向未来！

【1月24日】参加工作见面会

今天我们终于正式穿上志愿者服装，抵达我们的工作地点——国家速滑馆。上午，作为媒体运行领域摄影记者助理的我，同北京师范大学、北京体育大学的同学们一起进行了媒体运行大家庭的见面会。见面会上，副主任老师、经理老师、主管老师、志愿者们一起互相介绍，从我们这边志愿者开始，分别介绍各自的姓名、学校、专业、兴趣爱好，各方面的工作经验，随着麦克风在我们手上一一传递，我们团队人员之间的关系变得更加亲近。当天下午，摄影运行团队和3位老师一起再次参观了速滑馆，进行媒体流线踏勘、踩点，同时交代各自的工作任务和相关注意事项。

期待正式上岗！

【1月26日】与睡意抗争的早训

今天果然又是为冬奥备战、充电的一天。

上午，在摄影运行3位老师的带领下，我们进行了摄影运行的内部培训。可爱的Nancy（南希）老师精心准备了七八十页PPT为我们讲解摄影运行的工作内容、注意事项和风险处理办法等。虽然这样早起的早晨会不由自主地有点犯困，但是Nancy老师精彩的讲述，图文、视频的完美结合，还有老师时不时的互动和提问，让一时犯困的我很快没了睡意。

到了晚上我们终于收到了明天工作的排班表，还不太熟悉的工作伙伴，不断轮换的工作岗位。明确清晰的排班表格，让我对明天的正式工作充满期待。

【1月27日】严肃的安全培训与学习

今天有一位老师非常严肃地向我们进行了重要的安全培训。

严肃真的是贯穿这一天的主题。同时，这样严肃的态度可能也会贯穿我们接下来的整个冬奥服务工作之中。什么行为是允许的，什么事项是禁止的，什么态度是被冬奥所提倡的……这些都是我们需要不断学习、不断思考的。

【1月28日】上岗第一天

今天是我作为冬奥志愿者上岗的第一天，身为摄影运行助理的我，主要负责三层看台摄影位置H点。怀着激动的心情，我再次进入了赛场。

其实被分配做摄影运行助理，我也感到十分幸运，在这里我们可以接触到来自世界各地的顶尖摄影记者；可以在比赛第一现场感受冬奥；可以看到与自己专业领域相关的前辈们如何展现自己的风采；还能感受团队老师和同学之间温馨和睦的氛围……这些都是让我倍加珍惜这次冬奥工作的理由。

作为摄影运行助理，我们需要为冬奥的各位摄影记者服务，尽自己所能满足他们的各种需求，同时了解从冬奥组委、疫情防控和摄影手册等方面对摄影记者的要求，对摄影记者某些不符合要求的行为做出委婉而有效的提醒。我们的服务态度代表着冬奥的服务质量，我们的提醒能维持赛场的秩序和保障赛时的安全，加油！

【1月29日】第一次到流动岗位

这是我第一次轮换到机动岗位，搭档也换成了一位小姐姐。摄影团队的朋友们性格都非常好，所以合作起来一点也不担心。

相比于其他岗位，流动岗的工作内容并不固定，可能会在有突发事件发生时前去替补，而现在，我们主要是面向前来的摄影记者，回答他们咨询的问题，比如班车服务情况、摄影点的具体位置等。当然还有一些我事先未了解到的信息，比如速滑馆到首都体育馆的直达班车信息等问题。经过这样一天的洗礼后，我深刻感觉到自己在口语和听力方面的不足，对于专业术语方面的不了解，还有无法从各种口音下的英语中捕捉到相关信息。总之，自己还有很多需要提升的地方，希望能借助赛前的这几天，好好提升自己。

今天还对观看开幕式的志愿者名额进行了抽签，我遗憾与之擦肩而过，真是太遗憾了！

【1月30日】第一次在FOP的摄影点位执岗

今天早上坐班车的时候，被友人提醒后才突然发觉，原来明天就是除夕了，真是差点就忘记了。

今天是我第一次在FOP值岗，离运动员、赛场和教练们更近了，能看到他们更多训练的细节，真是让人开心。晚上的时候，速滑馆的经理和我们分享了鸟巢的烟花，烟花是夜晚的光彩，虽然我们在基地隔离不能外出，但以经理的第一视角来看烟花，也很令人开心。

明天就是除夕了，希望踏着新年的脚步，北京冬奥会能够顺利举办。

【1月31日】除夕

今天是除夕。食堂准备了无比丰盛的年夜饭，万众瞩目的冬奥会开幕式也近在咫尺了，新年新气象，我也多了更多新的期待：希望冬奥会能够顺利进行，希望中国健儿们交出一份骄人的答卷。

除夕夜，学校老师们组织我们速滑馆的志愿者一起开会，万家团圆的此时此刻，以这样一种方式和老师同学聚在一起也算一次难得的经历。会议上，老师们指出了同学们在新闻工作上的种种不足，对我们的选题策划也提出了种种建议，我们也进一步体会到身为场馆志愿者和新闻工作者预备员的一些工作上的相互矛盾之处，也非常感谢老师们在除夕之夜的陪伴，希望一切能变得更好。

【2月4日】和朋友们一起看开幕式

今天依然是在FOP竞赛场地附近B3/E工作的一天。

能同搭档一起工作的感觉还是蛮不错的。当然在这样的轮班轮岗之下，我和其他伙伴也渐渐熟悉了起来，正如我们的群名——NSS（National Speed Skating Oval，国家速滑馆）摄影运行大家庭一样，我们之间的距离也逐渐缩短，变得更为亲近。和北京师范大学的同学们相处之后，也了解到了更多优秀学生身上的特质。马克思也曾经说过，生活就像海洋，只有意志坚强的人，才能到达彼岸。看到这些优秀的特质，我们也仿佛得到了激励。

晚上8点，我来到北体大朋友的宿舍和大家一起看开幕式，在各位同学激情四溢的互动下，整场开幕式更加别开生面。

在微博上看到"张艺谋"上了热搜，甚至到"爆"的这样一个级别，其实一点也不意外，"一百年的历史在这里有一个改变"。纵观奥运的百年历史，点燃火炬那一刻都是让人记忆犹新的经典瞬间。张艺谋老师表示，这次北京冬奥会从过去熊熊燃烧的大火炬到今天绿色环保的小火炬设计，也见证了中国的成长和变化。我也为这样的成长和变化而深深骄傲和自豪。

【2月6日】感受奥运精神

今天是冬奥会正式开赛的第二天，国家速滑馆将迎来男子5000米的比赛，虽然没有中国运动员参赛，但是能看见国际顶尖运动员耐力的比拼还是非常让人激动的。

该项目的世界纪录保持者今天在国家速滑馆打破了奥运会纪录，这也是国家速滑馆第二次出现运动员打破奥运纪录的情况了，看见运动员身披国旗一脸激动和兴奋，即使不是本国运动员，也依然让我们动容。

或许这就是奥运精神，或许这就是体育的感染力。这样的感染力是不分国界的，是人人都会为之动容的、日复一日坚持与突破自我的尝试。

【2月7日】历史的见证者

今天是冬奥会正式比赛的第三天，17岁小将苏翊鸣创造了历史！他在单板坡面障碍赛上夺得银牌，可喜可贺！

而在国家速滑馆则是进行了女子1500米的比赛。对我而言，与前几日最大的区别就是，今天有3名中国运动员"满额参赛"，有了更多身在现场看比赛的惊心动魄，也有了更多的参与感。

今天速滑馆又破奥运纪录啦！每天都是历史的见证者，我感到非常开心和激动。作为国家速滑馆的志愿者，希望能早日在自己服务的场馆里看到中国队拿奖牌！

【2月8日】为中国队高兴

今天是国家速滑馆冬奥会比赛正式开赛的第四天，男子1500米速度滑冰中有3名中国队员"满额参赛"，宁忠岩作为有望夺牌的选手，备受大家的瞩目和期待。

今天中国队获得了3金2银，暂居榜首。在自由式滑雪女子大跳台的比赛中，天才选手谷爱凌完成超高难度动作，获得冬奥会个人首枚奖牌，真的非常为她高兴！

在距离我最近的国家速滑馆，我们在现场目击了运动员宁忠岩以第六名的成绩与奖牌失之交臂。说不遗憾是不可能的，不过虽然遗憾，我们也依然为中国队感到高兴，毕竟这是宁忠岩的首秀，道路漫漫，岁月悠长，期待他日后更好的成绩。

今天被摄影记者询问了哪个摄影点位比较好、一圈距离是多少这样的问题，均做出了正确的回答，看来提前做好准备是很有必要的。

期待明天的志愿者工作。

【2月11日】"冰丝带"上的第一个世界纪录

今天我轮到了D点位的上午班，刚一上班，摄影经理Miranda（米兰达）老师就下达了需要严格执行的一项要求：在正式比赛期间，除佩戴袖标的摄影记者之外，任何人禁止进入摄影位置，包括场馆的工作人员，一旦有人不听劝阻强行进入，就立刻上报给经理和主管。

在D点位发现有人安装遥控相机，及时向老师汇报。之前总是看见其他小伙伴在点位日志和微信群中上报安装相机的状况，而这是我第一次发现所值岗位有这种情况，并加以处理。

今天还看到了这样一则新闻，奥林匹克转播公司（OBS）在新闻发布会上表示，北京冬奥会已经成为迄今收视率最高的冬奥会。在摄影服务办公室也和老师们讨论到了这个话题，在感到骄傲自豪的同时，也备感压力。我必须要更加努力，以更好的状态服务冬奥。

今天，"冰丝带"还诞生了自它创建以来的第一个世界纪录，咱们"冰丝带"真不愧是最快的冰！真棒！

【2月12日】最真情实感的气氛组

今天我轮班到摄影位置E点，这个摄影点位并不是像B1、B2或者C那样热门，这边来的摄影记者较少，不过这片区域有很多OBS转播领域的工作人员，我们也不算孤单了。

今天上岗前我发现C区值岗的瑛婕小伙伴非常细心，她发现了一个座位下的网线只有子头，及时上报给了老师！上岗前仔细检查设施完好情况对我们来说也非常重要，老师答复说上报之后将会报给技术部门处理。真好，我们团队的小伙伴和老师都是这么可靠。另外，还有一个小伙伴发现了被老师移动过的摄影台位，真是太认真了！

高亭宇在速滑馆夺得了速度滑冰男子500米的金牌并且打破奥运纪录！鼓掌到双手红肿。老师说高亭宇扔金墩墩的假动作就是冲我们做的，真开心，中国队加油！

【2月13日】一次支援行动

下午2点半，我忽然接到Nancy老师的通知，因前方记者突然增多，需要我们支援，原定5点半出发的车提前了。

每天关注摄影记者人数，记录我所值岗的摄影点位的峰值已经快成为我的习惯了，做这个数据统计能让我觉得自己的工作内容更丰富。直到今天我才知道这个数据的重要性——整个比赛结束之后需要向国际奥委会出一份数据报表，而我每天所记录的数据将会统计在其中，我感到十分荣幸。

【2月15日】被夸奖了

经过昨天记者的丢包事件后，今后的工作内容增加了。每场比赛结束后，最后一班小伙伴需要检查各自的负责区域是否还有记者的个人物品，确保没有任何一位记者将个人物品遗失在摄影位置。

后来也得知了一个好消息，昨天那位丢包的记者最终找到了他的包——在他回酒店的大巴上找到的。这个故事最终获得了圆满的结尾，并且督促我们在工作上要更加细致认真。摄影记者和摄影运行服务团队一向是双向反馈、相互促进、共同进步的。

今天我的岗位在机动岗，我们团队的机动岗在接待台旁的公告栏附近，而且今天赛程比较复杂，面对的事情也比较多，是非常充实而且精彩的一天。我还遇到了一些非常规事件，比如一位记者证件上的挂钩坏了……我好像经常碰到这样的事情，上次遇到类似情况是一位韩国记者的裤子破了。

最令人高兴的是，在今天的摄影点位日志问题反馈一栏上老师写着"业务很熟练"，我太高兴了！

【2月16日】冰墩墩冰激凌好可爱

今天没有比赛，没有排班表，没有运行计划，是我在驻地休息的一天。

Nancy老师和大家分享了她看见的冰墩墩冰激凌！

消息一发，在群里"一石激起千层浪"了……冰墩墩的冰激凌谁不想要呢？

摄影运行大家庭的群里总是这么温馨、有趣！

◎ Nancy 老师分享的冰墩墩冰激凌

【2月17日】相互分享经验

今天轮到我和詹歌小伙伴搭档一起在摄影点位H值岗，这个点位在三层，有监测机器，旁边拉着两行警戒线。来到这个点位时，有位身穿红色志愿者服装的老师郑重其事地告诉我，红线区域附近一定不要让人过去。有位韩国记者在比赛没开始时去红线范围里拍了几张照片，我在群里及时上报老师后得到的答复是："没比赛前拍几张可以，但是正式比赛后绝对不行！"除此之外，我们的斐然老师还特别强调了这件事的重要性，原来比赛时那个区域有人的话还会影响比赛成绩，之后我也将这件事写到摄影点位日志上，分享给其他小伙伴。

我们摄影运行的几位老师以服务摄影记者为宗旨，他们以一流的诚恳态度，丰富的专业经验，在规则之内最大限度地满足摄影记者们的合理需求。也许正是因为这样，我才能不止一次看到了外国的摄影记者一次又一次地感谢我们的老师！

【2月18日】虚惊一场

今天是我做摄影运行志愿者的倒数第二天。

临近出发的时候我们收到了一则重要通知，有位日本媒体的密接记者要来速滑馆工作，原本流线上的两个电梯我们不能乘坐了，需要注意社交距离，加强个人防护。

到达办公室之后，我们还收到了一摞新的防护面罩，每个小伙伴上岗既要戴着N95口罩，又要戴着防护面罩。戴着面罩上岗显得自己专业性都好像都有所提升了。今天轮岗轮到我和蓝哥值岗B3点位，这个点位摄影记者比较少。记录的峰值是2名，都是韩国记者，确认他们国籍的过程感觉还是比较奇妙的。

轮班下岗回到办公室之后又收到了新的通知，那位日本记者不来了，有点虚惊一场的感觉。

不过疫情防控永远是第一位的，我们要严阵以待。

【2月19日】告别

今天是国家速滑馆比赛的最后一天，也是我在摄影助理岗位的最后一天。

很感谢3位摄影运行的老师，是他们让我们摄影运行团队更加团结，也更加具有凝聚力！

我永远喜欢NSS摄影运行大家庭！喜欢国家速滑馆，每一天都呈现不一样的美；喜欢每位小伙伴，只要穿制服，认不认识都先招个手；喜欢每一个瞬间，凝聚着汗水与泪水，也围绕着掌声与喝彩；喜欢每一段回忆，不只是pin与pin的交换，更是心与心的连接！我们的每一次成长都掷地有声，也更加相信所有的美好都将如期而至。

◎ NSS 摄影运行大家庭的合影

斐然老师说："不能耽搁大家发朋友圈，每个人先来拍张工作照。"Nancy老师说："相聚冬奥，江湖再见。"Miranda老师说："不言告别，来日方长。"最后离别时，大家抱作一团，偷偷哭泣。

我会永远记得那位德国计时计分工作人员笑眯眯地送了我一个pin；那位脾气不大好，日日坐在转播台，还曾因口罩二度断裂而情绪崩溃的意大利记者；那位日日最早来，却最晚走的日本记者廉哥（最后一天他还让我用他的机器帮忙拍合照）；一位和我热情分享他的儿子和猫猫，盛赞友好的中国冬奥会的外国记者，每一次交流和互动都值得铭记。

还有直面高亭宇破冬奥纪录时，同伙伴们一起鼓掌到双手红肿、几欲落泪。一万米比赛时，选手们一圈一圈地从我面前经过。还有那些摔倒了爬起来继续滑行的运动员们。在失意与喜悦，遗憾与超越，喜忧交织中，我与奥运精神慢慢接近了。

张海霞的冬奥记忆

何其有幸，但当自强！

2022年2月19日，我结束了最后一天的冬奥志愿者工作。

2022年2月20日晚上8点，我准时守在电视前收看北京冬奥会的闭幕式，与全国人民一起见证这一场伟大盛会的落幕。

当北京2008年奥运会那段熟悉的音乐《我和你》缓缓响起时，时间仿佛随着音乐倒退，将我带回到了我7岁时，全家人一同守着电视机看北京奥运会的场景。我们围着电视机，翘首以盼，我们随之激动鼓舞，欢欣雀跃。电视机前那烟火点亮的"大脚丫"，那击缶而歌的大国气派，那徐徐展开的山水画卷……甚至那位缓缓腾空而起最终点亮火炬的李宁叔叔，于当时的我而言，就像是一个盛大而瑰丽的梦境一般，令我印象深刻，却遥不可及。

纪录片《张艺谋的2008》，狂阿弥的视频《一个人，造出让40亿人震碎的夜晚！》，甚至后来独自再去将4个多小时的那场开幕式默默看完……成长后的我，终于看到了2008年那个家背后的国。

直到2015年7月31日，国际奥委会宣布中国北京和张家口获得2022年冬奥会举办权。当时的我知道了2022年冬奥会的举办地在北京，心中便生出了一丝隐秘的愿望。一颗种子悄悄发芽，一只小手慢慢探出——想要以另一种形式，触碰年少时的那场遥不可及的盛宴。于是这个念头在高考填报志愿时得到了实现——想亲自去看看、想亲身去参与、想亲手去书写这样的篇章，哪怕只是其中一处不值一提的标点——所以我默默地将北京体育大学坚定地填进我的志愿。

报名志愿者、参与选拔、参加培训、一场场考试……每一个脚印都在诉说着坚定，每一次成长都掷地有声，到最后终于迈进了冬奥场馆，亲眼看见了奥运冠军的诞生，见证了一次次奥运纪录被打破！

真正进行志愿者工作时，其实并不会意识到这些日常工作的每一天有多么举足轻重的意义，只剩下尽最大努力落实所有的要求和规定；以最好的状态、最认真的态度去完成每一天的工作；以最饱满的热情、最周到的服务面对每一个"赴宴人员"。

因为把专注放在了每一天，所以当繁华落幕的那一天，才恍然意识到：哦，原来这是最后一天了。这是我拿到的最后一张排班表，这是我的最后一次值岗，这是我最后一次在C看台当气氛组对着获奖选手鼓掌祝贺，这是我最后一次乘坐班车离开"冰丝带"……离开时班车上的小伙伴都在大喊"再见，冰丝带""我会再来看你的，冰丝带"。那一瞬间，积攒了整整一天的离愁别绪一下子涌上心头，我的唇齿间弥漫着苦涩，落泪却是一丝难解的甜。

比赛结束后的这几天，作为志愿者的我们能陆陆续续收到来自各方的祝贺和道谢，看着摄影记者们对我们的肯定和赞赏，看着摄影运行的老师们对我们的感谢和鼓励，我更深深地感觉到浓厚的感激！

我何其有幸，能有这样的机遇和平台，能聆听老师们的教诲，能见识到这样宏大的场面……生于华夏，我何其幸运。

十二年 我的冬奥梦

邢雨露，北京体育大学新闻与传播学院体育新闻学专业2019级硕士研究生，国家速滑馆志愿者，志愿岗位为场馆媒体中心的新闻发布厅助理。

◎ 邢雨露

邢雨露的工作日志

【1月22日】进入闭环第一天

早上9点在学校的体育馆后面开了誓师大会，校长发表了讲话并给予了我们志愿者祝福，最后进行了合影留念。合影环节时我意外地站在了第一排的C位，当时非常紧张。

下午2点半，速滑馆的志愿者统一乘坐大巴到了北师大的昌平校区，开始了我们闭环隔离的第一天。

下午3点半左右抵达驻地，然后很快办理好了入住。我的房间是3024，统一的两人间，很干净也很舒适，生活设施很齐全，24小时热水，饮用水也很充足。收拾好行李以后，我先去四楼运动区运动了一个小时，器械不是很多，有3台跑步机和3台自行车，但是驻地贴心地给每个人都配了瑜伽垫和弹力带，方便大家在房间里做运动。

晚上6点40分左右去餐厅吃晚餐，是自助餐形式，菜品大概有五六种，主食大概也是五六种，汤品有两种，还有一些水果饮料。

【1月24日】初遇"冰丝带"

早上在驻地吃完早餐以后，8点20分集合乘坐大巴去国家速滑馆，大概40分钟的车程。抵达后我们领取了各自的注册证，拿到注册证的瞬间，真的感觉仪式感拉满，大家都纷纷拿出手机开始拍照。

随后，经过安检，媒体运行相关的负责老师带领我们一起去参观了场馆媒体中心。为了日后工作的顺利开展，媒体运行的所有老师和志愿者一一上前向大家做了自我介绍，我们对彼此进行了初步的了解。

我的具体岗位是新闻发布厅助理，我们这个小组一共有8名志愿者外加一名带队老师，成功建群后，一种"找到组织了"的归属感弥漫在我心间。

下午，新闻运行处的老师强调了一下赛时应该注意的事项，随后分小组熟悉了一下流线。接着，我们进入FOP，亲眼看到赛道的感觉还是很不一样的。"冰丝带"不得不说真的很漂亮，内部虽然还没有完全装饰好，但依旧很震撼。

◎ 手持工作证与"冰丝带"的合影

【1月27日】紧急情况演练+工作

今天上午，场馆组织了一次紧急情况演练，大家都在安排下很快撤离至场馆外面。任何时候，生命安全都是第一位的！演练过后，负责安保培训的警官对我们进行了一些知识的培训，以便我们可以在遇到突发情况时做出正确的应对措施。

下午整理并熨烫了一下新闻发布厅的桌布，毕竟正如老师所说，这可是我们的门面，另外，还帮助记者工作间的老师整理了一下桌面贴的纸张。

VMC一切准备就绪，今天已经有两个国家的记者先行来到了这里，分别是日本和美国的记者。明天，国家速滑馆场馆媒体中心就要开门了，来自世界各地的媒体记者将来到我们的"主场"。

回驻地的路上又一次看到了漂亮的晚霞，真的会被晚霞治愈无数次，那一刻好想成为一个追逐晚霞的人。想到了《小王子》中说的："那一天，我看了44次日落。"不同的是，我今天很快乐。

【1月28日】正式开启媒体运行工作

北京冬奥会倒计时第七天，随着冬奥的临近，各国记者已经陆陆续续抵达场馆，记者数量明显增多。

记者看台席的志愿者数量不够，因而我们新闻发布厅的志愿者被临时"借调"过去协助工作。我们的主要工作就是在看台席入口检验点对记者进行身份核验，根据他们通行证件上的标识严格管控人员进入。

大部分记者都很友善，进入时都会跟我们打招呼，今天说得最多的就是"Hello"（您好）、"Hi"（嗨）、"Sorry, I need to check your card"（抱歉，我需要核对下您的卡片）、"Thank you"（谢谢）。

今日工作小反思：作为志愿者，一定要熟悉负责区域的整体环境，例如，记者工作间在几楼，混采区在几楼，最近的洗手间在哪里等，这些都是会被问到的问题。

晚上回到驻地，收到了可爱的小老虎挂件！

【2月1日】我拿到志愿者徽章啦

今天是大年初一，上午我刚好轮班，时间可以自由安排，所以我"充实"了一会儿自己。

◎ 充实自我时间

下午2点抵达场馆，今天的天气非常好，阳光很耀眼也很温暖，所以在速滑馆外录制了一小段视频。因为还没有正式开始比赛，所以新闻发布厅的小伙伴们都不是很忙碌，我便利用下午的时间剪辑了昨天除夕夜的Vlog。

下午4点左右去看了运动员训练，今天中国女队的队员们也上冰了，和男队一起训练。

临近比赛，现场的记者越来越多了，尤其最近来自日本的记者非常多，他们的速滑队队员人数也很多。

今天把一个冰墩墩挂件送给了一个在场馆认识的朋友，很开心在除夕夜收到他的新春祝福，所以也希望可爱的冰墩墩挂件能让他也收获新春的快乐。

冬奥会真的是一个很好的平台，可以去认识来自世界各地、各行各业的人们，虽然我们各自任务不同，却因为冬奥在这个冬天、在速滑馆相遇，我想这也是一种缘分。

【2月2日】摄影记者接待台工作新体验

在摄影记者接待台工作是一种什么体验？我今天体验了一下室友学妹的工作岗位，其实工作还是挺烦琐的。记者会过来租用FOP摄影位置，交换袖标，填写信息，租借储物柜，或者询问场馆信息、通往主媒体中心的车次安排信息、训练赛比赛信息、比赛日位置预定信息……最害怕的就是同一时间来了多位记者，确实一下很难应付。

今天中国的选手参加了训练赛，我在看训练赛的时候随便挑了一个位置坐下。过了好久，低头一看，原来是CMG（中央广播电视总台）的记者位。

【2月4日】期待开幕式的一天

北京2022年冬奥会终于开幕啦！幸运的人已经得到票去现场了，而……双倍幸运的人已经运动完躺在床上看开幕式啦！不得不说开幕式还得是看我们中国！

【2月5日】首场新闻发布会

"冰丝带"的冬奥首秀——速度滑冰女子3000米今天终于到来

啦！第一次现场看比赛真的很激动，尤其是我们中国队的选手参赛时，现场大家的加油和呐喊声真的很足。

小插曲之"有眼不识李琰教练"：中国队员比赛时，看台上一位女教练一直在指导呐喊，我还看了半天，最后才突然发现原来是李琰教练，一直以为她只负责短道，现在想想这个激动的样子像极了当年我在护栏外给武大靖加油的样子。

今天的主要任务是盯住铜牌获得者伊莎贝尔，小姐姐很漂亮，获得季军也很开心。不知道加拿大队的选手是不是每个人都有新闻官，但是她的新闻官真的很认真，负责小姐姐赛后的所有采访环节的沟通，也非常配合我们的工作。

◎ 速度滑冰女子 3000 米比赛现场

第一天正赛工作感受是累并快乐着。从运动员下场后就需要紧紧跟随、一路陪伴，直到顺利抵达发布会现场。最后结束时，真是累得连晚饭都不想吃了，期待明天的比赛！

【2月6日】男子5000米金牌赛

比赛日的工作流程基本是下午2点抵达场馆，然后去记者工作间拿一份今天的速滑馆日程安排表和比赛出场顺序表，再去打印一份运动员的报名表，根据这3份表结合网上可以搜集到的信息去预测一下这场比赛可能站上领奖台的有哪几位选手。下午4点左右去一层记者看台席，等待比赛开始，一般会在4点半左右开始，比完前5组以后会进行冰面的维护，大概20分钟。随后，开始后5组的比赛。通常情况下，比较有实力冲击奖牌的运动员会在第八、九、十组出发。

今天的比赛异常激烈，一场比赛奥运会纪录被刷新两次，这也是"冰丝带"连续两天产生新的奥运会纪录。

另外，今天的冠军小哥哥很帅气、很友好，从结束颁花仪式一直在接受媒体记者采访，到新闻发布会时已经接受了将近一个小时的采访了，虽然感觉他大概已经很累了，但是依旧在耐心地回答大家的问题。

发布会上的一些有趣瞬间：

记者："你这么酷的一个人比赛结束时很激动，很emotional（情绪化）。"

冠军小哥哥："你怎么看出来我是一个很酷的人？"

记者："我觉得你很酷。"

发布厅所有人都大笑起来。

被问到在北京比赛的感受时小哥哥说道:"或许是我目前为止体验过的最好的场馆。"关于赛后如何庆祝,小哥哥回答:"回奥运村里吃蛋糕,或许也可以开一瓶香槟。"

【2月7日】女子1500米金牌赛

国家速滑馆第三个比赛日,今天是速度滑冰女子1500米金牌赛,一共有30名选手,分15组进行比赛。中国队今天有3名选手参赛,其中阿合娜尔突破了1分59秒大关,小姐姐真的又美又飒,赛后还上了热搜!

冠军则是被荷兰选手伊琳·维斯特(Ireen Wüst)以1分53秒28的成绩将金牌收入囊中并打破奥运会纪录,这也是"冰丝带"连续3天产生新的奥运会纪录。

现世界纪录保持者日本选手高木美帆则获得了这个项目的银牌,作为今天比赛的夺冠热门选手,高木美帆的比赛也吸引了大量

◎ 新闻发布厅现场

日本记者来到速滑馆进行采访报道。不论是混采区还是赛后的新闻发布会上，日本记者都非常积极和活跃。而季军也同样是来自荷兰的选手，不得不说在速度滑冰这个项目上，荷兰队确实实力非常强。

竞技体育的魅力之一大概就是它的不确定性，现世界纪录保持者并不一定能在比赛中稳获第一，而非热门选手也可以超常发挥从而站上领奖台。

比赛过程中还有一个暖心小插曲，今天恰好是意大利选手弗兰切丝卡（Francesca）的生日，在她比完赛时，现场播放了生日快乐的祝福歌曲，大家一起为她送上了生日祝福。

今天还在场馆遇见了网红"义墩墩"，这个凭借一己之力让冰墩墩一墩难求的日本记者。他现在的人气可以说仅次于冰墩墩了，场馆的很多志愿者都在晒与他的合照。在看台席遇见他时，我们和他打了招呼，他也会及时回应我们。看到他注册卡上那两排冰墩墩时，我真的羡慕嫉妒恨了……

【2月8日】男子1500米金牌赛

今天的"冰丝带"是开赛以来我见过最多观众和最多媒体的一天，尤其是中国记者今天来得格外多。今天的速度滑冰1500米金牌赛，一共有3名中国选手参赛，分别是廉子文、王浩田和宁忠岩。

中国选手宁忠岩在之前的世界杯比赛中取得过1金2银的成绩，所以赛前不论是记者还是观众都对他充满期待。

虽然最终宁忠岩没能站上领奖台，但现场的大家还是为他送上了我们的掌声，每一位运动员站在赛场上一定付出了我们常人难以想象的努力。

正如今天"青蛙公主"谷爱凌说的："每一位运动员一定比大家都更希望自己能发挥好、表现好。"赛后宁忠岩接受了中国记者的短暂采访后离开，希望他可以好好调整，后面的比赛继续加油。

今天荷兰队包揽了比赛的冠亚军，冠军凯尔·内斯和亚军托马斯·克罗尔先后两次打破奥运会纪录，这已经是"冰丝带"连续四天产生新的奥运会纪录啦，再一次感叹荷兰队在这个项目上的实力。

今天的季军是来自韩国的金慜锡，赛前我们确实没有预测到他会站上领奖台，或许是和冠军同一轮比赛，有被带动起来，今天他发挥得确实很好。赛后，韩国选手还去拥抱了荷兰冠军。在接受韩媒记者采访时也很耐心地回答了记者们所有的问题，直到确定大家都问完了才去了新闻发布厅。

今天我再一次感受到了竞技体育的不确定性，比赛当下的状态真的是最重要的，尤其是奥运会这样的赛场，一切情况都有可能发生，短短的1分40几秒凝聚的是4年的努力和坚持，所以每个运动员都势必会拼尽全力，因此结果往往也难以预料。

【2月9日】休赛日看比赛

今天国家速滑馆没有正式比赛，所以在馆里并没有做很多工作，但是又收获了3枚志愿者徽章，超级开心！晚上回来先去运动了一下，然后就开始看短道速滑的比赛了。

【2月10日】女子5000米金牌赛

在昨天休息日结束后，今天速滑馆迎来了女子5000米的金牌赛。因为比赛是晚上8点才开始，所以我们志愿者到场馆的时间也相对比较晚，下午3点才抵达"冰丝带"。

今天的比赛一共只有6组12名选手，其中有一名中国选手——韩梅。还记得前两天在网上看到小姐姐采访说，他爸爸是王濛粉丝，所以让她也去学速滑，结果两年以后才发现自己学的是速度滑冰，而不是短道速滑。

比赛冠军又一次被荷兰队的伊雷妮·斯豪滕（Irene Schouten）获得，这已经是她本届冬奥会的第二枚金牌了，并且两次都打破了奥运会纪录。亚军则是3000米的季军伊莎贝尔·韦德曼（Isabelle Weidmann），这也是她本届冬奥会的第二枚奖牌。铜牌则是被来自捷克的马丁娜·萨布利科娃（Martina Sablikova）摘得。她的领队姐姐也非常友好，我们合作非常愉快。

今日的可爱瞬间有：李琰教练又来到了她钟爱的固定位置为韩梅加油，还带动旁边的志愿者们一起喊"韩梅，加油！"另外，李琰教练今天还戴了一个超级可爱的冰墩墩帽子；还有荷兰队的一个领队，我们目光对视的时候他朝我眨眼，那我必然也是回赠一个甜甜的眨眼喽。

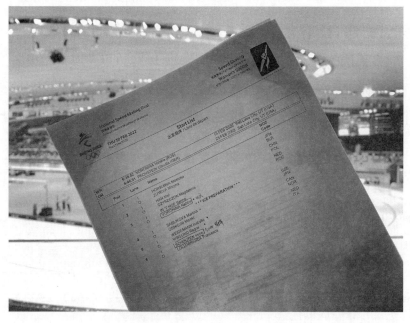

◎ 运动员出发顺序

【2月11日】男子10000米金牌赛

"最快的冰"——"冰丝带"果然名不虚传，今天的速滑馆诞生了本届冬奥会速度滑冰项目的第一个世界纪录，这也是速滑馆六天比赛产生的第九个奥运会纪录。最后冲刺阶段，全场的观众都沸腾了，大家都在为他加油呐喊。

【2月12日】男子500米金牌赛，高亭宇夺冠

在速度滑冰男子500米比赛中，高亭宇是第7组出场，出场介绍时全场就在欢呼。在全场观众的加油声中，高亭宇打破了奥运会纪录。那一瞬间，"冰丝带"真的沸腾了。

因为高亭宇是第7组，后面还有十几位选手没比赛，所以后面的时间对观众来说真的太煎熬了。看着大屏幕上每一组选手的成绩没有超过高亭宇的时候，我们所有人都感觉深呼一口气，心放松一下。直到最后一组选手比完赛，我们才彻底放松下来，大声地为高亭宇欢呼。那种感觉真的既紧张又刺激！

夺冠后，高亭宇身披国旗绕场一周，和全场一起庆祝。我们所有人都和他一样激动！

新闻发布会上，记者问他这块金牌想要献给谁，他说："献给国家！"

今天工作中的一些特殊情况：

（1）因为冬奥会的颁奖地点并不设在各个场馆，而是一个单独的地方，所以运动员比赛结束以后需要离开场馆去领奖，而这时运动员可能会直接离开而忘记参加新闻发布会，所以负责老师特意叮嘱我们一定要看住看紧运动员，确保他们顺利到达发布会现场。

（2）因为疫情的特殊情况，运动员在赛后的所有地方基本都要戴着口罩，所以要特别仔细地辨认清楚获奖选手，以防他直接离开混采区而回到更衣室。

【2月15日】团体追逐

今天的比赛分为男子和女子团体追逐比赛，男子的冠亚季军分别是挪威队、俄罗斯奥委会代表队和美国队；女子的冠亚季军分别是加拿大队、日本队和荷兰队。比赛中最让人印象深刻的点就是A组决赛一直处于领先位置的日本女队在比赛的最后一个弯道处有一名队员摔了出去，最后遗憾获得银牌。

因为今天是两场团体决赛，所以也举行了两场发布会。第一次面对两场发布会，我们新闻发布厅也是有些小忙碌。

首先是关于发布会运动员发言座席的布置。因为此前的位置是按照单个运动员，即冠亚季军一共3名运动员的数量安排的，但是团体追逐比赛每个队会有3名运动员可能坐在发言席位上，所以我们临时在发言席后面加了一排座位。保证一名队员坐在前面，其他队员坐在后排，需要回答问题时大家可以交换位置。

其次是关于发布会时间安排上的一些问题。因为两场比赛是相继完成颁金墩墩仪式的，所以造成了6支队伍在不同的时间进入了混采区，而每个国家的队伍在混采区的采访时间又各不相同。我们计划是先安排女队开新闻发布会，但是美国男队因为更快结束了混采区采访，所以早早来到了发布会准备区，希望尽早完成新闻发布会，这也在一定程度上让我们的各个时间进度都变得有些紧张。另外，今天也出现了赛后荷兰队因为一些情况而安排领队来参加发布会的情况。

总之，今天的两场发布会还是让我们稍稍有点忙乱，不过，也收获了一些经验。相信下次我们一定可以做得更好！

【2月17日】女子1000米金牌赛

在获得了3枚银牌以后，高木美帆今天终于站上了最高领奖台。赛前，我和小伙伴们都很期待她这一次能赢得比赛。第13组内道出发的她最终以打破奥运会纪录的成绩如愿获得金牌。

获得第二名的荷兰运动员是尤塔·莱尔丹（Jutta Leerdam）。季军则是来自美国的布里塔妮·鲍（Brittany Bowe）。赛后，有中国记者问她在"冰丝带"滑冰体验怎么样，她称赞"冰丝带"外观真的很漂亮，内在设施也和外观一样很漂亮。

【2月18日】男子1000米金牌赛

今天是速滑馆的倒数第二个比赛日。在速度滑冰男子1000米比赛中，来自荷兰的托马斯·克罗尔（Thomas Krol）获得了冠军，亚军是加拿大选手洛朗·迪布勒伊（Laurent Dubreuil），季军是来自挪威的选手哈瓦尔·霍尔默菲尤尔（Haavard Holmefjord），我们的选手宁忠岩最终排名第5，也是前10中唯一一名来自亚洲的选手，超级优秀。

【2月19日】男子和女子集体出发

北京2022年冬奥会国家速滑馆最后一天的比赛结束了。说来也很巧合，在今天的比赛中，女子组的金牌和铜牌获得者分别是来自荷兰的伊雷妮·斯豪滕和来自意大利的弗兰切丝卡，她们两位在速滑馆第一天的比赛时也同样站上了领奖台。

最后一天也就意味着离别，在混采区看到美国队的领队和一些工作人员告别，看到荷兰队的领队在和工作人员合影，看到运动员们之间互相祝贺的同时也说着再见……

对我而言，我的冬奥之旅也要到此结束了。虽然工作有时很辛苦，但是短短的两周时间，我结识了许多来自不同高校的小伙伴和来自不同单位的负责老师，认识了来自不同国家的运动员和领队，提升了自己的工作水平和应变能力，与此同时，还收获了满满的美好回忆。

邢雨露的冬奥记忆

北京时间2022年2月4日至2月20日，第24届冬季奥林匹克运动会在北京圆满落幕。北京2022年冬奥会是我国的重大标志性活动，是展现国家形象、促进国家发展、振奋民族精神的重要契机。正如习近平总书记所说："举办北京冬奥会、冬残奥会来之不易、意义重大，同实现'两个一百年'奋斗目标高度契合。"奥运会是最具影响力的体育盛事之一，有显著的体育功能，也有明显的文化、经济、政治、外交等功能。北京2022年冬奥会的成功举办是我们奉献给全世界冰雪运动员和冰雪爱好者的一份礼物。对运动员来说，这是他们辛苦训练4年后的一个展示自我的平台；对观众来说，这是他们体会奥林匹克精神最好的平台；对于参与此次冬奥会的每一个人来说，这或许都意味着一个梦想的实现。

作为本届冬奥会国家速滑馆的一名志愿者，我有幸参与此次冬奥会并担任新闻发布厅助理一职，这对于我来说也是一个冬奥梦想的实现。2010年，温哥华冬奥会，我在电视机前，看王濛霸气卫冕；看周洋以一敌七；看申雪、赵宏博打破垄断；看庞清、佟健追梦无悔。12年后，北京冬奥会，我在国家速滑馆，见证了10项奥运会纪录的诞生；见证了高亭宇的历史性夺冠；见证了

"冰丝带"到"金丝带"的华丽转变；见证了八届冬奥会老将的谢幕之战。12年，从电视机前走进比赛现场，我从一名观众成为一名志愿者。

在此次志愿服务工作中，我所在的业务领域是媒体运行业务领域。媒体运行领域包括新闻媒体运行和转播媒体运行，其中，新闻媒体运行又分为新闻发布厅、媒体工作间、记者看台席和混合采访区。我的具体岗位是在新闻媒体运行中的新闻发布厅任助理一职。新闻发布厅的日常工作主要由包括我在内的8名志愿者和一名主管老师负责。8名志愿者中有7名同学来自北京体育大学，一名同学来自北京师范大学，主管老师来自中国传媒大学。新闻发布厅助理的主要职责包括：在比赛结束前半小时确保新闻发布厅正常开放；检查发布厅设施正常摆放，如麦克风、桌椅、同传设备区一切就绪；查验进入发布厅媒体记者的证件；维持发布厅秩序；引导冠亚季军选手准时抵达新闻发布会等。

我在此次冬奥服务的工作时间大致可以分为两个阶段，分别是前期适应阶段和赛时服务阶段。前期适应阶段主要是从2022年1月25日至2月4日。这一阶段由于速滑馆没有开始正式比赛，只有运动员日常训练，所以我们志愿者主要的工作任务是熟悉国家速滑馆的内部环境、媒体运行中心的工作环境等，具体的工作时间基本是上午9点至下午5点。赛时服务阶段主要是从2022年2月5日至19日。这一阶段是国家速滑馆正赛开始的时期，具体的工作时间则是根据当天比赛开始和结束时间而确定的。本届冬奥会速滑比赛的开始时间最早是下午2点半，最晚的开赛时间是晚上9点，大部分比赛在下午4点半开始。根据比赛开始时间不同，我们志愿者抵达场馆的时间安排也有所不同。例如，如果比赛是下午2点半开始，新闻发布厅志愿者需要下午1点前抵达场馆；如果比赛是下午4点半以后开始，志愿者抵达时间为下午2点；如果比赛开始时间为晚上8点以后，志愿者抵达时间为下午6点之前。结束工作离开场馆时间通常为下午5点半，或者是晚上7点，或者是半夜11点，具体根据比赛结束时间往后顺延3个小时。

新闻运行团队不同岗位工作时间安排也各有不同，对于新闻发布厅的工作而言，真正开始工作的时间一般为比赛结束前半小时至新闻发布会完全结束。结束时间一般是不确定的，因为运动员在混采区接受采访的时间是不固定的，而且运动员还需要合理安排兴奋剂检测时间，所以通常新闻发布厅结束工作的时间直接取决于运动员参加发布会的时间及现场媒体提问数量的多少。

在本次冬奥服务过程中，我深刻体会到了新闻发布厅工作的特点。第一大特点是工作时间的不确定性。工作时间的不确定性是新闻发布厅工作的一大特点，主要原因可以分为两大方面：运动员自身原因和媒体记者原因。运动员自身原因主要是指运动员自身时间安排而造成新闻发布会开始时间推迟。新闻发布会通常是在比赛结束后及颁奖仪式完成后才进行，并且在运动员进行完颁奖仪式后首先会经过混合采访区进行采访。在混合采访区，转播区域和文字区域的媒体记者都可以对运动员进行采访，这也就造成了运动员会在混合采访区停留较长时间。此外，运动员本身还需要进行兴奋剂检测。通常运动员会在参加完新闻发布会后进行检测，但是也会出现有些运动员提出想先进行检测再参加新闻发布会的情况，这也就造成新闻发布会开始时间的不确定。而媒体记者原因主要是指在混合采访区及新闻发布会上采访数量的不同而造成的新闻发布会结束时间不同。本届冬奥会速度滑冰项目报道的媒体中，来自日本的记者数量相对较多，因为速度滑冰是日本队的强项之一，这也就造成了每当有日本选手参加比赛的当天，不论是混合采访区还是新闻发布会都有较多的日本的媒体记者提问，新闻发布会结束的时间也会相对较晚。第二大特点是工作内容的多样性。一场新闻发布会的顺利举行需要多项不同工作之间的相互协调和配合，其中包括场地设施检查、媒体记者身份查验、冠亚季军名牌准备、运动员引导入场、现场提问控制、敏感话题监督等。每一项工作都需要安排专门的志愿者来完成，并且志愿者之间需要随时进行沟通，如引导运动员入场的志愿者需要及时将运动员在混合采访区的进度进行汇报，以便发布厅内的工作人员可以及时安排发布会进程等。

虽然北京冬奥会落下了帷幕，但冬奥志愿者的经历带给我的改变会影响很久。首先是语言能力的提升。冬奥会是一项大型运动盛会，本届冬奥会共有来自90多个国家和地区的运动员参与其中。在国家速滑馆就有来自中国、俄罗斯、美国、德国、日本、比利时、韩国、意大利、挪威、瑞典等多个不同国家的运动员参赛。虽然大家的母语各有不同，但是英语作为国际通用语言之一，是在日常交流中使用最多的语言。在此次服务冬奥的过程中，在与不同国家运动员、领队、教练和记者的交流过程中，我的英语口语水平得到了很大提升。其次是沟通交流能力的提升。新闻发布厅的工作涉及多个部门之间的合作，同时又涉及和运动员、教练员、领队、新闻官、媒体记者等多种不同工作岗位的人沟通交流。在这样的过程中，与人沟通交流、表达能力也得到了很大提升。最后是随机应变能力的提升。新闻发布厅工作的时间具有不确定性，接触的运动员和领队及教练员有着不同的性格特点，这些不同因素促使我在沟通交流的过程中更注重随机应变，在语言表达和交流情绪的把握上更加注重及时调整。

冬奥之行：感动、感动、感动

姜奥博，北京体育大学新闻与传播学院新闻学专业2019级本科生，国家速滑馆媒体运行领域混合采访区志愿者，志愿岗位为场馆媒体中心的混合采访区助理。

◎ 姜奥博

姜奥博的工作日志

【1月22日】白雪助奥运，热火燃心头

1月22日，冬奥会倒计时13天。今天早上的北京体育大学虽然笼罩着皑皑白雪，但是一批即将奔赴前线的冬奥志愿者的心却是火热的。上午9点，学校领导们为北京体育大学的冬奥志愿者们举行了誓师大会，对于我个人而言，听完了学校领导、带队老师和志愿者代表的发言，心潮澎湃，热血沸腾，已然迫不及待想奔赴前线了。

下午3点，我们上了大巴车，钟海老师为我们送行，脸上的笑容充满了对我们的信心与自豪感。傍晚时分，到了驻地，第一次见识了"闭环"，虽然严格，但是北师大昌平校区的老师安排得非常棒，不仅校园里充斥着奥运元素，驻地内的住宿条件、娱乐设施及餐饮伙食都是一级棒！晚饭很丰盛，北师大的小伙伴告诉我们"你永远可以相信北师大的食堂"。和舍友收拾好屋子，给家人打了好久的电话后，才关灯休息。

【1月23日】熟悉北师大，期待满满

1月23日，冬奥会倒计时12天。闭环的第一天，感觉还是有点没放开，上午一直在床上躺着，看了两部电影，又看了一会儿书，不知不觉就到中午了，午饭真的好丰盛。从今天开始，我决定每天都要期盼着去食堂的惊喜感与满足感。下午舍友去跑步机跑步，我在宿舍练了一个小时keep，然后洗澡、看书、吃晚饭、聊天、睡觉。第一天平平淡淡地过去了。我很期待去国家速滑馆，据说很好看。

【1月24日】初见"冰丝带"

1月24日，冬奥会倒计时11天。今天起得很早，我们统一来到了国家速滑馆，下车后，就被速滑馆精致的外形深深吸引了，很壮观的建筑。一些穿着红黑色衣服的老师给我们北体大小分队分发了注册卡，我也是正式上岗的志愿者了，内心无比激动！我们走楼梯下到B2，搬了好多好多的椅子进入媒体工作间休息，并且和每一位主管进行了"破冰"环节，认识了他们，也认识了北师大的志愿者朋友们。

我找到了混合区的主管徐老师，看到别的区都是十几二十人的大部队，我们只有6位同学，感觉到了我们工作的特殊性。我们建立了混合区的小群，主管在群里嘱咐了我们几句场馆禁忌，于是带着我们看了一下比赛场地，真的很漂亮！

我也看到了二氧化碳制冰技术的成果，真的太喜欢了，我决定有机会每天上岗都要来二层看台这里看看"风景"。但是这几天毕竟做的是前期工作，我蛮期待之后的专业性任务的，希望一切顺利吧。

【1月25日】友谊，开始碰撞

1月25日，冬奥会倒计时10天。今天是小年，主管带着我们熟悉了一下混合区、新闻发布厅、媒体工作间、电梯间等，最终还是回到混合区进行了一些简单的讲解和布置。

今天晚上回到驻地，和丰导、同学们一起唱歌、打乒乓球，度过了一个快乐的小年。

【1月26日】混合区，准备出发！

1月26日，冬奥会倒计时9天。今天主管和我们6个人坐在奥运会的新闻发布厅，一起分享各自经历。原来混合区的志愿者都是优中选优而来的，主管也是第三次参加奥运工作了，我为能成为他们的战友而感到荣幸。经过短暂的"破冰"，我们6个北体学子开始有说有笑，真心希望能和他们交上朋友。之后，我们有了具体的分工，了解了今后在各自岗位上应该做些什么。今天可以说是收获满满了，这几位主管，还有今天刚认识的这些朋友也都很好，我相信我的志愿者之旅一定会充满乐趣。

【1月27日】感恩祖国，赞叹祖国

1月27日，冬奥会倒计时8天。像往常一样，睁开惺忪的睡眼，享受完丰盛的早餐后，我便坐上班车前往"冰丝带"。据说今天会有诸多国家的运动队前来训练，作为速滑馆的志愿者，能亲自为场馆媒体运行领域出一份力，让外国友人感受到中国的强盛，我为此感到非常骄傲。今天下午的工作，我和混合区的5位小伙伴一起为混合区的外圈粘贴一米线，我们这个小群体在工作之中建立了友谊，正像主管所说的，今后我们混合区的7个人一定会成为非常好的朋友，拥有一段无法复制的友谊。

【1月30日】大量空闲时间，怎么利用呢？

1月30日，冬奥会倒计时5天。今天是轮岗制的第一天，我是全天的班，结果早上我和朋友都忘了换班，导致她站了一个小时岗，我休息了一上午，所以我下午就替她多站一会儿。虽然在发布厅待着很枯燥，但是我选择了用看电影、背单词及和朋友分享速滑馆趣事的方式来度过这段时间。

今天下午站岗的时候，看到了一个外国小哥口罩没戴好，鼻子露在外面，我本来想过去提醒他，在脑海中组织了一下语言

"Please put your mask on"（请戴上您的口罩），但是我又觉得这是一个祈使句，会不会显得不太礼貌。就在我思考如何更好地表达时，他离开了我的视野，我想这应该算是一次工作失误，下次还是要果断上前提醒的。

明天不用早起了，第一次不用早起，那就好好睡一觉吧。

【1月31日】19新传，集合！

1月31日，冬奥会倒计时4天。除夕夜我和19级所有小伙伴们建了一个微信工作群，分享了许多的过年照片，不超过一天这个群就活跃起来了。在昌平的时间还很长，希望我们玩得开心，工作顺利，也祝大家新年快乐！

【2月4日】开幕式，递交入党申请书

2月4日，冬奥会拉开帷幕。我们速滑馆的志愿者也都在站开赛前的最后一班岗，我今天是下午的班，其他小伙伴都是上午的班，所以我自己一个人在驻地度过了一上午。这一上午我一直在修改入党申请书，能够有机会在冬奥开幕式当天递交入党申请书，心情无比激动。

【2月5日】视野打开

2月5日，冬奥会第一天。今天是我们第一天上岗，对于工作内容还是有些不熟悉，也和我们预想中的工作量不一样，本以为可以在休息的时间看看现场的比赛，虽然有实时转播，但是效果还是没有现场的感觉好。第一天工作确实有很多的不顺利，由于之前对工作分配的不完善而导致开始之后有些手忙脚乱，但是几轮采访下来我们6个人之间形成了妙不可言的默契，不仅渐渐地维持好了秩序，服务好了每一个记者的采访需求，还及时阻止了混合区的禁忌

行为，比如给运动员录像。第一天的工作量很大，但是我们几个都能很快地解决。直面困难，也让我们在工作中建立了友谊，我想这也是我来当志愿者很主要的目的之一。在所有比赛和采访结束后，我们一起为混合区采访的顺利进行提出了改进方案，也得到了主管的认可，加上国际奥委会相关负责人亲自指点，我想我们明天的工作会更加顺利，最起码不会在人群中慌乱得不知所措。

【2月6日】精彩连连，打破纪录；女足捧杯，锦上添花

2月6日，冬奥会第二天。国家速滑馆所有的比赛都在下午和晚上进行，因此主管决定不让我们全天都在场馆了，每天保证只有一个人早上来辅助主管工作就可以。

昨天晚上因为工作错过了武大靖学长的夺金之路，因此今天下午看了回放，真是让人热泪盈眶。今天国家速滑馆的比赛虽然没有中国队，但是继昨天有运动员破纪录后今天又有运动员破纪录了！我在混合区听到运动员们的采访时，大家都在对中国场馆的冰面赞不绝口。

今天的工作非常顺利，就是胳膊有点酸，因为为了更好地收音，我们要用托盘收集记者们的手机，然后举在运动员的旁边，虽然很累，但这就是志愿者！

今天晚上返回场馆，我在大巴车上亲眼见证了中国女足的绝杀时刻，真的很兴奋！我爱中国！

【2月7日】中国的冰，最快的冰

2月7日，冬奥会第三天。昨天的兴奋延续到了今天，17岁的小将苏翊鸣创造了历史，在单板坡面障碍赛中获得了银牌！从《林海雪原》到比赛赛场，从"小栓子"到银牌得主，只有他自己知道

经历了什么，我们只有惊喜和赞叹，中国冰雪后继有人。晚上的短道速滑男子1000米，任子威、李文龙、武大靖联合出战，取得了金牌和银牌的好成绩，武大靖在赛后采访时也表示自己没有遗憾。

今天的混合区像往常一样，虽然人多但是记者朋友们都很有素质，而且今天混合区的实时转播屏幕出现了故障，导致我们无法观看到比赛。虽然有一点失落，但是令人振奋的消息还是传到了我们这里，荷兰的运动员在自己的最后一届冬奥会上再破奥运纪录，超过了日本选手取得冠军！3天的比赛，破了3个纪录！不过由于今天有3位中国运动员，混合区的中国记者格外多，托盘上的手机也很重，我们再次决定优化方案，但是具体出了什么样的解决方案还需要看明天的安排。

【2月8日】早班疲惫，却激情满满

2月8日，冬奥会第四天。今天早上谷爱凌夺得了自由式滑雪女子大跳台的冠军，让人兴奋。中国目前3金2银暂居奖牌榜榜首。

今天是我的早班，下午我们按照主管的要求更换了混合区放手机的桌子，避免了我们很辛苦地举盘子。而晚上混合区开放，再面对一系列问题的时候更加自如了，我们6个小伙伴，在工作中配合得很出色，很轻松地完成了工作任务。今天来自荷兰的运动员打破了两项奥运纪录，他们还送给我们6个人每人一个具有荷兰代表性的礼物，我们都很开心。明天是休息日，今晚可以踏踏实实睡个好觉啦！

【2月10日】凌晨返航

2月10日，冬奥会第六天。今天国家速滑馆有韩梅的比赛！我非常喜欢她，当她走进混合区的时候对志愿者非常热情，最后对我们说：中国队加油，很骄傲成为中国队的一员。

当然，今天的工作量比以往都大，也是第一次晚上12点回到驻地，疲惫却充实快乐。希望中国队在接下来的比赛里再接再厉，争取再斩获几枚奖牌！

◎ 志愿者们的合影

【2月11日】混合区的时光，无与伦比

2月11日，冬奥会第七天。瑞典名将在"冰丝带"打破世界纪录，今天的工作像往常一样，3个半小时很快就过去了。我和混合区的5个小伙伴逐渐形成了默契，一个眼神就能懂他们想传达给我的意思，由于面屏会阻碍声波，我们有的时候离得较远，确实只能靠手势和眼神来交流。

【2月12日】"冰上飞人"高亭宇

2月12日，冬奥会第八天。今天是集体落泪的一天，万众瞩目的高亭宇在速度滑冰男子500米项目中夺冠，再破奥运纪录。今天前来混合采访区的记者可谓人山人海，毕竟今天的比赛是一大看点，国家速滑馆首次升起五星红旗，这是由高亭宇的努力创造出来的。

今天的日本记者也很多，有一位记者的脖子上挂了两串pin，他很有礼貌地把我们几个志愿者叫过去，说想和我们互换pin，我很开心地将具有中国文化色彩的pin给了他，换回来了一个东京奥运会的pin，我也希望中国文化能够在世界各地发扬光大。

【2月13日】混合区逐渐热闹起来了

2月13日，冬奥会第九天。我今天是下午的班，晚上10点55分比赛结束，意味着我们工作结束会在晚上11点半之后，又是比较辛苦的一天。但是今天发放了激励物资，有三个pin和一个本子。

今天的混合区上演了非常精彩的一幕，美国、俄罗斯的新闻官都暗暗为自己的国家加油，最终美国选手夺冠，他们可爱的新闻官兴奋得蹦了起来，因为这是第一位夺得冬奥会金牌的黑人女运动员。

今天下了大雪，晚上回到驻地后，看到了各式各样的雪人在迎接我们回来，没有晚班的同学看来过得很快乐！

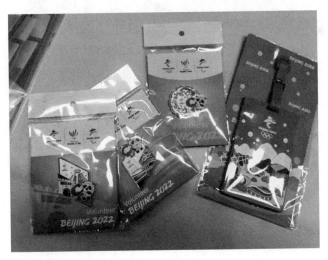

◎ 我们的激励物资

【2月17日】快结束了

2月17日，冬奥会第十三天。今天工作量很小，我在工作区还有幸结识了几位优秀的记者朋友，冬奥之旅也是一场交友之旅，来日方长。

今天的比赛，日本选手打破了纪录。到今天为止，应该还是保持一天一个纪录的诞生，国家速滑馆的14枚金牌几乎都是新的纪录。

【2月19日】终于上冰了！

2月19日，冬奥会第十五天，是国家速滑馆最后一个比赛日了。最后一天了，心情很是复杂，我像往常一样完成了所有工作任务，平时这个时候该上车返回驻地了，但是今天我们不约而同地回

◎ 坐在冰上的我

到了混合区，聊天、回忆、合影留念，最后又一起走上了比赛用的二氧化碳冰，感受了奥运健将们比赛时使用的场地，一起玩乐，合影留念，这回真的结束了，不知道该说些什么，但求来日方长，但求友谊常在，再见"冰丝带"。

【2月20日】感动，感恩

比赛结束了，"冰丝带"之旅告一段落了，今天的闭幕式是和小伙伴们一起看的，意犹未尽的感觉，好怀念这段时光，很爱我新结交的每一位朋友。

要开始隔离了，祝大家平安、健康！

◎ 我的冬奥参与证书

姜奥博的冬奥记忆

时光匆匆，冬奥之旅已然接近尾声，我现在的心情很是复杂，怀念、不舍、感恩，从2021年11月28日收到冬奥组委的岗位录取邮件到现在3个月的时间，仿佛做了一场梦，而我依然陶醉其中，沉浸在这段时间给我带来的收获和感动中。

按时间顺序说说吧，在有机会报名参加冬奥志愿者的时候，我就毫不犹豫选择了报名，当时的想法很单纯，不为名誉，只是想有一次锻炼的机会，况且我作为一个土生土长的北京孩子，能为"双奥之城"、自己的家乡贡献一份力量，会感到无比的荣幸。在经历了层层笔试与面试的考核，一次又一次的培训之后，我成了国家速滑馆的候补志愿者，因此在10月初的时候没能有机会参加"冰丝带"的测试赛，很遗憾，但是在我"转正"之前，也就是在收到录取邮件前一个月，志愿者统一开通了IKM账号，即2022北京冬奥组委信息与知识管理平台（Beijing 2022 Information and Knowledge Managment Platform），供志愿者学习相应的知识技能，由于我对这件事格外重视，每一节课我都认认真真地做了笔记，与志愿者相关的知识网络让我受益匪浅，在后面的赛时服务阶段也确实学以致用。11月28日，我收到了正式录取的邮件，心情格外激动，功夫不负有心人，我最终成为国家速滑馆媒体运行领域志愿者，混合采访区助理。彼时，我已经做好充分的心理准备，也开始憧憬这个独特的寒假生活了。往往在飘雪的季节，都是和家人一起热闹地过年、和三五好友小聚……今年是我第一次不在家过年，这段时间和一群新的朋友碰撞出了精彩的火花，在闭环里，我们建立了友谊。感谢遇见，感谢父母的理解。

　　1月22日下午，我们正式进入了闭环，北京师范大学昌平校区的公寓楼的环境很舒适。在短暂的休整后，1月24日上午，我第一次来到国家速滑馆——美丽的"冰丝带"，在这里，精彩的故事即将展开。首先来说说让我念念不忘的团队吧，我非常高兴认识了他们，第一天，我发现混合区只有6名志愿者，其他的像摄影领域、工作间、发布厅的团队都很壮大，但是当我融入这个团队之后，我意识到能认识他们是一件非常荣幸的事情。对这个团队的第一印象就是整体颜值很高，大家都很容易相处，徐老师非常热情，也很照顾我们。没过几天，我们便开始进行团队工作了，在混合区一起用"特殊工具"贴完45条一米线之后，我们的友谊便开始形成了。团队中有5位是北京体育大学的学生，其中包括一位我的学长、一位我的学妹，还有3位其他学院的学姐，他们都非常优秀，徐老师也不例外，亲身经历过三届奥运会的人，肯定有着独特的眼光，他们的加入，也一定会影响着我的漫漫人生路。赛时阶段，我们7个人永远"绑"在一起工作，负责混合区的运行，各司其职又要相互配合。令我印象非常深刻的一件事是，在混合区的高峰期，我们的录音设备收纳盘不够用，但是运动员马上要接受采访了，我们只需要一个眼神的交流，就知道把一个收纳盘上的手机全部码放在桌子上，然后拿着盘子跑过去……我们还一起处理过几起突发事件，本是经验不足的我们却被领导们连连夸赞。团队其实就是这样，只有互相了解、互相信任，才能够齐心协力地将工作保质保量甚至更好地完成。相信我们7个人在今后的日子里，能一起分享这一个月辛苦却快乐的时光！

　　平时我们在混合区和国外媒体记者、运动员之间是要直接接触的，甚至有时候无法保证一米的社交距离，高峰期那两天每天回驻地都已经凌晨12点半了。从头到尾、从始至终我没有抱怨过一句，因为我在进入闭环之前早就做好了面对一切困难的准备，只有摆正自己志愿者的身份，才能不遗余力地完成好自己的服务工作，"辛苦"应该成为家常便饭。再说说另一波小伙伴吧，他们是我19级的同学和我亲爱的导员，在驻地和他们待在一起的时间最多，我们一起聊天、玩游戏、运动、唱歌、过节、看开闭幕式，我们之间的碰撞就是一种解压、一种快乐。

最后我想提的是我中学的体育老师，他是一名非常优秀的裁判。有一天在场馆里，他认出了我，没想到我们师生竟以这样的方式在这样的场合相见。我看到了十八中的三位代表在为母校争光，体育老师作为裁判，我作为志愿者，我的一个学弟，是北体大冰上运动学院的学生，也是冬奥会开幕式的演员，我们都在自己的岗位上发光发热，这样的偶遇让我辗转反侧，回想起高中的体育课，不得不感叹冬奥会的奇妙！

其实这段旅程遍布着缘分，我和每一个人的相遇都是一段精彩的故事，说了这么多，我也该讲讲我自己的故事了。我是一个非常热爱体育的人，但是对冰雪运动其实很懵懂，第一次踏踏实实看冰雪比赛仅仅是冬奥会前夕的一堂课上，当时是体育展示课，我完整地回看了一场自由式滑雪世界杯的比赛，当时看得我热血沸腾，看到中国冰雪健儿优雅又有力的身段，让我对体育的认识又加深了一步。后来又看了冰壶和花样滑冰比赛，让我对冰雪运动产生了更加浓厚的兴趣。奥运会是一场世界性的体育盛会，其实看奥运会的人很多，但是看冬奥会的人要比夏奥会少。我服务于国家速滑馆，这里将诞生14枚金牌，主要的比赛项目为速度滑冰、集体出发和团体追逐。我每天都会在微信朋友圈发冬奥会的赛程，并呼吁大家关注速滑馆的比赛。因为志愿者的身份，有不少同学和亲戚朋友都会在朋友圈和我互动。能为中国冰雪运动做一份简单的宣传工作，并小有成效，我很高兴。然而，这不会是一种强迫，只要你选择关注，并发自内心地支持中国队，自然而然地就会爱上这项运动。我的校友——阿合娜尔姐姐，也参加了这届北京冬奥会，我有幸在混合采访区听到了她的所有采访，让我感受到了中国冰雪人的刻苦努力和一种传承。其实中国并不是传统意义上的冰雪强国，但是为什么我们能位居奖牌榜第三名，正是国家对冰雪事业的重视及大力投入。当然还有这些冰雪健儿的不懈努力。

每天在混合区3个半小时的工作能让我学到的东西简直太多了。主管经常说我们混合区的6个人是志愿者团队里的top（优秀的人）。其实大家都是一样的，作为志愿者需要一定的素质才能真正上岗。首先是强大的社交能力，不仅是面对中国人，对于国外友人也要让他们感受到来自中国志愿者的热情，这个岗位不是简简单单地完成任务就行了，我们要时时刻刻注意自己的言行举止，随时随地谨记我们在一定程度上代表着中国的形象。因此，灵活处理人际关系，面对突发情况如何去沟通等方面都要特别注意。在赛时阶段，我们6个人经常被领导表扬，不仅完成好了本职工作，还得到了外国运动员和记者们的一致好评。他们在采访中提到"中国的志愿者为我们提供了高质量的服务，同时也给我们留下了深刻的印象"。

此外，由于每天都和固定的记者朋友们打交道，从他们采访的每一个专业性、针对性的问题，以及平时和他们的交流中都让我学到了很多书本上学不到的东西，作为一名新闻学专业的学生，这无疑是一堂大型的实践课，而且很有价值。进入混合区不只有工作，还有学习。我是北京体育大学新闻与传播学院的冬奥会志愿者，能和这么多优秀的记者每天进行几分钟的交流对我很有帮助。我会总结前辈的经验，完善自己新闻专业的知识体系，以后力争做一名优秀的新闻工作者！

最后，不得不提的是，本次志愿者之行，我的初心并不是荣誉或头衔，而是真心想通过参加这样的大型赛会让自己得到一些提升。况且2022北京冬奥会开幕式当天，我有幸借此机会递交了入党申请书，让我逐渐感受到了责任所在。作为一个北京孩子，我真心为自己的家乡感到无比的骄傲。我顺利地完成了冬奥会任务，让自己的冬奥之行没有遗憾。

我们一起向未来

刘晨歌，北京体育大学新闻与传播学院赛事资源与制作方向2021级硕士研究生，国家速滑馆志愿者，志愿岗位为媒体运行部门文字记者工作间和媒体休息区助理。

◎ 刘晨歌

刘晨歌的工作日志

【1月23日】进入闭环第一天

今天是国家速滑馆志愿者进入闭环的第一天。学校在我们出发前一天特意召开了志愿者誓师大会来调动我们的志愿情绪，并在最后向我们嘱托一些重要的指示。小雪的天气为誓师大会增添了别样的气氛，第一次见到上百个冬奥志愿者集合在一起，场面实属震撼。我们的制服是蓝白相间的，蓝色代表着志愿者的新时代青春与活力，而白色则意味着冰雪般的纯洁与无瑕，两者结合正代表着我们的志愿精神。

闭环的第一晚十分惬意。驻地的暖气开得很足，即便外面是冰天雪地，屋内仍温暖如春。今天没有馆内的行政工作，除了几个常规的例会外，其他的时间都由我们自己把握。我和室友利用这个时间好好地探索了驻地内部设置的娱乐厅，比如在食堂的尽头，驻地贴心地为我们准备了桌游室和练歌房，这些人性化的布置为我们的闭环生活增添了色彩。同时，驻地里有来自各个高校的志愿者小伙伴，娱乐室成了大家认识、熟络的场所。在食堂的外部，驻地还摆放了3台跑步机、3台走路机和一台投篮机。

休闲之余，我们与几位来自北中医、北师大的同学结识，进行了一些学术和生活上的交流，期待未来能有更多的联络机会！

【1月24日】又回到最初的起点

今天是入馆第一天，因为之前的测试赛已经有了服务经验，所以对入馆的路线已经轻车熟路了。回到最初的地点，但馆内的装饰却有了翻天覆地的变化。测试赛的时候，由于记者和运动员数量有限，速滑馆秉承环保办奥的原则，只是对所需要的有限场地进行了简单实用的基础装扮，又由于场馆以白色调为主，所以整个馆显得很空旷。但这次入馆，我明显地感受到了这两个月馆内工作人员的工作成果，之前空着的区域已经全部布局完整，不光有配套的桌椅、隔板，还有转播奥运比赛的电视，连休息区、零食间也安排妥当，简约中不失人性化。

参观场馆时，正好遇到采访的记者，我们几个同学还帮着拍摄了小片，想必未来的志愿工作还有很多出镜的机会，这也提醒我们一定要注意个人形象，展现北体学子风范。

【1月25日】小年之入馆工作第一天

今天是小年，小年到了，除夕也就不远了，冬奥会开幕时间是大年初四，再加上开放的训练日的话，留给我们准备的时间其实并不多了。

虽然是入馆工作的第一天，但馆内其实并没有实际开放，所以对于我们这种对外联络类的志愿者来说，没有太多相关的工作。老师给我们安排了休息的地方，大部分时间我们都在等待任务。这些等待的时刻同样是可贵且难忘的，只有耐得住寂寞，才能守得住繁华。

驻地的老师们用心地为我们准备了小年夜特供晚餐——饺子，为了满足全国各地志愿者的口味，食堂还专门准备了两种馅，实在是给了我们如家般的关怀和温暖。驻地每天准备的晚餐都非常丰盛，好多同学长胖了不少，真是甜蜜的烦恼了。

【1月26日】主动请缨

志愿者就像一块砖，哪里需要往哪里搬。场馆媒体运行的志愿者中，女生的比例要更高些，但这并不影响我们做任何工作，如搬东西这类的体力活，我们照样可以搬着重物到处停停走走，准时保质保量地完成了任务，领队老师对我们北体学子也一直赞不绝口！

下午老师给每个同学安排了具体的工作。我们小组一共有15个人，为了彼此增强了解，我们再次进行了自我介绍，每个同学都有不同的学术背景，这刚好形成了互补；大家也都非常友善，介绍后彼此留下了联系方式，以便后期的顺利配合。其中，有4个接待台的工作比较特殊，工作内容略多且没有轮班休息的机会。我觉得这是一个挑战自己的机会，所以便主动请缨，并通过了老师的审核，最后被分配到了文字接待台。希望后期的工作我能顺利完成！

【1月27日】一颗红心，做好准备

本来今天也是需要"耐得住寂寞"的一天，但因为已进入最后的开馆备战阶段，馆里特意安排了一个安全类的讲座。讲座提醒所有志愿者不仅需要时时警惕，保证自己的身体健康，还要有超高的政治觉悟，保证速滑馆赛事的正常运行。作为新闻人，更要坚持党性和新闻性相统一。一个新闻作品只有秉承党性精神，才会受到人民的喜爱。讲座后，整个场馆进行了一次大规模的消防演习，提醒工作人员对各种特殊情况都做好准备。

昨天已经分配了每个人的岗位，我的工作较为烦琐，需要进行岗前培训。虽然我并没有很多的工作经验，但我对所有的工作都充满热情。下班后我还对馆内的各种情况进行了温习，并且预测了一下外国记者可能提出的问题，提前做好准备。期待明天的正式工作啦！

【1月28日】正式工作第一天

因为今天是日常训练，所以我们到馆的时间仍和之前一样。但不

同于前两天的轻松，今天我们刚一入馆就火速前往自己的岗位。在文字接待台，我们的职责之一是回答中外记者的所有问题，所以在正式安排完岗位后，带队老师——婉婷姐给我们整理了一份记者有可能询问的问题表。上岗第一天，整体来说还是很轻松的。我一共接待了6位记者，大多询问了基础的交通、网络等问题，有了提前的准备，应对起来也算得心应手。这几位记者均来自国外，我也因此锻炼了英语口语。

疫情至今，很久没有看到这么多外国人，这种其乐融融的气氛让人感觉既陌生又温暖。也许这就是奥林匹克的力量吧，充分展示了"团结友爱、公平竞争、相互理解"的奥林匹克精神。体育精神永远让人热泪盈眶，希望自己未来也能有幸为中国体育事业效力！

【1月30日】发现小美好

又是早班的一天。虽然研究生期间也有很多早课，但这样频繁连续的早班，还是一个有些困难的挑战。希望之后的日子我能更好地调整作息，早晨也能活力满满！上班期间，有一拨日本记者团来踩点，在我工作点的门口刚好放了一个速滑模样的冰墩墩，几个年轻人趁前辈聊天期间小跑跑向冰墩墩，并模仿它的姿势一起拍照留念，笨拙又可爱。为了不影响团队的进程，他们的合影有些仓促，拍完照后看起来还意犹未尽。不难看出，冰墩墩的魅力确实难以抵挡。

前几天帮助报社拍摄的速滑馆宣传片也上线了，虽然镜头少而且口罩遮住了大半张脸，但终于也有了些参与感。希望我也能好好完成学校的任务，多多拍摄优秀的新闻作品！

【1月31日】其乐融融过除夕

除夕是下午班，所以新年的第一个好消息就是能睡到自然醒。还没到正式的比赛日，工作还算清闲。中午食堂又安排了一些特别的加餐，以抚慰不能归家的游子那孤寂的心。不得不说，驻地的工作人员也挺不容易的，不仅每天要按时准备三餐，而且每餐都至少六七道菜，还得变着花样地做，很少有重复。即便是这种高强度的工作，食堂的菜品质量也从不马虎，很多同学都反映这些天吃胖了不少，这些都多亏了食堂的投喂。不仅如此，工作人员也十分关注同学们的反馈，打菜时随口提及的某些需求，只要能达到的，工作人员都会竭尽全力满足我们的需要。正值除夕，他们也一样不能和家人团聚，吃饭时瞟到旁边的阿姨正和小女儿打视频电话，他们本也可以阖家欢乐、共享佳节的，但她还是选择了坚守在自己的岗位上。像这样为冬奥会默默付出的人还有成千上万个，他们是奔波的记者、做清洁的工作人员、场馆里的工作人员……

晚上我们和北师大、北中医的一些同学一起在食堂观看春晚，其乐融融。期待冬奥会的正式开幕！愿冬奥一切顺利！

【2月2日】难忘的生日

今天是我室友的生日，我也借着她的光蹭了一口蛋糕。闭环的要求非常严格，一切入口的食品都不能随意入内，食堂阿姨为了保证每个小寿星的生日有仪式感，都会特意制作特别的手工生日蛋糕。可能卖相上比不过外面蛋糕店的精致，但味道可一点不输，而且分量实在，蛋糕里塞满了新鲜的水果，酸酸甜甜完全不腻人。除了蛋糕，驻地还贴心地准备了一碗长寿面。回到寝室，有一个可爱的虎年玩偶和满满的零食大礼包迎接着我们。学校也一样重视学生们的生日，早早就准备好了电子贺卡，给了寿星一个大惊喜。

驻地和学校尽可能地给予了同学最甜蜜的关怀，相信对每个小寿星来说，这都会是一个永生难忘的生日！

【2月3日】向幕后工作者致敬

中午的时候，有位记者在我们接待台前的沙发上采访了一位馆内的技术人员。技术人员声情并茂地叙述着自己陪着场馆从无到有、再到今天设施完备的心路历程。他一遍遍地强调智能场馆的优势及常人看不见的巧思，眼睛里闪着亮光。记者又问他是不是很久没回家，他的眼睛黯淡了下来，拿出手机给记者看自己刚出生3天的孩子，已为人父的他满脸都是对孩子的宠溺和疼爱。可他现在还不能回家，他要在这里照顾场馆这个"大孩子"。最后记者问他是不是很有成就感，他的眼角好像泛起了泪花。明天就是冬奥会开幕式了，相信他现在的心情也一定非常复杂。自己的"孩子"终于要正式与世人见面啦，希望能一切顺利，不辜负每一个人的付出！

【2月4日】冬奥开幕啦

盼望着，盼望着，冬奥会终于开幕啦！我们馆分到了4个观看开幕式的名额，我们以抽签的形式在群里抽取了幸运儿。很遗憾我没有中签，但在驻地和小伙伴们一起看转播也是个不错的体验。

整个开幕式的观感，总结而言就是大气、创新和艺术美。首先打动我的，便是开头的倒计时小片。其色彩搭配和谐，画面元素将中国传统节气文化和冬奥结合，很有创意。而且小片中时刻展现着体育的拼搏精神，以及中国人的倔强、朴实及好客，展现着中国人对自然界独有的感悟和对生命的尊重，将格局提升到一个高度。其他的节目也都走的简洁风，能感受到简洁办奥的思路。张艺谋导演对五环和火炬点燃这两个最重要的环节的展示也独具匠心：将鸟巢设想成一块最大的冰，黄河之水天上来，铺满整个鸟巢，然后"一方水"从冰上升起，冬奥各个项目从中间穿过，接着水结成冰，24

道激光雕琢了一个五环，尽显天人合一的世界观；每个国家的引导牌是雪花，雪花合在一起又形成一个大雪花，而最后的雪花就是火炬台。做第一个吃螃蟹的人，这就是文化自信的体现。张艺谋导演在采访中提到，"我们要敞开博大的胸怀，从'我'转向'我们'，中国人和所有人都一样，那么真诚、善良、爱美、浪漫"。他将这次开幕式概括为"空灵、浪漫、现代、科技"，而整场仪式也能最直观地让全世界观众体会到这4个词，这就是艺术，可以超越种族、国家、阶级，雅俗共赏。

每当开幕式中出现速滑馆的场景，我们都会异常激动，这让我们更有了参与冬奥的真实感。期待未来的比赛日！

【2月5日】一定能行！

开赛后，采访区和新闻发布厅都进入了繁忙状态，而我们接待台也需要随时配合两边的工作，做好完美而顺畅的连接，对我们所有场馆媒体运行的小伙伴来说，今天会是充满挑战的一天。都说万事开头难，疫情防控又给我们媒体服务工作提出了新的要求，就算是带领我们工作的老师们也非常忐忑。明天的工作需要调整一些服务的策略和方式，根据今天出现的问题，完善我们的服务系统，整理组织服务语言。一定能行的！

【2月6日】多总结，多思考

今天一大早，我们几个接待台的小伙伴就和老师商量对策，努力平衡每个需求点——既能满足记者的需求，也能按IOC[①]的规章制度严格执行疫情防控要求。最后，经群策群力，终于总结出了一

[①] International Olympic Committee 的缩写，国际奥林匹克委员会，简称国际奥委会，是奥林匹克运动的领导机构。

条万全之策。事实证明，我们的想法也非常符合实际，今天的工作十分顺利。一切工作能够按部就班，每个人的分工也非常明确，所以既不慌乱，也不忙碌，每个记者都能心平气和地接受新的工作政策。果然，工作还是需要多思考，多总结。

【2月7日】佳绩频传

今早，00后小将苏翊鸣凭借第2轮88.70分的成绩，获得了单板滑雪坡面障碍技巧比赛的银牌，书写了中国冬奥历史。其实早在前日资格赛，苏翊鸣就凭借86.80的高分成绩，以第一名锁定了决赛座席。值得注意的是，决赛的第二跳，苏翊鸣顺利完成了1800转体，这是他赛季挑战的最高难度，也是全场比赛中的最高难度动作，即便是超难挑战，苏翊鸣还是凭借超高的技术和稳定的发挥完美地完成了比赛。首次参加冬奥就获得了第二名的好成绩，可谓是未来可期。

同日，我校校友任子威在首都体育馆举行的2022年北京冬奥会短道速滑项目男子1000米决赛中夺得一枚金牌，这枚金牌是中国队在本届冬奥会上夺得的首枚金牌。在比赛的最后冲刺阶段，任子威与刘少林出现了明显的碰撞，裁判最终判定刘少林有犯规行为，这次判罚多亏了此次比赛中出现的高清高速抓拍设备。

【2月8日】为谷爱凌喝彩

今天，全中国都为一个名字喝彩：谷爱凌。自由式滑雪可谓是谷爱凌最不擅长的项目，虽然她只学了很短的时间就奔赴奥运的赛场，但依旧创造了奇迹。

"今天是我最高兴的一天，最高兴的一秒，最感动的一秒。我的动作从来没有女孩挑战完成过。"谷爱凌的动作有多难？先是首轮一个向右的1440震惊四座，得分93.75。第二轮，谷爱凌又用

1080的动作稳稳落地，得分88.50。紧接着第三轮，谷爱凌向左的偏轴转体1620惊艳全场，获得94.50分。之后的采访中，谷爱凌提到，第三轮的动作是她从来没有挑战过的难度，只在脑海中模拟过几次动作的要领。在第三轮比赛前，她还打电话问了妈妈，妈妈也不建议她挑战，但她在最后一秒决定要享受比赛，向世界展示自己的能力。那个时候，她的成绩并不能保证金牌，但对她来说，金牌不是最重要的，超越极限才是。这种崇高的体育精神值得我们学习。

【2月13日】月色与雪色

北京又下雪了。本来有些回升的气温，又跌到了0℃以下。我换上了志愿者装备中最厚的棉服，戴上了蓝色的冷帽，踏着月色上岗了。

速滑馆的建筑外观和赛场设计极其相似，都是以椭圆形为主，建筑外壳还缠绕着一圈圈的透明灯带。鹅毛大雪挂在灯带上，有种特别的现代美感。

媒体中心设在地下一层，而直通我们文字接待台的路正好设在户外，结冰和积雪的情况容易造成一些不便，因此这条道路今天关闭。昔日的人来人往，今天消失不见。记者们更多地选择去摄影接待台完成交接工作，再加上今天的比赛并非决赛，本身到场的记者人数就有限，因此今天的工作较为清闲，这给了我们一些欣赏雪景的闲情逸致。大家趁着休息时间，到场馆内外可拍照的地方一一打卡，记录这美好的时刻。

【2月15日】难忘元宵节

今天有中国选手参赛，中国记者也纷纷赶来报道，看到他们忙碌地跑前跑后，为冬奥事业奋斗着，我的心里很受触动。场馆和驻地也十分暖心，场馆准备了很有特点的炸元宵，甜而不腻，搭配着微咸可口的饭菜和热气腾腾的蛋花汤，每个志愿者都吃得幸福而满足。晚上，驻地不仅安排了传统的水煮汤圆，还准备了好评如潮的瓜子仁蛋糕，大家甜甜蜜蜜地度过了这个意义非凡的元宵节。

【2月18日】可爱的荷兰记者

我们馆每天都会有几名固定到场的记者，其中让我印象最深刻的是一名来自荷兰的记者。她个子不高，身材微胖，染着一头红发，就像是动画电影里面的卡通人物。她从开赛的第二天就坚持每天到馆，其实平时我们文字接待台这边的记者席并不是特别火爆，但她却每次都坚持坐在我们这边，久而久之便也有些感动。我们和她熟络起来，是在她借用接待台打印机的一刻开始的。接待台的打印机是对外开放的，但每天关于比赛的重要文件我们都会提前准备好，所以很少有记者会使用打印机。而这位荷兰的小姐姐从我们第一天教她使用打印机之后，便每天自己整理赛程表，然后到我们这里打印。

今天正当小伙伴换班吃饭，我一个人在接待台工作时，她来了。原来她今天的电脑没电，只能通过平板打印，但平板和电脑的连接方式不同，所以她来向我询问。我耐心地帮她解决了问题，其实这只是很小的一件事，但她却很感动。过了一会儿，她神神秘秘地走到接待台，和我说，专门为我准备了一份小礼物。我定睛一看，是一个包装精美的徽章。不仅如此，她还记得我的名字，那是第一天帮她连接时我告诉她的。她还和我说，正是我们的耐心与热情，才使记者的工作变得如此顺畅与便利。她的眼神真挚且深情，让我觉得很暖心。这种被惦记的感觉，真的很幸福。一切努力都是值得的!

【2月19日】你好，再见

今天是比赛日的最后一天，也是我们工作的最后一天，大家的心情都很复杂。有些对场馆富有浓烈感情的小伙伴，在最后一天选择了全天上岗，也就是在岗位上坚守12个小时。这无疑是极大的挑战，但抱着对冬奥事业的无尽留恋，还是有近10名小伙伴选择了全天的岗位。

刘晨歌的冬奥记忆

今天是2月20日，是举行冬奥闭幕式晚会的日子，也是我们国家速滑馆正式结束冬奥工作的第一天。这十几天，有过劳累，有过难过，有过崩溃，有过被误解，但也有过开心、感动、骄傲和兴奋。当一切都已成过往，再回首，将自己抽离出这段美好的时光，尽力从旁观者的角度回忆14天的点点滴滴，才发现自己是多么幸运。

作为一名新传学子，平时就喜欢走走拍拍，记录生活中的美好。到了这种毕生难忘的重要时刻，同样也不能放下手中的相机。但苦于奥组委与驻地的诸多保密要求，很多想记录的小细节不能以图像视频的形式保留，但还是尽力地拍摄了几段碎片化小片。正好学院有极佳的投稿资源，就尝试着投递了几次。可惜的是，自己的素材由于种种因素未能入选。在账号里欣赏其他同学的作品时，不禁感慨，原来自己的"巧思"只是沧海一粟，传媒人需要时刻对周围事物保持敏感，对生活保持好奇，用善于发现的眼睛看世界，就算受到现实因素的限制，也应该挖掘最平常小事深处的新闻点。有时重要的并不是事件本身，而是创作者给予事件展开的联想与思考，是对受众兴趣点的关注与重视，也是对世界的关怀与敬畏。看着同学们一个个生动地表达着对冬奥的热切情绪和能参与其中的骄傲之情，我也十分心动，于是在各个社交平台发布了冬奥相关的内容。一夜醒来，竟收到众多网友的点赞评论。平时待在馆里工作，或者待在驻地，很长一段时间没有与外界密切接触，一下子受到众多关注，还多少有些不适应。一条条点开评论，不禁为网友们对冬奥的热情所打动。很多评论十分暖心，大家看得到志愿者冒着可能感染新冠的风险、在新春佳节不能与家人团聚、不求回报地奋斗在工作岗位上的艰辛，也体谅每个志愿者的付出，一直在给予我们正面的鼓励。

下午班的工作通常会轻松一些，因为大部分的准备工作都由上午班的同学完成了，所以一到场馆，除了完成日常的一些琐碎的工作外，我们有机会和记者朋友们进行一些简短的交流。和我一起工作的小伙伴有一位来自外语学院，平时就对各国的语言很感兴趣，在最后一天，他特别有心地将"你好""谢谢""再见"等用语翻译成了当日参赛国的国家语言，这样所有来签到的记者都能收到我们为他们准备的最后的小"惊喜"。大部分记者听到我们的问候都感到惊喜和意外，有几位记者还尝试用本国语言与我们进行更多的交谈，但可惜我们才疏学浅，没有办法向他们表达更多中国人的热情好客。除此之外，我们还在平日里记录比赛日程的白板上写上了温馨的祝福语，很多外国记者特意到白板处拍照打卡。到了临近比赛的时间，有位记者特地来接待台表示了她对北京冬奥的满意和对我们志愿者工作的认可，这些行为让我们感受到奥林匹克的友爱和谐的精神。

最后一天的比赛，是我们最后一次观赛的机会。之前接待台全天无休，除了上下班，我一直没有好好逛场馆、看比赛。刚好最后一天的比赛开始得很早，下午班的工作做完，我们的直属老师特意给了没看过比赛的小伙伴到场观赛的机会。最后一天的比赛是集体出发，可以说是速度滑冰项目中最有观赏性的一个小项，比赛选手要从不同起点同时出发，在400米的赛道上滑行16圈，赛程中共设置4个冲刺点，每个冲刺点的前3名获得积分，最后一个冲刺点——终点的积分分数最多，比赛结束后获得积分最多的人为冠军。由于是集体出发，就不免会出现碰撞的情况。同时，选手会由于超长的距离和不同的记分规则而制定不同的比赛节奏，这些都使比赛充满不确定性。中国的选手也参与了此次比赛，选手们都全力以赴，在赛场上大放异彩。只有近距离亲眼所见，才能感受到速度滑冰这个项目所需的坚韧和战术。

　　比赛结束，我们在接待台完成了最后的收尾工作，和亲近的记者互道再见。剩下的时间，场馆特意开放了冰场，我们媒体区域的志愿者也终于有机会亲自上冰感受。当我站在冰场的中间，我突然感觉自己是那么渺小，闭上眼仿佛能听到观众的喝彩、裁判的枪声和冰刀在冰面摩擦碰撞的声音。这一刻，体育的拼搏和刺激一股脑地涌了上来，我感觉自己参与到了一项伟大、有意义的工作之中。

　　北京冬奥会已经结束，但我与体育的故事，才刚刚开始！

一场体育盛会带给我的勇气和力量

郑孜璇，北京体育大学新闻与传播学院2019级新闻学专业本科生，国家速滑馆志愿者，志愿岗位为媒体运行领域新闻发布厅助理。

◎ 郑孜璇

郑孜璇的工作日志

【1月22日】出发，进闭环

今天是从学校出发进入闭环的日子。这天上午，学校为北京体育大学所有服务冬奥会的同学举行了出征前的誓师大会。在雪花纷飞的天气里，冬奥志愿者们庄严宣誓。我们相信北体人一定可以为祖国争光、为冬奥添彩，携手冬奥一起向未来！

下午2点，国家速滑馆的44名志愿者坐上了开往北京师范大学沙河校区志愿者驻地的大巴车。来到驻地后，我们先有序办理了入住，然后开始熟悉驻地的各项防疫要求。

这天开始，我们全体驻地人员需要每天晚上进行核酸检测，同时每天上报自己的健康检测信息，于每日早上9点和下午5点完成两次健康打卡。如实填报信息，是对之后的志愿服务工作负责。

晚上8点，北京体育大学速滑馆全体志愿者通过腾讯会议参加了驻地召开的全员大会，也让我们对驻地各方面的情况和相关规定有了更深入的了解。

学校还给志愿者们准备了DIY（Do it Yourself，自己动手）的新年挂件，我制作了小老虎挂串。在开始认真工作的同时，新年的脚步越来越近啦。

【1月23日】使命在肩，奋斗有我

今天是正式进入闭环管理的第一天，因为是周日，所以没有上岗。下午3点，我在线上聆听了一堂"冰雪上的思政课"。我们学校冰上运动学院院长王春露为首都高校冬奥志愿者讲述了冬奥赛场上的励志感人故事。作为一名冬奥会志愿者，我将始终秉持"使命在肩，奋斗有我"的初心，不负青春韶华，尽己所能，用心做好冬奥志愿服务工作，为冬奥会的成功举办作出一份贡献。

晚上做完核酸后，我学习了2022年北京冬奥会和冬残奥会高校志愿者心理关照建议的文件，了解到了一些我们在闭环管理过程中可能出现的心理问题及相应的干预措施，也认真阅读了闭环管理期间的卫生防疫指引。我将在闭环期间严格执行相关的防疫要求，做到不让亲人、学校和老师担心，争取平安、出色地完成冬奥会志愿服务任务。

【1月24日】再见速滑馆

今天是周一，也是我进入闭环后第一次去往速滑馆。穿制服、戴口罩、带好注册卡成为每天上岗前的惯有动作。

早上8点半，我们坐上了开往国家速滑馆的大巴车。到达场馆后，几位主管老师和所有的志愿者同学都依次做了自我介绍，大家增进了对团队伙伴的认识，一开始严肃的氛围变得轻松愉快。之后，在几位老师的带领下，我们参观了赛时自己的工作区域，熟悉了记者工作间、混合采访区、新闻发布厅、记者看台席等区域的具体位置。在参观中，我发现今天的媒体运行领域和我去年十月参加速滑馆测试赛时的媒体区域相比要更大、更完善了。

下午，我们在文字记者工作间开了个小会，主管老师对速滑馆媒体运行的相关注意事项做了简要说明。我们学校国家速滑馆的志愿者还一起在速滑馆拍摄了小年祝福视频——我们在国家速滑馆，正在服务2022北京冬奥会。使命在肩，奋斗有我，我们一起向未来。正值新春佳节，我们在这里祝大家小年幸福安康！

下午5点20分，大家坐车离开了场馆。晚上，我们也收到了驻地的活动安排，准备去参与一些小年活动，丰富自己的闭环生活。

【1月25日】新工作，新生活

一转眼，就是小年啦。午饭的时候，速滑馆给我们准备了富有年味的糖瓜和丰富的菜肴。

下午，主管老师肖哥带我们布置了新闻发布厅，也给我们讲解了赛时新闻发布厅助理岗位志愿者的主要工作。我对自己的岗位职责有了一定的认识：新闻发布厅志愿者的主要工作是在比赛结束后将冠军、亚军、季军3位运动员和他们的教练引导至新闻发布厅入座，同时还需要两名志愿者同学负责话筒的工作，新闻发布厅的入口处同样需要至少一名同学把守进行证件查验。作为国家速滑馆新闻发布厅的志愿者，我们的任务还是相当艰巨的。因为速度滑冰产生的奖牌数量多，相应地，就会有更多次数的新闻发布会。但我们8名新闻发布厅助理都有很强的信心，我们坚信自己一定可以完成好赛时的志愿服务工作！

晚上回到宿舍后，我和室友用学校发的装饰物布置了房间，让整个宿舍更有年味。我自己也写了对联和家书，之后驻地会帮忙寄给家里的亲人，希望新的一年大家都能平安健康。

【1月27日】时刻准备着

今天上午，速滑馆给所有志愿者进行了奥运会政治安全培训，主讲老师强调所有志愿者一定不能轻视这个问题，应提高警觉性，特别在赛时是非常重要的。

中午，我们和混合采访区的志愿者同学们一起协助看台席的同学完成了记者看台席的布置工作，随后又进行了混采区的布置。下午的时候，主管老师发给我们新闻发布厅需要打印使用的桌签，有几位小伙伴主要负责赛时桌签的打印工作。

明天我所在的国家速滑馆场馆媒体中心就要正式开门了，来自世界各地的媒体记者即将到来。明天开始，我们要逐渐进入奥运会赛时状态，大家也都信心满满，争取圆满完成媒体运行服务的工作任务。

【1月28日】知不足而自反

今天是上岗的第五天，也是国家速滑馆场馆媒体中心第一天开门的日子。有许多国家的速度滑冰运动员已经来到速滑馆训练，也有很多记者前来，所以今天的工作任务是自上岗以来最多的。

因为不是赛时，我所在的新闻发布厅目前并没有工作任务，今天我主要协助记者看台席的小伙伴完成记者看台席入口处的证件查验工作。我们的工作采取的是轮班上岗、轮换休息的形式。今天我一共完成了三班轮岗工作，于下午5点20分离开场馆。

今天发生了许多有意思的事情，也认识了不少之前在记者看台席工作的小伙伴。大家没有工作任务的时候也会一起开心聊天，互相打趣。

在今天的工作中，我认识到自己的英语水平还需要进一步提高。这个岗位除了要按常规查验进入看台的记者的证件外，还会有非常多的外国记者向志愿者询问各工作区的路线。作为临时借调到记者看台席入口帮忙的我来说，在上午的工作中我对这个岗位的工作职责和周围的环境并不熟悉，只是机械地用英语进行一些程序性的问答。不过在经过了上午的锻炼后，我感觉自己对这个岗位慢慢熟悉了起来。下午在和外国记者交流时也更加流畅、高效和得体。记者们在经过时都会非常礼貌地向志愿者打招呼，我也会在证件查验后微笑着说句："Thank you for your cooperation. Welcome! "（谢谢合作，欢迎！）在工作中我也感受到了与人交流的乐趣。

晚上，我们通过线上的方式观看了学校领导和学生家长代表送给冬奥志愿者的新春祝福，大家都很开心。

【1月31日】喜气洋洋过大年

今天场馆给我们发放了一批激励物资，有带冰墩墩标识的折叠水杯、冰墩墩挂件、一本志愿者工作手册、一个可爱的保温杯、28个暖宝宝、两个志愿者徽章和6大盒口罩。

今天是除夕，晚上结束工作回到驻地后，驻地举办了线上除夕晚会活动，这让我们每一个人都深深体会到我们是一个温暖的大家庭。志愿者们一起过大年的热闹氛围也让我永远铭记在心。

我还给在家里吃团圆饭的家人打了通视频电话。虽然相隔两地，但一家人的心却永远都在一起。

23点的时候，我们还吃到了驻地准备的夜宵——饺子，大家都很开心。

希望2022年大家都能平安喜乐，万事顺意，继续成长！

【2月1日】疫情防控，从我做起

今天我的工作内容还是帮助记者工作间和记者看台席的同学完成证件查验和引导记者的一些工作。在工作的过程中，我时刻绷紧疫情防控这根弦，毕竟媒体运行领域的志愿者确实要直接接触媒体记者并且人员流动性较大。我在场馆上岗的时候会时刻注意和运动员、媒体记者保持适当的安全距离，换岗休息的时候也会及时更换口罩，做好消毒工作。晚上回到驻地也会及时用消毒湿巾进行外用品和全身的消毒。

今天下午换岗休息的时候正好遇到中国队上冰训练，也祝愿中国健儿们能够突破自我，在速度滑冰这个项目上取得更好的成绩。

【2月3日】翘首以盼迎开幕

今天，速度滑冰女子3000米小项的报名表已经在官网发布。后天，国家速滑馆将迎来它的第一场正式比赛。我们所有的志愿者都满怀期待，也将竭尽全力，以最饱满的精神面貌服务冬奥，展现出中国志愿者的风采。

明天晚上，2022年北京冬奥会的开幕式就要在鸟巢举行了。这次开幕式还是由执导2008年北京夏奥会开幕式的张艺谋导演设计，我们所有人都满怀期待，明晚我们会按时守在电视机前，收看开幕式。尽管我没有机会前往鸟巢目睹北京冬奥会开幕式的盛况，但这并不会削减我的热情和期待，让我们一起期待开幕式的到来吧。

【2月4日】信心满满，迎接挑战

今天下午，新闻发布厅的同学对发布厅进行了最后的布置，对发布厅内的话筒、座椅、矿泉水等物件进行了摆放，也有工作人员在不断地调试发布厅内的设备。

明天就是国家速滑馆新闻发布厅开放的第一天了，相较于其他场馆，国家速滑馆产生的奖牌数量多，相应地，新闻发布会的数量也会更多。因此，相比其他场馆，我们馆新闻发布厅的工作任务还是较重的，但大家都信心满满，准备好了迎接明天的挑战。

今天晚上，我在驻地和其他同学一起观看了冬奥会开幕式，尽管有一屏之隔，但我们所有人的内心都深受震撼，被整个开幕式中的中华元素、人类命运共同体的理念和传递出的中国人的浪漫情怀深深打动。作为志愿者的我也将继续努力，为本届奥运赛事的顺利举办贡献一份力量。

【2月5日】正赛第一天，圆满完成任务

今天是上岗的第十三天，也是国家速滑馆正赛的第一天。由于国家速滑馆的比赛一般都在下午，而我们新闻发布厅又是媒体运行的最后一班岗，所以我们一般都是中午从驻地出发，下午到达场馆开始工作。

今天下午也是混合采访区第一次运行，老师让我们去帮混合区的同学维持秩序。赛时的混合区有很多的记者等待运动员采访，不过在现场志愿者的维护下，大家都恢复了秩序。

晚上6点左右，比赛就要结束了，发布厅的志愿者同学都各就各位，准备开始工作。今天我的工作是站在发布厅一侧的话筒附近引导记者到这边进行提问。由于疫情防控，我们志愿者并不直接接触话筒，而是只需做出引导即可。同时，如果有记者需要消毒，我们也会给他们提供消毒湿巾。

晚上快8点的时候，新闻发布会顺利结束了，我们也赶在场馆食堂关门前吃上了晚饭。

发布厅的工作虽然是最晚结束的，但并不复杂，第一天大家都圆满完成了工作任务，配合得也十分默契。

【2月6日】令人激动的速度滑冰男子5000米比赛

通过昨天的实战，我们8名新闻发布厅的志愿者同学对于自己的工作已经相当熟悉了，面对今天的工作大家也都信心满满。

今天在国家速滑馆举行的是速度滑冰男子5000米的比赛。这场比赛尽管没有中国队员参赛，但大家对这次比赛的关注度丝毫不减，我也和其他志愿者同学在现场观看了这场比赛，在看到奥运纪录被打破时，大家都惊呼了起来。今天的新闻发布会现场氛围非常融洽，我们也轻松愉快地结束了自己的工作。

晚上8点多，我返回了驻地。今天的工作相当顺利，大家都期待着明天也能完美地完成工作任务。

【2月8日】让人感动的拼搏精神

今天上午，我在驻地观看了中国选手谷爱凌在自由式滑雪女子大跳台的决赛。她在最后一轮较量中突破自身局限，完成了之前从未完成过的偏轴转体1620的最高难度动作，拿到了94.50的分数，这也让她逆转夺冠。我们都被谷爱凌敢于挑战和突破自我的精神深深打动。

今天在国家速滑馆举行的是速度滑冰男子1500米的比赛，有中国选手参赛。其中，中国选手宁忠岩让大家十分期待。尽管最终宁忠岩并没有跻身前3名之列，但在场的所有人都为他的拼搏精神感到骄傲和自豪。

【2月9日】愉快的休闲时光

今天国家速滑馆没有比赛，因此我们下午5点半就离开了场馆。下午，国家速滑馆还给我们志愿者发放了激励物资，是3个小徽章和一个卡套，非常有纪念意义。

今天是冬奥会的第五个比赛日，我通过电视关注了在云顶滑雪公园举行的U型场地技巧赛和女子障碍追逐赛。晚上，我和其他同学一起在食堂观看了在首都体育馆举行的短道速滑比赛。因为场馆今天没有比赛，所以也没有工作内容，我们在食堂进行了一些娱乐活动之后就回到了宿舍。

明天国家速滑馆将进行速度滑冰女子5000米的比赛，因此我们的工作时间会一直到晚上11点，但大家对于工作都保持了很高的热情，期待着明天工作的到来。

【2月10日】欣欣向荣，未来可期

中午，我们在食堂观看了男单自由滑的比赛，也为金博洋和羽生结弦的精彩表现所动容。下午3点15分我们媒体运行岗位的同学从驻地出发来到了场馆。

今天在国家速滑馆举行的是速度滑冰女子5000米的比赛，这次获得冠军的是5日速度滑冰女子3000米的冠军得主——荷兰运动员斯豪滕。这已经是她第二次在国家速滑馆打破奥运纪录了。作为国家速滑馆的一名志愿者，我们工作的这几天见证了一天一个甚至一天两个新的奥运纪录的诞生。

在新闻发布会上，不少记者都会问运动员对于国家速滑馆冰面的感受，运动员也都会说感觉非常不错。相信随着科技的发展，冰面也会越来越好。

【2月12日】高亭宇！金牌！

今天是我上岗的第二十天。由于即将上场比赛的中国选手高亭宇实力很强劲，因此今天有超级多的中国媒体记者前来。

今天在国家速滑馆将举行的是速度滑冰男子500米的比赛和女子团体追逐的1/4决赛。最终，在男子500米的比赛中，中国运动员高亭宇成功夺冠，并打破了奥运纪录。比赛结束后，整个发布厅都坐满了记者，其中以中国记者居多。今天的发布会也比平时开得

更久，我们全力以赴做好了服务各位记者的工作准备。

高亭宇拿到的这枚金牌对于中国速度滑冰来说有着非凡的意义，这也是本届冬奥会中国在"冰丝带"收获的第一枚金牌。截至目前，中国队已经在本届冬奥会上取得了4金3银1铜的好成绩，衷心祝愿中国的冰雪健儿们能够在2022年北京冬奥会上取得令自己满意的成绩。

【2月13日】深夜的温暖

今天在国家速滑馆将举行的是男子团体追逐的1/4决赛和女子500米的比赛。由于今天的比赛开始时间很晚，直到晚上9点才进行第一场男子团体追逐的较量，因此我们的上岗时间也比平时要晚一些，下午才来到场馆。

新闻发布厅是整个媒体运行领域的最后一班岗。直到晚上近11点，今天的比赛才正式结束，而我所在的新闻发布厅的工作也刚刚开始。因为今天来到新闻发布厅的记者并不是很多，所以整个新闻发布会也没有持续太长时间，整个工作比较顺利。

晚上12点，我们终于结束了今天的工作，登上了返回的大巴车。整个返程的路上已经看不到太多的车辆了，回到驻地已经是凌晨1点。驻地给我们准备了夜宵，喝到了热腾腾的银耳汤，大家的心里都暖暖的。

【2月17日】体育无国界

今天是我上岗的第二十五天。截至今天，中国队已经获得了7金4银2铜的好成绩，而整个冬奥会也接近尾声了。

今天在国家速滑馆举行的是速度滑冰女子1000米的比赛。比赛中，日本选手高木美帆以1分13秒19的成绩打破了奥运会纪录，并夺得了这一项目的冠军。其实我们所有人对这位选手都很熟悉了，因为她在本届冬奥会速度滑冰的另外3个项目上已经收获了3枚银牌。而今天，她突破了自己，收获了一枚金牌。尽管高木是一名日本运动员，但速滑馆的许多人都对她充满了好感。她每次来到发布厅参加新闻发布会时也会很有礼貌地和我们志愿者交流，对于她的胜利我们也都为她感到开心。体育无国界，对于这样一位优秀的运动员，大家也衷心祝贺她在本届冬奥会上取得的成绩。

【2月18日】速滑新历史

今天在国家速滑馆举行的是速度滑冰男子1000米的比赛。在今天的比赛中，中国小将宁忠岩被寄予厚望，许多中国记者也纷纷前来观赛。当宁忠岩出场时，全场响起了热烈的呐喊声，许多志愿者也站在看台上为他加油助威。

最终，宁忠岩滑出1分8秒60的好成绩，排在了第五位。尽管他没有拿到奖牌，却创造了中国选手在速度滑冰男子1000米这个项目上的冬奥会最好成绩，这也是历史性的突破，整个场馆的人们都在为之沸腾。高亭宇、宁忠岩等中国新一代速度滑冰运动员正在开创中国速度滑冰项目的新历史，不断挑战自我、突破极限。这个时代早已不是唯金牌、成绩论英雄的时代了，无论结果如何，我们都为他们身上所展现出来的竞技体育精神深深打动着。

【2月19日】不留遗憾，不负年华

今天是我上岗的第二十七天，也是我在国家速滑馆工作的最后一天啦。

今天我除了常规的新闻发布厅的任务外，还需要承担引导前三名运动员前往新闻发布厅的工作。在引导获得亚军的韩国运动员至新闻发布厅时，出现了一些突发情况，但我还是冷静地和其他业务领域的同学积极沟通，最终顺利解决了问题，将运动员按时引导至发布厅参会。

整个工作结束之后，我和其他的志愿者也上冰体验了一回，大家纷纷合影留念。今天之后，无论是志愿者还是各位老师都要各奔东西，大家心里都有千万不舍，但山水有相逢，我们都把最好的记忆留在了速滑馆里，相信多年过去，每当我们再忆起这段和大家朝夕相处、并肩作战的冬奥志愿服务时光时，也都可以满意地说，这是一段没有遗憾和虚度的青春年华。

◎ 和冰墩墩合影留念

郑孜璇的冬奥记忆

时光匆匆，冬奥会转瞬即逝。回顾这段服务冬奥的时光，我开始重新思考一个问题：冬奥会志愿服务究竟带给了我什么？

如果用一个词来概括，我想这个词是"勇气"。

回望2008年，那时的我还是一个和家人坐在一台老旧电视机前观看北京夏奥会开幕式和比赛的小镇女孩。当时的那个孩子一定不会想到，未来的北京，能够再次举办奥运会，成为"双奥之城"，而她自己也有机会成为其中的一名志愿者，真正参与其中，在国家速滑馆与来自世界各地的媒体工作者和运动员用简单的日常英语进行融洽的交谈。毕竟在当时，因为乡镇学校教育资源的匮乏，这个女孩从没有接受过正规的英语教育，甚至都不知道一共有多少个英文字母。英语是她从小到大最差也最难以战胜的学科，英语口语也从来不说不练。

但北京冬奥会改变了我，一个最明显的地方就是我开始觉得英语是重要和有趣的。其实在报名冬奥会媒体运行领域的志愿者之前，我也曾报名过其他的冬奥项目，但都因为英语不合格而落选。为了能够补上这块短板，我开始有针对性地进行英语学习，在这个过程中渐渐感受到了学英语的乐趣。可能正是因为这份坚持，我才没有错过这次志愿者选拔的机会。

除了这份坚持的勇气，冬奥也给予了我勇于担当的勇气。作为一名冬奥志愿者，这份勇气来源于我们作为青年志愿者身上的那份担当。2022年北京冬奥会是一个巨大的系统性工程，而志愿服务则是其中的重要一环。作为青年学生，我们有幸参与这届冬奥会国家速滑馆的志愿者服务之中。于我个人而言，这是一次难得的机遇。我非常珍惜这次的宝贵机会，认真完成了比赛前场馆举行的各类培训，参加了去年10月的"相约北京"系列测试赛，在正赛实践开始前和新闻发布厅的7位同学做好了充分准备，借助1月24日至2月4日这段赛前的时间完成了发布厅的布置和岗位演练工作……赛时，我的岗位是国家速滑馆媒体运行领域新闻发布厅助理。在具体的实践中，我的主要工作是发布会现场的话筒引导，也有两次冠亚季军运动员的引导经历。我所在的新闻发布厅工作时间比较特殊，每当大多数媒体运行领域的小伙伴们下班时，才是我们岗位工作的开始。有时比赛结束得晚，来到发布会的记者也不是很多。但作为国家速滑馆媒体运行领域的最后一班岗，哪怕新闻发布厅只有一名记者，我们也会坚守在自己的工作岗位上，直到发布会结束。我们见过半夜12点的国家速滑馆，有着因为工作时间放弃现场见证高亭宇速滑夺冠的小小遗憾，也有着经历重重波折仍然将运动员顺利带至新闻发布厅的大大喜悦……正是因为心中装着岗位职责，心里有着一份中国青年的担当，我才能够拥有更多处理工作中突发事件的勇气与智慧，我也相信这份勇气会在未来让我获益匪浅。

　　2022年北京冬奥会也给了我战胜困难、挑战自我的勇气。我曾经是个不太自信的人，缺少年轻人的勇劲儿。特别是在面对一些自己想做又不能保证拥有十足把握的事情时，我完全不敢做出决定并说出自己的想法，更不愿意迈出努力的第一步。但当我看到冬奥会中无数奥运健儿在赛场上挑战自我、突破极限时，我对于体育精神有了更深的体会，也感受到了这种力量。国家速滑馆几乎每天都会被刷新的奥运纪录甚至世界纪录所惊喜；德国选手克劳迪娅·佩希施泰年近半百却依然站上速度滑冰赛场的勇气让我动容；武大靖、任子威等北体校友顽强的拼搏精神让我触动；谷爱凌、苏翊鸣等中国选手在比赛场上突破自己的胆量让我震撼……我从这些选手身上明白了什么是真正的奥林匹克，也汲取了更多向上的勇气。

我们每一个志愿者都是普通人。我曾看过这样一段话，大意是：普通人的每一步似乎都微小、平凡、脚踏实地、不动声色，但当我们回过头眺望我们这个国家走过的脚印，你会惊叹于它的洒脱、传奇、伟大和日新月异。正是我们每一个普通人的微小和平凡，才构成了一种中国人独有的力量。我们无畏、乐观、不放弃希望，正是这种力量让我们这个国家越来越好。双奥之城，梦圆北京。本届奥运的成功，离不开每一位普通人的努力。同时，这样一场奥运盛会也注定会对我们每一个人的未来产生深远的影响。

写到这里，突然间就想起了2月19日大家分别时一位老师说过的话。他说，无论将来我们身处何方，遇到了何种困难，我们都可以想想冬奥会时的我们。那时的我们还很年轻，但却完成了许多并不容易的事情，并坚持到了最后一刻，每当想到这些，你都会重新拥有一些向前的力量。

不是每年都有冬奥会，也不是每届冬奥会都会在中国。岁月不可以重来，但记忆却是相聚的一种形式。

最后的最后，我还是想再郑重地道一声：再见了，北京冬奥会。谢谢你，北京冬奥会。

亲历一场爱与团结的盛会

> 杨鑫偲，北京体育大学新闻与传播学院播音与主持艺术（体育解说方向）专业2019级本科生，国家速滑馆志愿者，志愿岗位为媒体运行中心媒体看台席助理。

◎ 杨鑫偲

杨鑫偲的工作日志

【1月24日】初入场馆

经过昨天一天在驻地的休息调整后，我们在今天正式进入场馆。进入场馆后第一件要做的事就是领取各自的证件注册卡，这也是我们的"餐卡"，如果没有带注册卡的话是禁止进入场馆用餐的。然后我们会穿过严格的安检区域，抵达媒体的落客点，步行前往场馆媒体中心。

在未上岗的时候，我还是非常紧张的。虽然前期已经经过学校、场馆的培训及外语辅导，但毕竟这是我第一次面对面跟外国人进行交流，还是会有一点担心。就这样，怀着忐忑的心情，我和我的搭档一起来到新闻发布厅开始了准备工作。因为发布会在比赛结束之后就要立即召开，所以我们基本上在下半场比赛开始的时候就要来到发布厅，跟语言服务的志愿者一起在现场等待。

由于在测试赛期间我就是记者看台席助理，所以在见到曾经带领自己的老师之后，有一种莫名的亲切感。这次在国家速滑馆里保障媒体运行的不只北体大的志愿者，还有来自北师大的一部分小伙伴，为了更好地相处，我们互相进行了自我介绍，发现他们大多都来自不同的学科和学院，如心理学部、音乐系、历史学、工程造价……会聚了各类人才，让我对这次的志愿者服务增添了自信。

和测试赛期间相比，这次的饭菜质量更好，各色菜品荤素搭配、营养均衡。饭后，我们合力摆好了媒体中心200多把凳子，为媒体工作人员提供可以休息和办公的座位。

【1月31日】除夕夜场馆内的温暖

这几天，我们都在为即将而来的比赛做着准备，各个部门、各个岗位的人员都更加认真和谨慎。终于我们也能够在看台席看到更多的记者，有一些记者令人尊敬，他们不仅有过硬的新闻人的素养，而且对我们志愿者也非常平等和尊重。他们进来会先和我们打招呼，走的时候也会主动收拾好桌面上的东西，总而言之，我非常幸运，在这个岗位上，除了能学到专业知识，还可以学习到许多书本上学习不到的知识。

今天是一月的最后一天，也是除夕。环内和环外人员举行了第一次大见面，大家互相喊话，互相送上祝福，让岗位上的我特别感动。此外，今晚在驻地内，我们也举办了一场线上的除夕晚会，我作为主持人上场，真的是一个非常值得纪念而又不平凡的夜晚。

◎ 我与小伙伴们的合影

【2月5日】草原儿女战冬奥，策马奔腾创佳绩

今天，我们的场馆正式开赛了！日复一日地经验积累，马上就要付诸实践了，果然第一天来了不少记者。今天有两位中国女子速滑运动员参加比赛，都来自草原。

他们的亲友团还带来了横幅，上面写着："草原儿女战冬奥，策马奔腾创佳绩，韩梅加油！"看着运动员驰骋冰场，我的眼泪也充满了整个眼眶。期待接下来的比赛！加油！

【2月11日】与辅导员一同做志愿者

国家速滑馆今天举行的是速度滑冰男子10000米的比赛，10000米听起来就是一个要求运动员耐力与速度兼备的项目。该项比赛不仅考验运动员的耐力，还对运动员最后冲刺时刻的爆发力做出挑战。一般来说，对于这种长距离的比赛，刚开始运动员都不会消耗自己太多的能量，他们会根据选手的实力来决定自己的位次，按部就班执行自己的战术，尽管这样的比赛没有那么激烈和具有观赏性，但也足以考验运动员和观众的注意力集中度，加油，运动员们！

在持续关注中国队的比赛之际，我们也收到了一个非常好的消息，那就是辅导员丰华文老师作为志愿者代表接受了媒体采访。辅导员也和我们一起来当志愿者，还是第一次呢，我们转发了他在朋友圈发的关于他作为志愿者的报道内容，希望丰导能够在这一次的冬奥会中收获不一样的经验。

【2月12日】见证高亭宇夺冠

2月12日，"冰丝带"迎来了速度滑冰男子500米的金牌赛，出场的选手一共有16组，共32名运动员。第7组出场的高亭宇是该

项目金牌的有力争夺者。当我们看到高亭宇出场时，志愿者和现场的中国观众都一起为他欢呼。高亭宇的起步速度特别快，并且在每一个弯道，他的成绩都领先于当时的第一名。当高亭宇冲线之后，我们看到他的成绩非常优秀，还打破了奥运纪录。虽然他在这个项目位于第一名，但是由于后面还有运动员没有完成比赛，所以我们不知道高亭宇能不能保住这一枚金牌。但是当最后一组运动员冲向终点之后，悬念已经揭晓，高亭宇为中国代表队夺得了速度滑冰项目的第一枚金牌。我们十分激动，在新闻发布厅高声欢呼了起来，发布厅也迎来了第一位中国运动员。在高亭宇结束发布会即将离场的时候，他看到了还在岗位上工作的我们，并对我们举手示意，向我们表示感谢。此时，我深深地感受到了自己作为一名北体学子的自豪。从开赛到今天，"冰丝带"已经诞生了多项奥运纪录甚至世界纪录，所以今年这个场馆一定是一个备受瞩目的场馆，我们也一定会做好这个场馆的志愿者服务工作，加油！

【2月14日】情人节，给记者们送玫瑰花和爱心折纸

今天是2月14日，我们所在的国家速滑馆是没有安排比赛的，但是作为志愿服务者，我们还是会去场馆。因为2月14日也是情人节，所以我们当天准备利用一些打印过后的纸张进行手工制作，将一些玫瑰花和爱心折纸送给当天到来的记者。当天没有比赛，对于记者们来说也是一个难得的休息机会，他们的工作是非常繁杂及枯燥的，需要报道一些关于运动员的训练比赛等内容。据我们这么多天的观察来看，日本记者经常比我们志愿者来得更早，也比我们志愿者走得更晚，所以我们想通过这种方式来表达我们对他们的尊敬及我们作为志愿者对记者们的友爱，这也就印证了奥委会主

席巴赫先生所强调的"更快、更高、更强——更团结"的奥林匹克格言。2月15日的比赛，依然照常进行，所以我们明天的工作也会正常有序地开展，相信明天的场馆也依然会出现一些奥运纪录，加油！

【2月15日】赛场下的哭泣和遗憾

2月15日，因为连开两场发布会，我去接待了女子团体追逐的冠军——加拿大队。今天场下发生的事情比场上更令我印象深刻，与加拿大同组的日本队努力滑进了A组决赛，但就在快要结束的时候发生了失误，一名运动员摔出场外，最后遗憾摘银，加拿大队夺得了金牌。到达接待队伍的地方，我十分紧张，很怕自己听不懂运动员说什么，但是加拿大队的新闻官小姐姐人超级好，说话也很清楚，跟她交流并不是很吃力。进到更衣室里，采访时一直很开心的3位运动员开始抱着队友和教练哭，那一瞬间，我听不到更衣室里除此以外的任何声音，因为所有人都在相拥哭泣。这块金牌是所有的运动员、教练员一起努力的结果。发布会上，后排的加拿大队员和日本队员也在交流，双方回答问题时也都对对手表示了极高的赞赏，一度有6位运动员一起大笑。又回想起采访区、更衣室里日本队、荷兰队、挪威队、美国队教练员和运动员对加拿大的祝贺，领奖台前姑娘们一起拍照的画面。我相信，他们作为体育人，共同走到了奥林匹克的赛场上，这里一定有最真诚的祝贺。

【2月17日】与"义墩墩"交换胸针

2月17日，国家速滑馆的一切仍然正常而有序地进行着。今天是我们志愿者服务工作的倒数第三天，在场馆举行的是速度滑冰女子1000米决赛。日本选手高木美帆在收获3枚银牌之后，终于在这个项目上获得了她本届奥运之旅的第一枚金牌。因为日本选手的出色表现，所以当天新闻发布厅里聚集了很多的日本记者，这其中就包括近日在中国走红的日本电视台记者"义墩墩"。当他来到发布厅之后，现场有两名中国记者想要对他进行采访，于是他们让我去询问在场有没有会日语的志愿者，但当时并没有，我们马上想起"义墩墩"应该是会说英语的，于是我们就临时承担起了语言沟通的任务。虽然最后因为记者不能随便接受采访，他拒绝了两位中国记者的要求，但他还是很热情地跟两位中国记者合影留念，我们也因为自己在其中能够提供一些帮助而感到开心。之后，我们也跟"义墩墩"交换了带有本国文化元素的胸针，我觉得这是一种文化的交流。当外国记者带着具有本国文化的物品来到奥运会的赛场上，跟中国志愿者、运动员或者是他国运动员进行交换的时候，其实就是一种很好的文化交流。

经过这么多天的比赛，我还发现女子项目中多次出现奥运纪录被打破的情况，而绝大多数都是来自荷兰运动员。众所周知，荷兰是一个速度滑冰的强国，荷兰速度滑冰运动员大多身材纤长，但是大腿却十分有力，所以大长腿和腿部肌肉的发达让他们在这个项目中存在一定优势。但在速度滑冰中不能够危险冲刺，所以腿长的优势可能并不大，而且在过弯和迈步时腿的长度会对其有一定的影响。

倒数第三天了，我们的工作仍然要继续进行，越到最后越有一点舍不得这些天与我们相处的媒体记者及运动员们。

【2月19日】要跟"冰丝带"说再见了

今天是2月19日，是国家速滑馆最后一天的比赛日。对于我们志愿者来说，是非常舍不得这个场馆的，而今天的最后一场比赛是速度滑冰男子1000米的比赛。在今天的比赛中，有我非常喜欢的美国运动员乔丹（Jordan），他是一个来自美国的17岁小将，也是第一次参加冬奥会，他的强项就是500米和1000米，相对于500米来说，1000米的比赛成绩更为出色。虽然他在这一次的比赛当中并没有获得奖牌，但他之前在世界速度滑冰世界杯首战中和高亭宇同样站在了1000米的领奖台上。这名小将，未来可期。比赛结束后，我在速滑馆的志愿服务也就全部结束了，要跟"冰丝带"说再见了，希望冬奥会结束后所有的运动员和这个周期我们所能够见到的记者能够好好地放松、好好地休息，期待以后能够以其他方式再次相遇。

【2月20日】意外的惊喜

今天是冬奥会的最后一个比赛日了，虽然我们场馆已经没有比赛了，但还是要站好最后一班岗。今天没什么事，主要是想跟大家分享一下在这期间我们志愿者和一些媒体记者之间发生的小故事。换徽章是每一届奥运会都流行的行为，此前一位亚美尼亚记者想要跟我们交换pin，并说会给我们回报，但当时我们没有在意，不过今天他居然带着交换的礼物来找我们了。2月17日那天，这位亚美尼亚记者遇到了我们，注意到了我们身上的冰墩墩，也想要一个，但是他没有什么可以换的徽章，只有一个之前做志愿者时发的很小的心形橙色徽章，他说："这是我的heart（心），可以用这个进行交换吗？"其实我们还是稍有一些犹豫的，因为徽章对志愿者来说也很稀有。之后他又告诉我们他来自亚美尼亚，又聊到了他的国家、他的家庭，他的女儿很喜欢冰墩墩，于是我把我的冰墩墩挂坠拿出来询问："你的女儿会喜欢这个吗？"他说他问一下，于是他拍了一张照片发给了女儿。看到了他的这些举动之后，我们很心动，想直接送给他，因为觉得他是一个很好的父亲，但于我们来说冰墩墩也很稀有，我和朋友还在犹豫。于是他放下身上所有的装备，摸了身上所有的口袋，翻出了所有的背包，却只翻出了几个掉了漆，甚至都不知道由来的徽章，也没有合适换的东西。他看着我们的徽章跟我们说，他去MMC排了很久队却买不到，他的女儿真的很喜欢，他的儿子也很喜欢中国龙的元素，很喜欢中国的古迹。他还给我们看了他的全家照，此时的我们已经完全被他打动，于是就把徽章和冰墩墩的挂坠都送给了他。他最后用很多感谢的话感谢了我们，并且留下了联系方式。他承诺：如果还会回来，一定会给我们带上交换的东西。

于是在今天，也就是冬奥会的最后一天，他来了。他用一个塑料袋装了很多亚美尼亚的pin，全部送给了我们。我们也送了他许多冬奥志愿者的公交卡套和物资。他现在已经回到了亚美尼亚，还给我们发来了她女儿和冰墩墩的照片，他的女儿很开心。

我想这不仅仅是一次换徽章的过程，更是志愿者在北京冬奥会中对爱和团结的表达。

杨鑫偲的冬奥记忆

北京时间2021年9月15日下午，我收到了一条短信："鑫偲姐妹，恭喜你入选冬奥志愿者储备，请尽快扫码进群。"

北京时间2022年1月22日上午，我们举行了一场全校冬奥志愿者出征的誓师大会。

北京时间2022年1月24日上午，我正式以冬奥志愿者的身份再一次走进新修场馆——国家速滑馆，又称"冰丝带"，以最饱满的姿态服务冬奥会。

北京时间2022年2月19日晚上，国家速滑馆最后一场速度滑冰比赛结束；至此，我的全部志愿服务到此结束。

这是在我心中最具有纪念意义的4个数字时间节点，也是永远不可能抹去的4个数字，这4个数字看起来并不起眼，但背后却是我在那个冬天留下的难忘而又精彩纷呈的美好记忆。

我和冬奥的一线牵

其实我的冬奥工作从测试赛开始就已经慢慢深入我的内心了。9月15日下午，当我看到那条短信的时候，我的内心激动、兴奋并且骄傲，但同时又伴随着一阵难以描述的焦虑——是我吗？真的是我！我真的可以吗？在冬奥志愿者的选拔中，我们经历了从学校再到冬奥组委的层层筛选，我真的拥有这个能力吗？这一刻，我的心情复杂交织。9月16日，也就是我刚进群的第一天，群里就发布通知说正式储备志愿者将会在10月6日—10日期间参与国家速滑馆速度滑冰"相约北京"系列测试赛的志愿通知。我满怀期待，因为我们即将揭开冬奥速滑馆"冰丝带"的神秘面纱，可以满足小小的虚荣心了。我内心那颗小星球恨不得撞破牢笼，告诉所有人，我将奔赴一线。事实上，我也这么做了，当晚我就拨通了爸爸妈妈的电话，告诉他们这个好消息，家人都为我感到开心和自豪，而我也有了更多的信心和热情，为这场体育盛事付出我能付出的所有。

我和国家速滑馆的正式初遇

1月22日，我们来到驻地正式开始闭环隔离。经过一天的休整之后，24日我正式来到了场馆。一下车，首先映入我眼帘的就是测试赛时场馆老师们熟悉的面孔，他们陪伴我们度过了测试赛时期的工作。见过面之后，老师们开始分发冬奥志愿者注册卡，这一次是真正意义上的"冬奥组委会"的很小一分子了。蓝色的背景卡传递的是纯洁的冰雪、和谐的氛围，其背后的寓意是一场运动员们4年来只为这一场激情的约会，燃烧体育圣火。

一切仍然还是熟悉的流程，识别注册卡—安检—媒体休息区。不同的是，这一次，媒体运行领域的分工更加明确，也有了北京师范大学的同学们加入，我们媒体运行志愿者的团队更加壮大，增添了更多专业的同学、更多青春的活力。经过自我介绍，互相熟悉了之后，老师们开始跟我们讲解冬奥会相关的流程和岗位职责，我仍然是被分到了媒体运行领域——记者看台席助理的志愿者队伍之中。由于有了测试赛的经验，我对于这个岗位的工作多了几分信心，不管是分享经验也好，还是和团队的小伙伴们相处也好，我都充满了期待和热情。

当大致的岗位职责和分工明晰了之后，每天固定的班车也即将到来，按照闭环要求，重新回到驻地。这一路上看到闭环外的火锅、奶茶的标语时我还是会很想念，与此同时，我也很兴奋，兴奋着自己展现北体志愿者兼北体新闻人的风貌，盼望着冬奥会速度滑冰项目正式开赛。我将全力以赴做好我的本职工作，这就是1月24日我和"冰丝带"美好的初遇。

我和冬奥的相识与相知

这一次，我要以媒体记者看台席助理的身份在速度滑冰场馆与冬奥相见。这个岗位的主要职责是给文字记者及摄影记者提供帮助，由于冬奥会这样的大型体育赛事会聚了来自各国的媒体记者及转播商，这就要求我们能够在一定程度上解决语言沟通交流的问题，能够运用最基本的英语进行交流，确保沟通无误。除此以外，我们需要给初次到达场馆的记者们提供帮助，一般来说，他们都会询问自己可以坐的位置、可以进行摄影的区域、不同摄影点位需要的许可权限及如何到达相应的摄影点位……除了专业性的地标指引以外，还有一些最基本的生活信息，如最近的出口、最近的卫生间的位置、最近的电梯及楼梯的位置，可以等待班车的位置；也包括体育相关的信息，如今天的比赛场次、运动队、颁奖典礼时间、采访区及新闻发布厅的开放时间，还有最重要的媒体休息区和办公位置……同时，我们也在入口处设置了媒体运行领域的验证人员，确保该区域内的流动人员都属于文字记者和摄影记者，或其他拥有权限的相关人员。

每天除了繁杂的工作以外，我们也会和外国记者们进行交流，结识来自不同国家的朋友，一起交换徽章、一起合影留念等，与他们一道留下了许多美好的回忆。这些都是我从冬奥会中获得的最宝贵的财富，也是我对奥林匹克精神的重新理解，让我真正感受到了"更快、更高、更强——更团结"不仅仅是一句口号，而是这一盛会真正带给我们与世界其他人民的温暖和团结。

冬奥给我带来了什么

这一次的冬奥志愿服务在我心中可以被定义为什么？我想应该是一份"传家宝"——将来我要说给我的孩子听。

冬奥期间媒体运行领域的志愿服务，让我感受到了记者和新闻人的素养。日本记者每天来得比我们志愿者早，走得也比我们还要晚，从他们身上我看到了记者那份坚毅、勤奋、勇敢、热情及吃苦耐劳的精神品质。作为体育记者，他们热爱体育，对体育充满了敬畏。这是体育记者应该具备的，我以他们为我的榜样。

冬奥也让我感受到了我自身的坚毅、勇敢和对社会的适应能力。我本不是一个善于社交的人，而是慢热的、需要人来带动的性格，但这一次我见过很多随和和活泼的记者，他们会主动打招呼，有的还会用中文和我们交流，热情地向我们表达感谢与尊敬。我每天都能被他们一些善意的行为和举动所打动，最后能够主动和他们成为朋友，留下联系方式，敞开心扉，实在是一次难得的成长经历。

这是书本无法教我的，是我自己从志愿服务实践中收获的资源和财富。冬奥会不仅是一场体育盛会，它还帮助了无数个和我一样的志愿者，不断挑战和超越自我，成就更多的跨国情谊、成就更团结的体育精神。

冬奥结束了，我将带着这份平凡也不平凡的经历继续我的生活。

成为书写中国故事的一分子

唐若愚，北京体育大学新闻与传播学院2020级硕士研究生，国家速滑馆媒体服务志愿者，志愿岗位为媒体运行与转播服务。

◎ 唐若愚

唐若愚的工作日志

【1月23日】入驻北师大志愿者之家

窗外白雪皑皑，室内的暖气保持着令人舒适又不至于生困的温度，我不禁感叹，崭新的校区环境依然不改印象中古朴厚重的北师大底色。

这是入驻北师大校区志愿者之家的第一天，走廊、餐厅、门墙上满是冬奥会的景观设计，怀着激动的心情与室友四处走动，很快就熟悉了未来两个月内我们将要生活的全新环境，房间内提前为我们准备好了充足的防疫物资、服务提示和使用说明等，这意味着从生活细节上，我们需要开始绷紧防疫安全的弦，改变以往大大咧咧的生活方式，用更加严格的日常卫生标准要求自己，这倒是时局之下培养良好卫生习惯的好机会。

建立了驻地群后，北师大的工作人员和老师们耐心地解决着同学们生活起居中的大大小小问题。过去想，志愿者是来服务这场盛会，现在想，原来我们背后还有更多人在为我们提供帮助，他们的工作不分昼夜、不知疲倦，又十分琐碎。对此，我内心还是充满了敬佩与感激。

晚上，驻地的老师、医疗人员召开了会议，对在驻地期间的生活、工作、健康问题等进行了相应解答，帮助我们更快适应驻地生活。这里设立了一套套完整系统的应对流程，比如如何采购日用物资、如何进行就医。

三餐规律，饮食尚可，作息健康，入驻第一天算是给自己开了个好头，不过这里每个人都随时佩戴着白色的N95口罩，看不到全

223

脸，对我来说熟悉同学也将是个大工程。依然怀念我们可以不用佩戴口罩，能看到每个人脸上笑容或是悲伤的日子。

【1月24日】初进场馆

初进场馆，志愿工作伊始。正式进驻的第二天，志愿者队伍踏出了大门，第一次奔赴场馆，开始了我们的志愿工作。新的一天显得十分顺利，从逐渐熟悉的驻地环境到老师不断解决和满足同学们提出的问题和建议，在得到生活基本保障的同时，也让我们更加专心地投入到志愿工作中去。

迈出驻地大门，在等候车辆的过程中天空仍然飘着雪花，但是冬日的寒冷还是消融在了我们的工作热情之中。

首先，进行了相关证件的发放，让我真正感受到了志愿工作的开始和这一场馆工作的归属感。

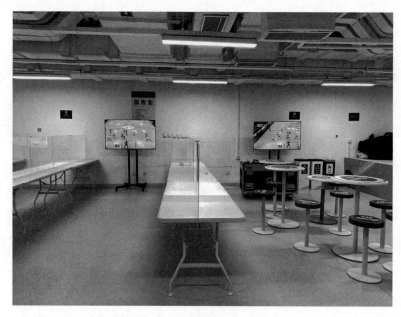

◎ 国家速滑馆媒体记者的工作区和休息区

其次，参观和熟悉媒体记者的工作区和休息区。由于比赛还没有开始，各国采访记者也没有入驻，所以我们有幸在这里休息，并且想象比赛开始后这里的热闹和发往全球的新闻报道。

最后，跟各功能区老师见面并进行了简单的自我介绍，在人员互相熟悉后，又在引导下开始了看台、食堂等工作必经路段的线路熟悉。虽然在提前测试中已经有了一定的了解，但这份工作任务可能就是开赛后需要引导各国记者的，仍然需要认真地对待。

场馆内的用餐区防疫工作很认真，餐品配置也很科学，基本能够满足大家的需要。午餐后的工作主要是熟悉工作场地，并在休息时间进行了一番探索和参观。

【1月25日】志愿工作中的"小年"

今日是农历小年，进行志愿工作的我们也感受到了比较浓郁的节日气氛，我们将分发给每个房间的装饰品提前一天粘贴到了房间中。

在年味到来的同时，也需要给场馆换上崭新的"装饰"，当然是对一些设施进行完善。工作间的布置是重点之一，但是一开始就遇到了问题——桌布的大小和桌子并不搭配，最后在老师的带领下更换了与桌布适配的桌子，同时安装了赛事进行时提示的白板。当然，由于老师的关心，其中比较繁重的工作交给了男生进行，但是我觉得作为女生其实也可以胜任这样的工作，在接下来的工作中也可能会遇到许多问题，但我相信大家齐心协力、共同分担，一定都可以解决的。

晚上回到驻地，我参加了写福字和春联的活动。许多同学通过报名来到了现场，在遵守防疫规定的前提下参与了活动。每一位同学都十分认真地进行了书写，我也写了对联和福字。大部分同学都收获了自己满意的作品，相信这一份给自己的小年礼物，一定会在志愿工作结束后被大家珍藏，成为一份重要的回忆。

◎ 用相机拍摄志愿者们正在参与写福字和春联活动

【1月26日】为正式上岗做足准备

今天具有比较重要的意义，因为27日开始正式开放运动员训练，媒体记者也会随之到来，同学们都十分认真地做好了正式上岗的准备。

因为疫情要求不能聚集，我作为看台工作组代表前往参加了工作布置会议。首先，也是最重要的一点，即有关防疫安全的强调，这是一切工作进行的前提；其次，在老师的介绍下我们熟悉了各功能区的容量、工作注意事项，每个功能区需要志愿者关注的方面和细节都有所不同，需要大家各司其职；最后，老师阐明了对于工作态度和工作纪律的要求，如团队之间倡导平等关系，同学们有任何建议和疑问都可以与老师随时交流等。在会议结束后，我向团队小组成员传达了会议内容，大家都很认真地进行了记录与学习，看台工作负责的老师带我们去看台进行了布置与整理，进一步具体交代了工作内容。

准备工作即将告一段落，相信伴随各国运动员的到来，清冷的场馆会逐渐热闹起来，而我们的工作也会愈加忙碌。希望一切顺利，收获充实的生活与工作日常。

【1月27日】正式上岗了！

今天是志愿者工作的第一天，因为场馆开放了，允许媒体和运动员进入比赛场地，进行采访和训练。

首先，我们对于看台席上的低延时转播电视进行了学习和调试，确保每台小电视都能收到信号，并且了解了使用过程中可能出现的故障及处理方法，但是作为志愿者的我们可能并不会帮助他们处理专业问题，而是请求技术人员的协助。同时，我们使用自己的电脑，对每一条网线进行测试。看台分为带桌媒体席和不带桌媒体席，分别提供给文字记者和摄影记者按需自取。

今天到达场馆的运动代表队和媒体记者比较少，但我们还是坚守在岗位上，认真仔细地提前适应岗位工作。由于长时间站立对体力有一定需求，所以我们也相互帮助采取了轮岗制，每组同学一到两个小时轮换一次，既能保证工作的全程覆盖，也能保证大家的休息时间。

收工时发现，我们工作的区域比预先安排的多出了两块，所以工作量有了部分增加，同学们也针对性地提出了建议，集思广益保证了未来的工作顺利。

【1月28日】忙碌的一天

从上午10点开始，各个国家的代表队就陆续分批次来到了比赛场地。各国运动员都在一定程度上遵守了场馆规定和防疫要求。虽然他们表现得十分激动，在场地上纷纷合影留念，但是也保持了他们作为运动员的专业素养，很快地投入训练中。各国媒体在看台席上也记录下了他们认真训练的瞬间。

我们也开始忙碌起来，为各国媒体提供帮助。主要的问题集中在询问各个功能区的位置。今天的工作轮换分为两组，每次负责站岗2—2.5小时，再进行轮班休息一个小时。作为在看台席工作的志愿者，除了工作之外还要随时注意自己的工作姿态，要做好随时入镜的准备，展现出作为新时代青年志愿者的精神状态。

由于今天进行了较长时间的站岗工作，所以还是有一定的体力消耗，需要尽快适应与调整状态，保证以健康的身体状态和饱满的精神状态迎接正式比赛的到来。

【1月29日】看到中国代表队了！

今天出门较早，早上9点左右就抵达了场馆，经过昨天食堂饭点的确认，我们对小组轮岗时间安排做了更为合理的调整，第一班同学早上9点半准时到达了场馆。通常而言，上午少有训练队来场地上冰训练，因此，媒体记者们也往往集中在下午时间段出现，所以早上的工作相对而言轻松许多。

场馆的各项设施都在逐步完善与启动中。今天，记者工作间的"小超市"正式启动了，由于驻地并没有咖啡和巧克力等休闲食品饮料，因此，大家在看到相关商品时都非常激动，在轮岗休息时，有不少同学就已经前去购买。

下午，中国代表队第一次来场馆上冰训练，黑色的连体运动服、红色的袖子，四位运动员在冰面上留下了一道道动感的线条。在他们路过看台席之时，还偶有运动员向我们看台的志愿者和工作人员打招呼，大家都热情而激动地进行了回应，在我们中国的主场，看到中国队员是那么亲切而自豪。对于大众而言，我国冰上项目最具关注度的是花样滑冰和短道速滑，因为他们具有强大的夺金实力，还有更多人把短道速滑和速度滑冰弄混，一方面是大众对冰雪项目的认知还较少，另一方面是大众媒体在宣传上缺少对小众项目的关注和知识普及，希望在这次冬奥会上，中国速度滑冰队能发挥出优异的水平，也希望我们的媒体能多多报道这支队伍，多多关注这个美丽场馆下的精彩比赛。

【1月30日】第一场训练赛

今天在场馆内给每位志愿者都发了贴纸，还有记者赠送了明信片。场馆内的主要内容是训练赛：男女1000米、女子1500米和男女3000米，参与队伍有挪威、意大利、加拿大、哈萨克斯坦和荷兰等。

到场媒体较多。训练赛从下午2点开始，运动员进行热身，但是今天最早的媒体，在早上7点半就到达赛场开始准备，表现出了极强的敬业精神。每个时段的平均人数达到20人，中午和下午的训练赛时间段，各国媒体出席人数超过30人。本次比赛也按照赛程紧张而有序地进行，最终顺利完成，这是各国运动员们在这个全新的、亚洲最大的赛场上的第一次比赛。

虽然只是一个训练赛，但是大家都十分珍惜这个机会，认真备赛，适应场地，为接下来的正式比赛做好充足的准备。我们志愿者也利用这样一个具有正式赛程的一天，去熟悉涉及竞赛的媒体工作流程，获益匪浅。当然，这一过程中也出现了一些问题，日本媒体在接入网线后无法连接MAC网络，我们及时联络信息技术部门进行检修；也有媒体人员在看台进行餐饮，在志愿者提醒后的配合意识较弱，对于之后的工作开展带来了一定的挑战。

【1月31日】特别的除夕夜

今天是中国农历的除夕，崭新的场馆内充满了传统节日的气息，各个办公室和食堂门口都装扮一新，装饰了中国传统的福字。对于志愿者来说，大多数人都是第一次在外过年，大家的心情十分奇妙，场馆为了丰富工作人员和志愿者的生活，开展了猜灯谜的活动，我们还收获了许多零食。

场馆内也发放了徽章等志愿者纪念品，有水杯、杯套、暖宝宝和一套冬奥会相关的文创产品，十分精美可爱，我一定会好好收藏。

今天是第一次值半日班，充分休息后我们在中午来到了场馆。训练赛结束后，运动员们还是照常分组来到冰面上进行训练。下午回到驻地之后，餐厅准备了丰盛的年夜饭供志愿者食用，驻地也举办了线上的节目表演和抽奖活动，在诸位同学的各显风采下，我们度过了一个别开生面的除夕夜。

【2月1日】文化交流的小细节

今天是大年初一，许多志愿者都对外国记者送上"Happy Chinese New Year！"（中国新年快乐！）的祝福，并向他们讲述中国新年的意义，起到了传播我国传统文化的作用。

提到语言与文化，有一名记者询问我"混合采访区"的位置，但是由于口音的问题，我第一时间没有听出来，不过最后还是成功地解决了问题。

由于今天韩国队参与训练，所以媒体席位上出现了许多韩国记者，其中有一位佩戴的是N94口罩，经过我的提醒后，换上了正规的N95口罩。其实在媒体进入场馆前就应该熟悉防疫手册，也看出本次冬奥会在防疫方面十分谨慎。日本媒体会使用小望远镜观察运动员，而且我发现许多日本媒体也使用微信作为通信工具，或许是入乡随俗，也可以看出即时通信工具对于媒体工作的重要性。

看台区有许多志愿者收到来自记者的交换徽章，这是属于奥林匹克的文化和独特的游戏，通过这样一个小小的媒介，就能传递超过言语的友好，表达了一种跨越民族和文化的友谊，也是赛场带给参与者的美好记忆。

【2月2日】深受震撼

今天场馆进行第二场训练赛，有中国选手出场，他们分别参与了1500米和1000米的比赛。我们在保障工作效率的前提下，观看了男子1500米的比赛。比赛开始后我国的短道速滑转速度滑冰的选手在前300米暂时落后，但是该项目纪录是由中国选手创造的，所以大家对中国选手的成绩关注度颇高，最终中国选手暂列第二。接下来第二位中国选手上场，是一名1998年出生的小将，这位选手也是在开始后暂时领先，并最终取得了第三名的成绩。

我所在的媒体看台席工作区由于现阶段人流量较小，我想与更多的记者交流，积累一定的经验，应对后面正赛的到来，所以我主动申请，进行了更换，前往了现场人更多的区域。

结束了一天的工作后，与工作小组的同学们一起吃到了需要排队才能买到的冰激凌，结束了忙碌的一天。

【2月5日】比赛日正式开始！

冬奥会比赛日从今天起正式到来！我们也兴奋地来到了场馆，开始了一天的志愿服务工作。由于比赛的正式开始，各国媒体的工作也正式到来，我们之前进行休息的媒体采访区也迎来了新的"主人公"，所以我们来到了专门提供给志愿者休息的房间。在新的休息室中，有比较齐备的休闲娱乐设施，但是空间较为有限，可能会产生座位不足的情况，幸好旁边的食堂可作为备选。

下午的正式比赛从4点半开始，我们在4点来到了场地集合。现场记者席和观众席十分热闹，还有加油团队出席。我所在的区域背后是奥林匹克大家庭的观赛区，许多运动员都在这里观看比赛，有幸近距离接触了奥运参与人员。今天到来的媒体有一些在之前训练期间见到过，也有一些全新的面孔，当然也带来了新的问题。比如今天有一名新来的记者，苹果电脑网线转换器出现了问题。解决这类问题为我今后的工作开展积累了一定的经验，对其他问题的解决也提供了很好的帮助。

【2月6日】深感奥林匹克的魅力

今天是正式比赛日的第二天，我们在工作日的前两天进行了后续工作安排的轮换体验。今天是我进行晚班的工作，工作时间是从下午一直到晚上8点以后。

我主要是在验证点工作，负责查验媒体记者所持的注册卡是否能够进入本片区域，以及他们的防疫措施是否齐备。同时，我也会经常提供问题咨询与回答服务，大多咨询与地点有关，现场制冰师则经常提醒我们注意关门。在验证点也会碰到十分活跃的媒体记者，他们会主动与志愿者们打招呼与交流，真正让我感受到了奥运会带来的和谐共融。令我印象最深刻的是，今天场馆诞生了两个世界纪录，当他们冲刺时全场站起来欢呼的盛况，让我深深陷入奥林匹克的魅力之中。

【2月8日】室内分区遇到一些惊喜的人和事

冬奥会各项赛事如火如荼地开展着，我们的志愿工作和所在场馆也不例外。由于今天场馆的比赛时间较晚，所以整体志愿服务工作也进行了时间的调整，到馆时间和返回时间都进行了一定的延长，从而更好地配合赛事的开展。

结束了前两日验证点的工作，今天我的主要负责场地回到了室内分区。由于上午没有比赛进行，主要是运动员进行训练，所以场馆内的媒体也并不多。在这段时间，我注意到日本的时事新闻通讯社十分敬业，基本每天都是最早来到场馆进行工作的。

在工作之余，我们通过直播见证了谷爱凌的夺冠过程，十分兴奋与激动。下午值班时成功交换了一个美国队的pin，可以说是意义非凡了。

◎ 上午自由训练时的冰场

【2月9日】帮助3名记者回到目的地

今天的志愿工作相比前几天来说是较为轻松的，因为场馆内没有正式比赛，主要是各国运动员进行场地训练。所以，无论是运动员、观赛人员还是媒体记者采访，都较少。但是，来自日本的媒体记者仍然早早地来到现场开始了工作。值得一提的是，在原有的工作时间的基础上，我们更加灵活地调整了班车时间，使得没有工作的同学能够尽快返回驻地休息，为第二天的志愿服务工作养精蓄锐，保持更好的状态。

下午即将离开场馆时，遇到了一个突发情况，两名欧美记者和一名日本记者没有等到场馆协调的交通工具，耽误了一定的时间。在与交通协调部门确认后发现，车辆确实已经到馆，但是没有严格按照规定时间停留等待，同时今天的人数较少，导致这3名记者滞留在了这里。我们竭尽所能安抚了他们的情绪，最终他们搭乘交通协调后派出的出租车前往了目的地。

【2月10日】与日本记者探讨眼镜时尚

今天是北京冬奥会的第六个比赛日，由于场馆内今天所要举行的赛事较晚，所以我们的上下岗时间也相应后调，在中午时才出发前往志愿服务工作所在场馆。

经过几日的轮换，我回到了位于入场处的验证点，继续进行证件查验和防疫工作的检查。也因为比赛开始时间较晚，所以第一批次上岗时间并没有太繁重的工作任务。

下午伴随比赛的临近，到场记者逐渐多了起来，但是经过了这么多天的适应和常规运转，并没有发生什么问题，一切顺利。有一名十分有趣的日本记者主动询问我，她看到场馆内许多女生志愿者都佩戴眼镜，所以想知道这是不是一种时尚潮流。而我只能用自己有点近视来回答她。后来我了解到在日本戴眼镜的人是少数，而类似我所佩戴的圆框眼镜主要是用来装饰的。我很高兴能学习许多来自异国他乡的有趣文化。

唐若愚的冬奥记忆

奥运会志愿者，这个富有深刻含义的词语，应当是从北京冬奥会开始深入大部分青年也包括我自己的内心的。从儿时记忆中一个饱含各种想象，但又看起来十分遥远的身份，到冬奥会来到北京，身为一名大学生成功加入志愿者行列，无疑让我带着梦想成真的喜悦，去再次思考作为一名志愿者参与到冬奥会中的目的和意义。

从个人思考认知的角度来说，申请成为冬奥会志愿者，并以这样一种身份参与到我国举办的北京冬奥会中，最直接的目的就是通过这项志愿活动，能够近距离体验奥运会的举办过程及亲身经历重大体育赛事的举办过程，从而收获一段独特的志愿者经验和记忆。尤其是在来到北京体育大学进行研究生课业学习后，对于体育的了解和认识逐渐加深，更加促使我投入北京冬奥会的志愿者申请中。作为新闻与传播专业的学生，对于这类重大仪式性事件的亲身经历和对其中的新闻传播行为的观察与报道也具有极为特别的意义。

从更加宏观的层面和角度来说，冬奥志愿者服务工作无疑是奥林匹克运动的重要内容之一。无论是30年前的首批奥运会志愿者，还是十余年前在电视上看到的北京夏季奥运会的志愿者，以及本届冬奥会身处现场的我们，都关系到了奥运会的顺利举办，也会在历史长河中塑造我们的奥运记忆。从最基本的现实意义来说，奥运会志愿者是协调普通的社会群体、参与奥运会的专业体育人员及组织奥运会的人员等不同身份人群的重要桥梁，拉近了从普通社会群体到奥运会之间的距离。作为各类身份参与到冬奥会志愿工作的志愿者们，在社会中担任不同的职务和身份，通过广泛的社会关系网络，实现整个社会与奥运会的链接，加强整个社会、国家和民族的凝聚力，克服举办过程中的各类困难。

从具体方面分析，我们作为奥运会志愿者参与到奥运服务工作中，提前接受有关冬奥会举办和志愿工作实践技能等十分系统的教育和培训。让我们更加深入了解到了整个奥运历史和各个项目的运动，同时也在专业技能方面有显著提升。结合在冬奥会进行过程中遇到的各种情况和处理，帮助志愿者们提升了人生阅历和处理突发性事件的能力、与国内外不同人群进行交流的能力及担负责任、尽职尽责的精神。作为国家培养和选拔的高素质人才，尽可能地参与到冬奥志愿工作中，也是为国家活动的举行尽了自己的力量。

回顾这一过程，其实我第一次来到场馆是在2021年10月的"相约北京"速度滑冰中国公开赛上，当时很多设施都没有完善，到场人员也有限，但那时的我就已经被这个美丽的场馆所震撼，被冰面上一位位运动员如在天空中翱翔般丝滑的动作、冰刀敲击到冰面上清脆的声音所打动，这是我感官的一次全新体验。

第二次便是本次冬奥会了，当时前往各个区域参观的画面还十分清晰，现场焕然一新，新闻发布厅、混合采访区、记者休息间、文字记者和摄影记者办公区……一切都井然有序，为我们展现了一场大型国际体育赛事背后，文字记者和摄影记者将如何走完报道的全流程并将冬奥故事展现在世界人民面前，这种对场馆熟悉而又陌生的感觉，一度让我兴奋不已。

转眼之间，正赛推进，我就在这个场馆中与媒体运行服务有关的岗位上帮助了诸多各国记者和运动员。从时间上来说，我们的志愿服务工作配合日常训练和正式比赛的时间开展，通过轮岗值班的方式，既全时段充分服务了赛事工作，又保障了志愿者们有充足休息时间。从空间上来说，从场馆门口的验证工作点，到场馆内各个分区的协调分配，都十分具有条理和效率，保障了赛事工作的正常运行，也最大限度配合了防疫工作的开展，保证安全开展志愿服务工作。实际上，在志愿服务工作中也遇到了许多的难题，包括语言、设备、交通、防疫卫生和不同国家媒体记者的配合程度等，虽然工作领域的分配十分明确，但也还是会遇上帮其他领域的志愿者进行一下沟通、引导的情况。不过，在大家共同的努力下，一切问题都得以圆满解决，作为志愿者我们也收获了广泛的好评，有媒体对我们的"微笑"、我们准备的"情人节惊喜"在互联网上做了传播或报道，让我们成为中国故事的一部分，成为书写中国故事的一分子。

在这一过程中，我通过各种方式与各国媒体记者建立了深厚的友谊，传播与弘扬了我国的精神理念，可以说，我最快乐的收获就是这"友谊"二字了，这是来自天南地北、世界各地的善意与友谊，我们倾听需求，也听到了他们的故事。比如，有的美国记者是第二次来北京，上一次还是2008年，他感叹时间的流逝，也惋惜因为疫情无法多看看美丽的北京，也有NBA球队的记者送给我们包括徽章在内的纪念品，告诉我们他的儿子是一位工程师，擅长普通话，想有一天能来到中国，我们当时也开心地告诉他，我们很欢迎……这样的故事很多，我想这是只有在现场，以真诚交往为原则的态度、以尊重他人为基准的服务才能换来的，我将永远记得这些人和这些故事。

除了场馆，不得不提及的就是北师大驻地和交通协调了，负责老师尽可能收集大家的建议，及时进行调整，在协商中不断改善我们的生活环境，虽然要求严格，但是基本生活条件都得到了保障。驻地的工作人员们虽不能像我们一样直接参与到赛事的运作过程中，但他们也投入了自己宝贵的时间、精力、热情，投入了春节与家人团聚的机会，为我们做好后勤保障，为我们能够在前方顺利服务提供最强的支持。

冬奥期间，正值中国的传统节日集中假期，驻地一度为我们提供了许多相关活动，如除夕写对联和福字、元宵做花灯、猜灯谜和吃汤圆，还有DIY香囊、毛毡玩具，甚至还组织了户外素质拓展训练等，极大地丰富了我们的日常生活，为无法回家的志愿者们送上了节日的关怀。

　　我的志愿服务工作虽然已经结束，但是它带给我的独特的奥运记忆会伴随时间的推移愈加深厚。我为繁荣的祖国和参与其中的自己自豪。

在"冰丝带"与冬奥相约

董晗萱，北京体育大学新闻与传播学院新闻学专业2019级本科生，国家速滑馆志愿者，志愿岗位为媒体运行领域记者工作间和媒体休息区助理。

◎ 董晗萱

董晗萱的工作日志

【1月22日】踏雪出征

大雪飘飘，今天是我们出征的日子。上午，在体育馆前，学校领导与我们全体志愿者共同参加了隆重的出征仪式。

这是我第一次穿上整套的志愿者服装，蓝色的套装为白茫茫的大地点缀上了活力的色彩。领导为大家做动员，强调全体志愿者不仅要强化安全意识，做好疫情防控工作，还要成为好的对外交流窗口，向各国运动员传递中国青年的微笑和热情。我们齐声高喊："请学校放心，我们准备好了！使命在肩、奋斗有我！北京冬奥，我们一起向未来！"那一刻，心底的热情都被激发出来。

下午，我们坐上大巴出发。来到驻地北京师范大学，看到许多老师热情地欢迎我们。房间设施齐全，也让大家十分安心。从在电视机前观看申奥成功时的向往，到收到志愿者录取邮件时的喜悦，再到今天终于正式出征，我的心情有激动更有感动。从去年春季开始选拔，从不确定到确定，一步步走来，直到今天，我终于正式参与到冬奥中，能够切实贡献自己的青春力量。我们将传承好北体人体育报国基因，时刻牢记"使命在肩、奋斗有我"的新时代精神，振奋精神、鼓足干劲、团结协作、共同努力，为来自全世界各国的媒体朋友提供便捷、周到、细致、安全的服务，通过他们的镜头讲述好新时代的冬奥故事、中国故事，擦亮首都志愿者最美金名片。

【1月24日】抵达速滑馆

怀着激动的心情，今天第一天来到速滑馆。与测试赛时相比，场馆媒体中心有了很大的变化。记者工作间整体布置在了负一层，面积扩大了不少。大家与主管老师们见了面，每个人依次做了自我介绍，老师们热烈欢迎志愿者同学们的到来。看到熟悉的老师们，我们感到十分亲切，也认识了许多来自北京师范大学的新同学，他们来自不同的专业，有不同的特长，今后要和大家多多交流学习。随后，老师们带我们熟悉场馆流线，参观了混合采访区、新闻发布厅和记者看台席。我的岗位是媒体运行领域记者工作间和媒体休息区助理，来到这些场地感到十分新奇，日后我也会和这些岗位的同学们一起合作。加油！

【1月25日】体验不一样的小年

今天是北方农历小年，作为北方人，一直很期待驻地能为大家准备不一样的惊喜。

中午，驻地大群发布了小年活动安排，包括给每名同学分发羊毛毡手工DIY、开设书法区描春联写福字等活动。我立刻报名了写春联的活动。

◎ 写春联

晚饭时间，我惊喜地看到餐厅菜品增加了饺子，工作人员热情招呼着大家"今天有饺子哦"，一下让我感到了家的温暖。可以感受到驻地每餐的用心，每天变换着不同的菜品力求满足每一位志愿者的需求。晚餐过后，我和朋友一起来到在餐厅开设的书法区，笔墨纸砚早已准备好，老师热情地组织大家书写。我挑选了一副"春风入喜财入户，岁月更新福满天"的春联，毛笔蘸墨、下笔，将自己的祝福与期盼倾注于笔墨之间，刻在红色的春联里。我们把写好的春联贴在房间门上，房前顿时有了浓浓的春节氛围。之后，还与朋友们进行了打乒乓球、唱歌等娱乐活动，虽然是闭环，在驻地的生活也很丰富多彩。

【1月26日】场馆工作欢乐又充实

在场馆工作时，老师带我们熟悉了工作间有线电视的使用方法。闲暇时间，我开始研究驻地发放的羊毛毡，这是一个非常需要耐心的工作，我也乐在其中。同学们都在驻地大群中晒出了自己的作品，群里气氛渐渐活跃了起来。回去的路上，看到了粉红色的晚霞，像是送别我们，也像是记载着我们关于速滑馆美好的记忆。期待明天！

【1月27日】为迎接媒体朋友做准备

明日场馆即将开放迎接媒体朋友们，所以今天各区都在紧张地做准备。工作渐渐多了起来，老师也一再向我们强调接待记者时的注意事项，"一定要向全世界的媒体展示出良好的中国形象"。场馆给志愿者发放了纪念品和志愿者手册，很精致。这份礼物一定要好好保管，永久收藏！

【1月28日】正式进入服务状态

今天是国家速滑馆正式开馆的第一天。经过几天的熟悉和培训，我们正式进入了服务状态。首日有部分运动员前来训练，来工作的记者并不多，但也有许多工作需要完成。记者工作间区域大，验证点位多，所需要的人员多，工作也较为琐碎。我在验证点、工作间、休息区、打印区都进行了轮班工作，在实战中更加熟悉了流程，了解记者需求并提供服务。帮助到有需要的人时，心里就特别高兴。有几位外国记者见到志愿者都礼貌地打了招呼，对我们说"hello""thank you"，每当这时，心里都感觉暖洋洋的，同时更加意识到我们应该以更大的热情去回馈他们的信赖。

晚上回到宿舍，驻地为我们发放了瑜伽垫、新春福袋，为这里的人文关怀点赞！晚饭后，我们国家速滑馆的全体志愿者一起收看了北京体育大学校领导和学生家长为大家送来的2022虎年新春祝福。看到领导和家长们都非常支持我们的志愿者工作，对我们寄予很高的期待，我非常感动，我定不负众望、不辱使命，把这次志愿服务做到最好。

【1月29日】尽力为外国记者解答疑惑

今天有更多运动员上冰训练，因此有更多的记者前来报道。我的工作仍是验证点查验证件、休息区工作间管理。其间，有许多外国记者来咨询问题，我尽力用英语解答。为了更好地解释清楚一些专业名词，我边工作边查询"注册卡、闭环、手部消毒"这些词语的标准翻译。只要能为每一位记者解答好问题，我就感到非常欣慰，在这个过程中，我的英语水平也有所提高，从原来只有应试答题能力到逐渐锻炼了口语，变得敢说、会说。主管老师为了合理安排我们的排班也是费尽了心思，力求公平，让每个人都有休息的时间。窗外的黄昏格外好看，心情也很好。希望明天一切顺利！

【1月31日】别样又难忘的除夕

今天是农历除夕,早上起来特意换了一套新衣服迎接新年。工作方面,因为今天有训练赛,所以前来的记者是近几天最多的。早上9点刚到岗,就有一波记者到工作间报到。中午1点多,更大一批记者乘班车到来。尤其在休息区,中午时间大部分记者选择吃一些泡面、小吃,我和休息区的另一位同学甚至有些忙不过来。用英语回答外国记者问题的频率也增加了,在一次次锻炼中渐渐觉得口语对话也并没有想象中的那么难,大家用一些简单的词汇交流也明白了对方的意思。正式比赛时记者肯定会比现在还要多,要做好忙起来的准备了!

今天来到场馆,各个办公室都贴起了春联和福字,到处都是红红火火的春节氛围。今年的春节感觉来得特别快,想到今天就是阖家团圆的日子,第一次没有和家人一起过年,心里有种别样的滋味,更多的是一种肩负着的使命感。能为国家贡献自己的一点力量,能在这里收获快乐、友谊,这一点牺牲也值得。

中午,办公室组织了猜灯谜活动,我和小伙伴赢得了很多小零食奖品。奥组委又发物资了:有保温杯、纪念徽章、暖宝宝、冰墩墩挂件!今天的晚餐也格外丰盛,有鱼、肉,还有饺子。晚餐过后,几个小伙伴一边玩一边看春晚,驻地同时还举行了线上联欢会,同学们各展才艺。在欢声笑语中,我们伴着一声声"新年快乐",迈向了虎年,度过了一个别样又难忘的除夕夜。

【2月1日】开始倒班啦

今天是大年初一,主管老师新安排了上下午倒班制度,所以我今天只需下午去场馆。这两天前来报道的记者越来越多,我们在自己的岗位渐渐熟悉了工作职责，一些操作也越来越熟练了。有几位记者已经来了好几天，和大家也变得熟络起来，见到我们会热情地打招呼。在工作过程中，我发现了一个有趣的现象，许多欧美记者都很热情，见到我们会说"hi"，而大部分日本记者则比较含蓄礼貌，会向我们点头致意。而我也在工作中第一次真真切切地感受到，能帮助到别人是一件多么快乐、有满足感的事情。希望在日后的工作中，能够始终充满热情，一丝不苟！

【2月4日】一起线上观看冬奥开幕式

今天是冬奥会开幕的日子。虽然我没有抽到去鸟巢现场观看开幕式的名额，但在驻地和几位朋友一起在电视上全程观看了开幕式。看着场馆里的倒计时在今天归零，这么多天的准备在今天迎来了最终大考。我们将敞开怀抱，向全世界展示北京风采，传递中国声音。整个开幕式对于我们来说，就是震撼。二十四节气的倒计时、黄河之水天上来、地球与月亮呼应的舞台效果让我们发出阵阵惊叹。

大人从孩子手中接过国旗，又交到了军人手中，军人把国旗升起，让五星红旗飘扬在空中。国旗，如此轻，也如此重。它是家园，是责任，是信仰。人们手里托着国旗，人民手中也托着山河。因人民信赖而交到手中的江山，要永远慎重，永远敬畏，永远一丝不苟，国旗在国歌声里升腾而起，昂扬向上。

还有由24名北体大同学表演的轮滑节目，他们身着带有中国结的红色表演服，紧贴地屏投影，滑行场地一周，将轮滑动作与街舞动作完美融合，在地屏上划出流畅交织的线条，"既像跑道，又像中国结"，继而引出"更快、更高、更强——更团结"的奥林匹克格言。这也是开幕式最后出现那句话的意义——Together，一起向未来！

◎ 与大家一同观看冬奥会开幕式

这场开幕式，不仅是一场视觉盛宴，也强化了我们的自豪感，凝聚了信念，同时，将我们的价值观与格局，以惊艳的方式展示给全世界。就像我们的主火炬火焰，虽然微小，却永恒绵长，生生不息。无论何时，我们都愿意为祖国热泪盈眶。

【2月5日】见证速度滑冰女子3000米新纪录的诞生

今天是国家速滑馆正式开赛的第一天。首先举行的是速度滑冰女子3000米的比赛。下午一来到场馆，便看到前来的记者比前日多了两倍，整个记者工作间都坐满了人。许多记者是第一次来，一些流程不太熟悉，所以我们也格外忙碌。傍晚，老师安排我在摄影接待台帮助工作，因为这时比赛结束了，有许多摄影记者来换辅助通行物，我们在接待台做了很多工作。在这里体验到了不一样的工作，感觉新奇又有趣。虽然很烦琐，比在工作区走动时要忙碌，但我也乐在其中。

今天下午的比赛中，荷兰名将伊雷妮·斯豪滕获得速度滑冰女子3000米决赛的冠军，同时打破了尘封20年的奥运会纪录。我也很荣幸能够在"冰丝带"见证速度滑冰女子3000米新的奥运纪录的诞生，作为国家速滑馆大家庭的一员，能够通过志愿服务间接帮助记录这历史性的一刻，我感到十分自豪。

【2月6日】见证速度滑冰男子5000米奥运新纪录的诞生

今天是开幕以来的第二个比赛日，和昨天一样，我在摄影接待台帮忙。有了昨天的经验，今天做起工作来已经非常熟练，用微笑和热情迎接每一位来访的记者。许多记者已经是老熟人了，对于流程也渐渐熟悉，所以不需要我们过多的帮助，我们几个小伙伴商量着轮班，工作轻松了不少。

今天进行了男子5000米的比赛，赛场上最令我印象深刻的是荷兰运动员罗伊斯特以不俗的表现打破了奥运纪录，赛场上激烈的竞争让人心潮澎湃。现场观众和媒体的掌声与喝彩声让我深刻感受到了速度滑冰的魅力与风采，也激励着我在接下来的比赛日中把志愿服务做得更好！

【2月8日】最忙碌的一天

今天可以说是最忙碌的一天。晚上举行的速度滑冰男子1500米比赛中有三名中国选手（廉子文、王浩田、宁忠岩）出战，尤其是具有冲击奖牌实力的宁忠岩，因此场馆内中国记者的数量陡然增多。在摄影接待台，我们在和平日相同的工作中忙碌着，但因为人数过多，难免出现一些慌乱和拥挤。但是在这个过程中，我学会了如何合理规划工作、如何更好地与人沟通、如何安抚大家的情绪。之后我们和老师反映了我们的问题，老师也提出了更好的解决方案，以便下次改进。因为是早班，我没有来得及在场馆亲自观看宁忠岩的比赛，但在回驻地后我们通过电视为他加油助威。虽然他遗憾地只取得第七名，但也发挥出了最好水平，值得我们每个人喝彩。同时，这场比赛又一次出现了两名荷兰选手连续两次打破奥运纪录的盛况，让我在激动的同时，为我所服务的场馆感到由衷的自豪！

【2月10日】激动与感动并存

今天举行的是速度滑冰女子5000米比赛，也是中国选手韩梅参加的最后一个单项。荷兰名将斯豪滕又一次打破奥运纪录获得冠军。这已经是场馆连续第五天打破奥运纪录了，大家都为之震惊和兴奋。最近两天，我们和许多志愿者及记者朋友交换徽章，欢乐的氛围充满了整个场馆。晚上临走前，一位记者对我们说："Thank you for everything, have a good night."（谢谢你们做的一切，睡个好觉。）虽然听到过无数次"谢谢"，但此刻还是被感动到。我们在这里所做的一切都是为了服务好媒体记者，能让他们感受到贴心、温暖就是我们最大的心愿。也许从他们的笔下、镜头中，会向观众传达着"everything is good in 2022 Beijing Olympics Games（2022年北京冬奥会上的一切都是那么美好）"。

【2月11日】可爱的记者们

今天举行的是速度滑冰男子10000米的比赛。这个项目像是冰场上的马拉松，最漫长也最考验耐力。今天在接待台工作时，按照老师的安排，将摄影辅助通行物的发放改成了按顺序叫号，一下子没有了前日的慌乱，虽然人很多，但秩序井然。我们按规定下午2

点45分开始发放，一些顺序靠前的记者提前几分钟来到接待台前等候。他们知晓了发放规则后表示理解，也很礼貌地遵守。5秒倒计时时，几个记者看着墙上的时钟像是迎接新年一样兴奋地喊道："five, four, three, two, one, go！（5，4，3，2，1，出发！）"在场的大家都被逗笑了。

【2月13日】女子500米比赛中，史上第一位黑人女运动员夺冠

早上醒来，窗外白茫茫的一片，北京迎来了虎年的第一场雪。"冰丝带"被雪包裹着，更有了灵动之感。这次雪下得格外大，工作人员在努力清理积雪，我们在媒体流线上设置了一些阻挡物，以防屋顶的落雪砸到人。

◎ 驻地的雪人

今天的赛程安排在了晚上，晚上10点才举行速度滑冰女子500米的比赛。不过因为来上班的时间整体往后推，到晚上9点时也并不觉得很晚。虽然比赛没有继续产生纪录，但在速度滑冰女子500米的比赛中，历史上第一位黑人女运动员取得了冠军。在国家速滑馆每天都见证着这些奇迹发生，我们既欣慰又感动。

【2月14日】竞技体育的魅力无限

今天举行团体追逐的半决赛与决赛，赛程战线拉得特别长。除更换摄影记者袖标外，每场比赛结束后我们都需要更新结果和下一场的待上场名单放在成绩公报柜里，这是和平日工作不同的一点，因此需要我们有很好的协调能力。值得高兴的是，我们几个同学间配合越来越默契，记者们也对我们十分理解、很有礼貌。

在女子团体追逐比赛中，出现了遗憾的一幕，高木美帆领衔的日本队本来几乎已经冠军到手，但在最后一个弯道即将冲线时，一名选手不慎摔倒，队伍错失金牌。而在男子团体追逐赛中，俄罗斯奥委会代表队在半决赛中拼尽全力，一举打破奥运纪录，但在决赛中遗憾输给卫冕冠军挪威队。能亲眼见证这一幕幕，我又一次深深体会到竞技体育充满未知、突破自我的魅力。

【2月15日】遇到了好多钦佩的人，与高亭宇拍了合照

工作之余，在场馆里遇到了很多专业人士。首先是速度滑冰教练李琰，在中国队员比赛时，她并没有在冰面上，而是坐在媒体看台为选手加油助威。今天国际奥委会主席巴赫先生也来到国家速滑馆观看比赛，第一次远远地看到了他亲切的身影。快下班时，惊喜地发现前两日夺得速度滑冰男子500米金牌的高亭宇来到了媒体看台席，几名志愿者激动地围上去与他聊天。高亭宇为人很谦和，对

我们提出的合影请求都一一满足。在我们表达了与他同为北体校友后，他也表现得很开心。

在本次的志愿服务经历中，见到了更多的场面、更多的人，拓宽了视野，也丰富了阅历与经验，这正是我当初想要报名成为冬奥志愿者的原因之一，也是很大的收获之一。

【2月17日】付出终有回报

经过一天的休整，今天我们以饱满的精神状态迎接速度滑冰女子1000米比赛。功夫不负有心人，日本选手高木美帆在收获3枚银牌之后，终于赢下一枚金牌，同时再次打破了纪录。许多日本记者都很兴奋，我们看到他们辛苦地扛着各种摄影设备在场地里奔波。距离我们的冬奥之旅结束就剩下3天时间了，突然有种不舍的感觉，希望好好珍惜接下来的日子，给自己的旅程画上一个圆满的句号！

【2月19日】那就好好告个别吧

今天，是我们在国家速滑馆工作的最后一天，我特意选择一整天都留在这里，和它好好告别。来到工作岗位上，每个人似乎都带着不一样的心情工作，都想好好感受这最后的时间，让记忆停留。我们最后一次向记者们发放袖标，为他们解答问题。摄影办公室的小伙伴们精心制作了许多份感谢信，向每一位摄影记者发放。记者们收到后都非常惊喜，有的甚至拍照留念，也对我们这么多天的工作表示了极大的赞赏和感谢。几位记者给我们留下了徽章作为答谢，一名哈萨克斯坦记者从包里掏出两大块巧克力送给我们，告诉我们"这是世界上最好的巧克力"。

晚上，随着集体项目决出胜负，国家速滑馆完美结束了15天的所有赛程。我们在场馆的每一处拍照留念，将这片我们共同战斗的地方定格；我们来到冰面上，尽情感受这块创造了无数奇迹的赛场；我们同每一位记者道别，和相熟的记者合影留念。不舍、难忘……这片场地见证了所有人的努力和汗水，我们和记者不仅成了朋友，更像是为传播北京冬奥会共同努力的战友。回想过去的27天，时间过得飞快，好像梦一般。忘不了在这里见到的每一个人、认识的每一位朋友、回答的每一个问题；忘不了每次向我们热情问候的日本共同社大沼廉先生、每晚会很有礼貌向我们道谢的西班牙路透社记者Susana（苏珊娜）女士，还有许多每次会打招呼，记住了相貌和国籍却分不清名字的来自世界各地的、各大媒体的可爱的媒体朋友；更忘不了付出了27天甚至更多天的NSS新闻运行大家庭。我爱这个大家庭在共同努力下为国家速滑馆带来的完美运行，爱所有人建立的珍贵友谊，爱精彩而伟大的奥林匹克。都说参

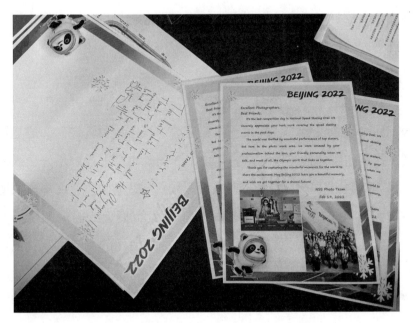

◎ 摄影办公室志愿者为记者亲手制作的感谢信

与奥运服务是"一生一次，一次一生"，我想，无论何时回想起这次冬奥志愿服务经历，我都会心潮澎湃。这段与冰雪的奇妙约会旅程，我也将终生铭记。

董晗萱的冬奥记忆

从在电视机前观看2022年北京冬奥会的向往，到在一次次培训后收到志愿者录取邮件时的喜悦，再到正式踏上国家速滑馆的场地，一切像梦一般，北京冬奥会走入了我的生活。从去年春季开始选拔，从不确定到确定，一步步走来，如今，我终于正式参与到冬奥中来，贡献自己的青春力量。从1月22日出征的那一天起，作为媒体运行专业志愿者，我就励志时刻牢记"使命在肩、奋斗有我"的精神，团结协作，与来自各高校的志愿者们共同努力，用爱心、热心、责任心为来自全世界各地的媒体朋友提供细致、周到、便捷的服务，通过他们的镜头讲述好精彩的冬奥故事、中国故事，擦亮首都志愿者最美金名片。

1月24日至2月19日，在为期27天的志愿服务过程中，我积极工作，收获良多。我服务于国家速滑馆媒体运行领域，岗位是记者工作间和媒体休息区助理。都说"一届赛事举办得好不好，媒体说了算"，国际重大赛事的举办，是为了传播奥林匹克精神与东道主国家及城市的文化理念，而媒体正是大赛最大的口碑和传播群体。奥运会被称为"媒体的运动会"，通过媒体的镜头、笔头，将奥运会的精彩瞬间记录下来并向世人传播。因此，体育赛事媒体运行工作的顺畅与否至关重要。我们的服务对象是来自世界各地的媒体记者，从来到这里的第一天起，运行主管老师就向我们强调，志愿者的良好形象是向世界展示中国风采的名片，一定要拿出最好的姿态迎接各个媒体的到来。与媒体看台席、混合采访区、新闻发布厅相比，记者工作间是开放时间最长、面积最大的一个媒体运行区，这里的工作最琐碎、管理难度大，在看到自己被分配到这个岗位时，我感到自己肩上所承担的责任非常巨大。

来到工作间的第一天及开赛前，我们一起对整个工作间进行了装饰布置。在平日的工作中，我主要负责在各个验证点核验来客注册卡信息、在工作间及休息区为记者提供帮助。开赛后，我同时来到摄影记者接待台协助工作，在这里主要负责摄影记者辅助通行物（袖标）的兑换、登记，储物柜租借，以及回答一些记者咨询的问题，如开赛时间、到达各摄影点位的路线、获得场地进入许可的方式、往返巴士信息等。接待台的工作更加烦琐，也更需要志愿者的耐心、细心。记者的问题不尽相同，我们需要认真聆听他们的诉求并针对性地给出解答。在这期间，我的英语口语表达能力与沟通能力得到了明显的锻炼与提升，从之前只具备应试答题技巧到现在敢说、会说。遇到质疑或求助时，我也可以冷静稳定对方情绪并尽自己所能积极寻求解决方法。

我们也曾遇到过一些困难和挑战，但在不断摸索中，新闻运行团队将这些难题一一化解。开赛初，来到工作间的记者骤然增多，午饭时间，大家都在休息区用餐，高峰期这里人数多达30人，从未见过这样"大场面"的我们难免出现了一些慌乱，但经过了几天的工作和锻炼，我们对流程渐渐熟悉，应对记者时也更加自如。

在媒体工作间最能直接接触到来自世界各地的记者，在志愿服务中我也对他们的工作模式有了更多的了解。无论何时，都有记者在专注地编辑稿件，与时间赛跑。每当比赛一结束，我们会将比赛结果放在成绩公报柜中。而在网络上，也可以第一时间看到各家媒体新鲜出炉的比赛实况，每一次我都被他们的速度和效率所震惊。他们的敬业与责任心深深感染着我，作为新闻学专业的学生，我也励志向他们学习，成为一名合格的新闻人，生产优质的新闻内容。

作为一名中国共产党党员，在他人遇到困难时，我清楚我更应积极主动地上前帮助。在服务过程中，我也交到了许多朋友，有来自不同领域的志愿者，有我们的主管老师，更有媒体朋友们。记者们都很热情，见到我们时常主动打招呼说"hi"，在接受我们的帮助后也会礼貌道谢。我们被这样的热情打动着，也用更贴心温暖的服务回馈他们。

在国家速滑馆这片神奇的土地，我们见证着许多奇迹。从第一天荷兰名将斯豪滕获得速度滑冰女子3000米决赛冠军，同时打破尘封20年的奥运会纪录；到速度滑冰男子1500米荷兰队两破纪录；再到速度滑冰男子500米高亭宇以破奥成绩强势夺冠……国家速滑馆一共诞生了10项奥运纪录与1项世界纪录。我们一天天见证着纪录的连续诞生，激动于奥林匹克突破自我、更快更强的魅力，更欣慰于国家速滑馆得益于全新二氧化碳制冰技术的优质冰面，在这样一个创造历史的场馆服务，我们感到十分自豪。

奥运将我们团结在一起，将全世界的目光汇聚北京，将中国的风采传向世界。因为奥运而在国家速滑馆相遇的我们，共同书写着2022年最精彩的故事。

热"雪"沸腾，齐向未来

倪嘉婧，北京体育大学新闻与传播学院新闻学专业2019级本科生，国家速滑馆志愿者，志愿岗位为媒体运行领域新闻记者工作间和媒体休息区助理。

◎ 倪嘉婧

倪嘉婧的工作日志

【1月22日】开启冬奥之旅

终于迎来了我们进入闭环的日子，期待、兴奋、激动又紧张。早上，我们迎着雪，一起去体育馆参加了出征誓师大会。这是我第一次穿上冬奥志愿者的制服，看着镜子里的自己，自豪的同时我忽然感受到了很强的使命感。一路上，很多戴着白色帽子的同学走在雪地里，像一群可爱的雪人。一片片晶莹纯洁的雪花落在我们身上，和我们一起去赴这场期盼已久的激情约会。

许多校领导和老师也来为我们送行，我们高喊着"一起向未来"，向他们挥手告别。

下午2点半，我们坐上了前往驻地的大巴，车窗外的雪仍旧下个不停，像是在为我们送行。

黄昏时刻，我们抵达了驻地。和我们一起在北师大昌平校区住的还有来自北师大、北外、北语、首体等十多所高校的同学。我很期待能认识更多的伙伴。驻地各种生活起居、休闲健身设施都很齐全，非常感谢驻地各位工作人员的辛苦付出。驻地的伙食也很丰盛，荤素搭配，营养健康，而且采用自助的方式，避免了浪费。

晚上，我们参与了进入驻地的第一次会议。驻地负责人欢迎我们的到来，并且嘱咐我们做好防疫工作。驻地的医护人员也为我们讲解了防疫要求，还贴心地嘱咐我们注意健康饮食。

临行之前，宿舍的环卫阿姨和体育馆的快递员小哥看着我们浩浩荡荡的一群人开心地询问我们是要出发了吗。感觉身边的所有人都在期待着这场盛会，所有人都在自己的领域为这场冬奥付出努力。总之，在今天，属于我们的冬奥之旅正式开启了！

【1月23日】驻地探索记

午饭之后我和室友一起探索起了驻地的空间。驻地闭环内室外有一方小小的活动空间，我和室友在一枝树杈上发现了一个头上发芽的迷你雪人。

◎ 志愿者之家

下午，我们线上学习了"冰雪上的思政课"。主讲人是短道速滑世界冠军王春露老师。收获颇多！

【1月25日】别样的小年

新闻记者工作间和休息区的小伙伴们组成了一个自己的小团队。第一天到场馆的时候人数太多，我们没能很好地记住彼此，今天我们又更加详细地进行了自我介绍。

工作间需要白板，用于向记者朋友们提供场馆地图、Wi-Fi使用说明及每日赛程等信息，我们一起找了两块。由于有一块被后勤保障的人员不小心送到了保卫部，我们又从保卫部那里选了一块组装好的白板。之后大家一起通过观察，在没有说明书的情况下，一起拼好了两块白板。大家很团结，每个人都各有所长，我们也很像白板的各个零件，一起相互配合，组合成一个整体。

　　晚上回到驻地之后我们发现驻地也充满了年味儿。食堂大门上贴上了手写的春联，窗户上贴上了冬奥元素的窗花，晚饭是饺子，我觉得好幸福。食堂中间的圆台上还展出了工作人员的画、书法、剪纸等作品。每个人都很优秀！

◎　食堂大门上的福字与春联

【1月26日】有线电视转播的新认知

文字记者工作间和摄影记者工作间都设有打印机，负责打印平时的工作文件和赛时的成绩单，每位记者都可以在自己的账户上查询到各种信息。比赛的时候，前方也会第一时间传来成绩单，而我们的任务是打印足够的纸质成绩单，放到专用的储存柜中供需要的记者取用。今天技术部的老师过来调试了设备，确保工作间的打印机可以正常运行。

下午，技术部的老师带我们学习了工作间有线电视的使用方法。工作间有十几台电视，其中有4台连接的是场馆信号，赛事进行时会转播国家速滑馆内部的比赛，几乎可以做到同步转播。除去看台观赛外，记者也可以通过观看工作间的电视来完成报道。除了这4台电视会转播现场比赛以外，其他十几台电视也会播放奥组委认证的可以播放的电视节目，包括CCTV-16奥运频道等40多个节目。

【1月27日】拥有了心心念念的志愿者手册和手表

在场馆进行了消防安全演练。警报响起之后，大家没有惊慌，在经理的带领下有序地从安全出口到了地下车库，并从地下车库来到了室外，整个过程不超过两分钟。之后安全部的老师为我们进行了有关《奥林匹克宪章》50条的培训。黄昏的时候发放了期待已久的志愿者手册和志愿者手表。志愿者手册背面还有冰墩墩、雪容融及各种场馆的贴纸。晚上回到驻地我发现工作人员已经将新的床单、被罩放到了各自房间，非常感谢驻地给我们提供的各种生活保障，真的很贴心。

【1月31日】和冬奥志愿者们一起过除夕

和往常的除夕不一样，今年的除夕是在场馆和驻地度过的，我觉得很特别，也很有意义。下午，食堂门口举办了猜灯谜活动。奖品是一些零食，我收获颇丰，很开心！晚上发放了激励物资，有保温杯、徽章、暖宝宝等，捧着满满一箱暖宝宝坐上回往驻地的车，我感受到了沉甸甸的关爱。回去的路上看到夕阳隐落在远方的山里，这是牛年的最后一个夕阳，很美。晚饭有两种馅的饺子，虽然没能在家过年，但也吃上了热乎乎的现包饺子，心里依旧暖暖的。晚上，志愿者们一起看了总台春节联欢晚会和驻地的新春晚会。回顾这一年，经历了很多。特别的除夕也让我发自内心地感叹：能参与北京冬奥会志愿服务是何其幸运！

【2月1日】新年新气象，探索如何提高工作效率

今天是大年初一，新年新气象，看到工作间里也有了许多新年的装饰——茶点区的福字、食堂挡板上的窗花、天花板上的冰墩墩、雪容融灯笼及各种办公室门上的创意春联，都让人感受到了满满的年味。

由于还没有正式开始比赛，我们的工作还处在摸索期，所以我们会记录下记者们的每个问题，也会记录下每天第一批记者抵达的时间、休息区高峰时期的人数等，这些记录有助于帮助我们积累经验，以便在之后更忙碌的工作中为记者们提供更高效的服务。

【2月5日】8次参加冬奥的速滑老将令人钦佩

今天终于迎来了我所在场馆的第一个比赛日，来访的记者明显比前几天多了很多。速度滑冰女子3000米的比赛是国家速滑馆的第一场比赛。在第一个比赛日，就有选手打破了维持20年之久的世界纪录。而更值得敬佩的是一位来自德国的选手佩希施泰因。

她也是本次冬奥会开幕式德国代表队的旗手。佩希施泰因是1972年出生的一名老将，此次冬奥会是她参加的第八次冬奥会，荷兰选手打破的奥运纪录就是她曾经创造的。与她一起出场的中国小将和她相差了27岁。此次成绩排在末尾的她却是笑着滑过终点的。她说，她的双腿老了，但是她的心没老，奥林匹克一直会带给我们感动。感谢佩希施泰因的坚守，让我们深切体会到了奥林匹克的伟大精神。

【2月6日】感叹竞技体育的魅力

今天国家速滑馆的比赛是速度滑冰男子5000米，在此次比赛中奥运纪录又一次被打破。我们不得不再一次感叹竞技体育及奥林匹克的魅力。不到最后一刻，永远不知道结果是怎样的，"更快、更高、更强——更团结"的奥林匹克精神在这个赛道上体现得淋漓尽致。同样在今天，在返回驻地的车上，中国女足夺得了亚洲杯的冠军，全车人都特别激动！这是时隔16年的冠军奖杯，也是中国女足的第九个冠军奖杯。我再次感叹竞技体育令人如此着迷！

【2月7日】作为速滑传奇的见证者，我备感荣幸

今天国家速滑馆进行的比赛是速度滑冰女子1500米。日本运动员高木美帆是这个项目的世界纪录保持者，也是夺冠的热门选手之一。因此，今天有特别多的日本记者来到了速滑馆。

可能是有很多日本记者的原因，今天休息区的茶包非常受欢迎。因为非常喜欢冰墩墩而买了许多周边手伴的日本记者辻冈义堂今天也来到了国家速滑馆。辻冈义堂的注册卡挂上挂满了冰墩墩的徽章，走到哪里都非常引人注目。

晚上的比赛中，荷兰选手伊琳·维斯特再次刷新了奥运纪录，获得了金牌。而该项目的世界纪录保持者高木美帆摘得了一枚银牌。伊琳·维斯特作为一名老将，已经连续参加了5届冬奥会，而北京冬奥会也是她参加的最后一届奥运会。

在国家速滑馆赛道上每天都上演着一个又一个的传奇，我也很荣幸能够成为这一个个传奇的见证者。

【2月8日】运动员以行动诠释着奥林匹克格言

今天的赛事日程比较特殊，速度滑冰男子1500米的比赛开始比较晚，所以我们今天的上下班时间都向后推迟了。工作间的安排是早上10点半从驻地出发，晚上7点下班。

由于比赛时间比较晚，所以下午我们才迎来了记者到来的高峰期。这几天大家都非常羡慕那些有很多pin的朋友，今天我也终于勇敢迈出了第一步，和一个很美丽的外国女记者交换了pin，用我的志愿者小火炬换到了她的高铁雪容融。

今天有3位中国选手上场，还有一位作为替补，所有人都非常期待他们的精彩表现。这场比赛的结果非常令人震惊：荷兰选手先后刷新了奥运纪录，摘取了金银铜牌。我国选手宁忠岩取得了第七名的成绩。夺得冠军的荷兰选手内斯是一位世界纪录保持者，在速度滑冰这个赛场上，1989年出生的他已经算是一名老将了，他的超稳发挥给我们带来了一场极其精彩的比赛。每个热爱奥林匹克的人无时无刻不在为"更快、更高、更强——更团结"这句口号增添新的意义。

【2月9日】赛场选手带来的感动与惋惜

今天我们馆没有比赛，只有日常训练，来馆的记者不是很多，但我们照常"开张"。9点20分第一批记者来了。

每天工作间的储物柜都会放一些出场名单、报纸等资料。在翻阅时，我看到了前几天关于那位50多岁的德国选手的报道。采访的最后她用生涩的中文说了一句"谢谢，北京！"我突然好感动。

晚上的时候我看了短道速滑男子1500米的比赛。任子威因犯规无缘金牌。赛后他接受采访说："想法太多、包袱太重，之后会好好做总结、好好调整。"任子威敢于正视自己的问题，相信他会很快找到自己的状态！

【2月10日】见证赛场上的感动，感谢场外人员的付出

今天的赛程排得比较晚。速度滑冰女子5000米的比赛晚上8点才开始，因此我们的上班时间也有所调整。

中午吃饭的时候，驻地食堂的电视在直播冬奥会男子花样滑冰，我刚好看到了羽生结弦，很多人围坐在电视机前看他比赛。他在挑战4A（阿克塞尔四周跳）动作摔倒以后，所有人都为他捏了一把汗。赛后他说他已经做到了能做到的最好的4A，这是他最接近4A的一次，希望他尽全力的表演能够留在人们心中的一个小角落。有时候不完美也是一种完美，能够全力去追求真正热爱的东西真的很酷！

今天在赛场上又有奥运纪录被打破，依旧是前几天打破纪录的荷兰女选手！

因为我们回驻地的时间很晚，所以今天的核酸是在场馆的车库做的。地下车库直接通向室外，晚上的气温非常低。我排队站了一小会儿就冷得发抖，而做核酸的医生需要在冷风里站更久。每场比赛的成功举办都离不开所有人的辛苦付出，感谢坚守在岗位上的每一个人。

晚上回驻地有夜宵，银耳汤很好喝！因为今天回得最晚的人要在半夜12点多才能回来，驻地的夜宵一直到凌晨1点才结束。感谢每一位为冬奥默默付出的人！

【2月11日】见证北京冬奥会第一个世界纪录的诞生

今天下午4点速度滑冰男子10000米比赛中瑞典选手在国家速滑馆打破了自己创造的世界纪录，赢得了冠军。这是国家速滑馆的第七个奥运纪录，也是本届奥运会的第一个世界纪录。

【2月12日】我国运动员打破了速滑男子500米奥运纪录！

今天国家速滑馆有两场比赛，一场是速度滑冰女子团体追逐1/4决赛，一场是速度滑冰男子500米比赛。这是国家速滑馆的第八个比赛日，我们在为所有国家运动员加油喝彩的同时也盼望着中国队能夺得一块属于我们的奖牌，于是无形的重担就落在了高亭宇身上。在平昌冬奥会上高亭宇获得了一块宝贵的铜牌，所有人都期待着他今年能再创辉煌。高亭宇第7组出场，我们在文字记者接待台的电视机前也跟着紧张起来，没去看台的几位记者也都时刻关注着比赛情况。高亭宇起步是当时所有已出场运动员中最快的，我们都非常激动，在他冲线那一刻，在听到现场评论员说他打破了奥运纪录的那一刻，工作间的好多人都忍不住鼓掌，我差点激动得叫出来。最终，高亭宇获得了金牌。恭喜高亭宇！今天真的很激动！国家速滑馆圆满了！

【2月13日】雪天也不影响志愿工作的热情，见证黑人选手夺金

今天仍有两场比赛，一场是速度滑冰男子团体追逐1/4决赛，另一场是速度滑冰女子500米比赛。男子团体追逐1/4决赛在晚上9

点开始，速度滑冰女子500米比赛在晚上9点56分开始。

今天迎来了一场大雪。因为雪比较大，上班路上没有走高速，平常半个小时左右的路程今天走了大概50分钟。

速度滑冰女子500米比赛中美国选手埃琳·杰克逊获得金牌，日本选手高木美帆获得第二名，俄罗斯奥委会代表队选手收获铜牌。速度滑冰男子团体追逐1/4决赛中，中国队取得了第八名。今天国家速滑馆虽然没破纪录，但是同样创造了历史。美国选手埃琳·杰克逊是历史上第一位在速度滑冰女子500米项目上获得金牌的黑人选手。

【2月14日】坚守岗位的每一天是这样度过的

今天国家速滑馆没有比赛，只有常规训练。

8点竞赛办公室开放；8点半到9点，竞赛团队会议；9点竞赛信息台开放；9点40分到10点，第一次浇冰；10点到11点15分，所有运动员的常规训练开始；11点15分，开始第二次浇冰；11点35分到12点50分，开始第二次常规训练；12点50分，第三次浇冰。下午1点10分，第三次常规训练；下午2点25分，第四次浇冰；下午2点45分，进行只限女子团体追逐运动员的官方训练；下午4点，训练结束开始第五次浇冰；下午4点20分，进行只限男子团体追逐运动员的官方训练；下午5点35分，进行今天最后一次浇冰。晚上6点，召开领队会议；晚上6点30分，进行女子、男子团体追逐抽签；晚上7点35分，竞赛信息台关闭；晚上8点35分，竞赛办公室关闭。

像这样精确到每一分钟的日程，是场馆里每个人每天都要遵照的。即使是像没有比赛的今天，也有许许多多的人严格按照日程坚守在岗位上执行任务，一场赛事的成功举办离不开这一份份的坚守。

【2月15日】团队的力量大于个人

今天在国家速滑馆的比赛是女子团体追逐、男子团体追逐的半决赛和决赛。半决赛决出的一二名将在决赛中争夺金银牌，三四名将在决赛中争夺铜牌。

日本队是速度滑冰女子团体追逐的世界纪录保持者，也在2月12日的速度滑冰女子团体追逐1/4决赛中刷新了奥运纪录。半决赛结束后，日本队成功进入决赛A组，将和加拿大队展开金银牌的角逐。但是在决赛赛场上，戏剧性的一幕发生了，日本选手高木菜那在最后一个弯道摔倒，最终加拿大队获得了金牌，日本队摘银。俄罗斯奥委会代表队在半决赛中刷新了速度滑冰男子团体追逐项目的奥运纪录，但在决赛中不敌挪威队，挪威队成功卫冕。

团体追逐项目不仅是速度的竞技，也更加考验团队的配合，感谢每位运动员的竭尽全力，为我们带来了如此精彩的比赛。

【2月18日】为宁忠岩加油鼓气！

今天的比赛也很激烈，有一位选手是速度滑冰男子1000米的世界纪录保持者，还有我们中国队备受期待的小将宁忠岩，而全场最小的运动员是一位来自美国的选手乔丹·斯托尔兹，2004年出生的他只有17岁，乔丹的阳光帅气也引起了很多伙伴的关注。最终，荷兰选手托马斯·克罗尔夺得了冠军。

倒数第二组出战的宁忠岩，以1分8秒60的成绩位列第五，我们很多小伙伴都为他感到很遗憾。虽然没获得冠军，但是第一次参加冬奥会的宁忠岩已经创造了中国队这个项目在冬奥会上的最好成绩。作为一名1999年的小将，相信他还有很长的未来！

【2月19日】在不舍中告别

今天是在国家速滑馆的最后一个工作日了。比赛项目是男子集体出发和女子集体出发。集体出发项目顾名思义是需要所有选手从下午5点集体出发，一共16圈也就是6400米，第4、8、12圈，还有最后一圈是记分点，前3名会获得积分，最后一圈记分最多，所以冠亚季军还是靠最后一圈角逐出的。

最后一天大家都有很多不舍，记者看台席的小伙伴们一起画了好大一幅画贴在了媒体看台席入口的大门上。摄影的小伙伴们还制作了感谢信，信的正面有大家的合照和正文，背面还有每个小伙伴手写的文字和涂鸦。大家把感谢信分给了来签到的每一位记者，邀请他们在留言板上签字留言。很多记者都非常喜欢大家亲手绘制的冰墩墩。下午女子集体出发比赛进行的时候发生了很惊奇的一幕，荷兰选手斯豪滕在临近终点的时候摔倒了，但是她很快调整好了状态乘胜追击，最后夺得了金牌。伴随着最后一场比赛结束，我们的工作也接近了尾声。大家一起完成了最后的收尾工作，一起合照，告别。

这段时间领到了很多徽章，也交换了很多徽章，但我最喜欢的是一枚上面刻着"谢谢"的雪花徽章。徽章的卡纸上印着"In recognition of your commitment to the XXIV Olympic Winter Games, Beijing 2022."（为表彰你们对2022年北京第24届冬季奥林匹克运动会的承诺。）感谢为这场盛会付出的所有人，感谢奥林匹克带给我的所有感动。再见国家速滑馆。我们，一起向未来！

◎ 最初的新闻发布厅与最后的新闻发布厅

倪嘉婧的冬奥记忆

  我的岗位是媒体运行领域新闻记者工作间和媒体休息区助理，我们负责的工作区域主要有验证点、媒体工作间、媒体休息区及文字记者接待台和摄影记者接待台等。我主要负责验证点、新闻记者工作间和休息区，有时也会在比较繁忙的时候协助接待台。

在开赛前期，我们一起布置了工作间，一起组装了白板，等等。之后逐渐熟悉了工作内容，整个工作间和休息区也逐渐运转了起来。验证点的工作主要是检验进入媒体工作间的人员证件，整个工作间加上验证点共有4个验证点，在4A电梯附近的验证点有时也会帮忙打印一些出场名单、时间表等；工作间主要提醒记者注意防疫不要摘口罩；休息区为记者们提供了一些免费茶点，我们有时会为记者介绍茶点种类及饮水机的使用方法等，也会提醒记者遵守防疫规定，仅在休息区用餐；在餐点不够的时候，我们也会联系餐饮的小伙伴及时补给，也会联系保洁阿姨维持整个工作间和休息区的环境。

不管在哪里工作，我们的工作核心都是为他人提供帮助。工作间是所有媒体的大本营，而我们要做的就是尽我们所能，提供更好的服务，帮助媒体工作人员更高效地完成对冬奥会的报道。可能比起其他岗位的志愿者，我们的工作会更加琐碎，这也更需要我们注重细节。

北京冬奥会比赛场馆很多，一般记者都会在各个场馆之间来回往返，但是有一位荷兰女记者几乎每天都会来国家速滑馆。我在第一个工作日的时候就遇见了她。我们的第一次交流有些许匆忙。按照防疫规定，记者工作间需全程佩戴N95口罩，记者只能在规定的媒体休息区摘下口罩饮食。但是工作间有几个高脚桌，很多人会误认为也是休息区，这位荷兰女记者就是其中之一。我匆忙上前提醒她，她非常尴尬地表示以为这里可以吃东西，但还是非常配合地戴上了口罩，我没来得及说完一句"Thank you for your cooperation"，她就走掉了。之后每次看到她，我都会想起那天的尴尬。直到有一天，她突然焦急地到摄影工作台询问有没有充电宝和苹果充电器。虽然我们工作间配备了很充足的插座，但是并没有充电宝和充电器，接待台的志愿者也没有。我在媒体休息区看到了这一幕，想起包里有充电宝，就马上取过来了。她很真诚地看着我的眼睛，并对我说了声感谢，我也笑着跟她说不客气。那一刻，前几天的尴尬终于烟消云散，我也突然明白了那句"志愿者的微笑是北京最好的名片"。

有一天傍晚，两位提着很重的摄影设备的记者走进了工作间，我看到有位记者口罩的绳子断了一根，样子有些窘迫。我想着自己包里还准备了备用口罩就赶紧去拿。等我回来，发现他正好在问别的志愿者有没有口罩，我就把口罩给了他。他很欣喜地跟我道谢。他的同伴看到了我给他的印有冬奥标志的口罩，表示也想要一个，但是我只剩下这一个备用的了，于是食品部的姐姐又去找了新的口罩给了这位记者。这件事之后，我们在工作间准备了充足的备用N95口罩。

2月13日，北京下了一场大雪。因为楼顶会有积雪积冰滑落，物业考虑到安全问题，把下沉庭院到工作间的门锁上了。我们也在通往下沉庭院的步行梯口的指示牌上张贴了提醒。但是很多记者习惯通过下沉庭院走到工作间，不少记者走到工作间门口发现锁门之后还要原路返回，更增加了安全风险，于是我们主管决定把警示线和路障搬到楼梯口，再张贴上更加醒目的提醒。当时工作间没什么人，办公室的男老师也不在，我就和我们主管一起去搬了警示线和路障。我们走到楼梯口，刚好遇到了也在想办法阻挡楼梯口的张主任。于是我和张主任一前一后抬着路障，主管拎着警示线，终于把那个入口堵住了。虽然我觉得这都是我们分内的事，但是事后张主任还表扬了我们，说大雪天不顾天冷和路滑去搬路障。其实通过这样的一个小小举动能保证很多人的安全，我觉得非常值得。

如何成为一个好的志愿者？如何做好冬奥服务工作？我在这次宝贵的经历中有了更深刻的体会。第一，要学习英语，提高口语水平，了解各国不同的文化。语言是沟通的桥梁，而说话更是一门艺术。流利、有条理的话语总能让交流变得更加顺畅。如果有精力的话还可以学习些小语种，用对方的母语交流，往往能更快拉近彼此之间的距离。第二，灵活与变通。有一次，一位记者很焦急地到接待台询问我们有没有苹果电脑充电器，但是我们问了一圈都没有人有充电器，最后也没能帮他解决这个问题。事后我也在反思，我发现其实工作间有很多记者都有苹果电脑和充电器，我们完全可以帮助这位记者向其他有苹果电脑充电器的同事借，但是当时却只想着问周围的工作人员。第三，主动真诚。前面提到的荷兰女记者的故事和断绳口罩的故事都让我发现了主动真诚的意义。志愿者作为冬奥一线的重要组成部分，我们代表着北京冬奥的形象，也肩负着传播奥林匹克精神的责任。第四，注重细节。把我们的工作做好也需要注重细节，比如成绩公告栏的标签虽然只是小小的标签，但是也提供着很重要的信息，像是一天有4场比赛，如果不好好注意这些小细节的话也会给记者工作造成干扰。第五，做中国优秀文化的传播者。春节期间，我们能够看到许多记者对中国农历新年很感兴趣，但却并不了解。奥林匹克盛会也是世界文化交流的盛会，作为一名志愿者，我们更加应该积极主动地去做中国优秀文化的传播者，让更多人了解我们的文化。

很荣幸，能成为一名志愿者来到国家速滑馆，我学到了很多，也收获了很多，并在这里见证了一个又一个的新纪录。本届冬奥会诞生了2项世界纪录和17项奥运纪录。其中的1项世界纪录和10项奥运纪录都诞生自国家速滑馆。

　　我见过在寒冷的地下车库给上百人做核酸检测的医生，见过雪虐风饕下站得笔直的军人，见过凌晨1点的志愿者班车，也见过凌晨2点还在帮我们准备夜宵的驻地工作人员……一场盛会离不开每一个人的坚守，感谢我们彼此的坚守。运动员们实现了许多个"更快、更高、更强"，而我们也很好地展现了"更团结"。感谢相遇，期待再会！我们一起向未来！

见冬奥 见世界 见自己

蒋玉婕，北京体育大学新闻与传播学院网络与新媒体专业2020级本科生，国家速滑馆志愿者，志愿岗位为新闻运行混合区助理。

◎ 蒋玉婕

蒋玉婕的工作日志

【1月27日】第一次工作磨合

今天是第一批运动员和媒体到达场馆的日子，也是我们正式工作的第一天。在混合区贴好"保持一米距离"的地标成了我们这个小小的团队要一起完成的第一个工作。疫情后，地标可以说是随处可见又容易被忽视的一个东西，虽然听起来好像很容易完成，但混合区45个地标也花费了我们一下午的时间。要去测量总的距离有多长，每个地标怎样才能对齐，在弧形的走廊上怎样才能居中……这些都是我们面对的问题，而一个刚组建起来的团队一开始难免显得有些没有默契，工作效率也就有些低下，不过很快大家统一了方法，顺利完成了这份小小的工作。

【1月28日】速滑馆营业的第一天

在完成了所有的准备工作后，速滑馆迎来了"开业"的第一天。媒体和运动员们陆陆续续到达国家速滑馆开启工作、训练，因此我们混合区的伙伴们也前去支援了记者看台席的志愿者们。轮班在入口验证通行权限就是我们今天的工作。今天面对的大多都是国外运动员和媒体，这给我们的沟通也带来了不少困难。

其实按照轮班制，我今天也就轮了两班岗位。不过在这短短的两次上岗期间，也有很多温馨的时刻。比如当国外的记者们用不标准的普通话对我说"你好"；当我看见他们对国家速滑馆赛场激动地发出称赞；当我走进赛场看见其他国家的队伍在我们的赛场上训练……虽然冬奥还没有正式开始，但它好像已经成功了。

【1月29日】混合区上岗！

今天是在混合区上岗的第一天，也是这段时间里感到最幸福的一天。下午没有工作的时候刚好中国队在冰上训练，我们很幸运地看到了这个场景。其实我对速度滑冰并不了解，在没有成为志愿者之前，我和大多数人一样分不清短道速滑和速度滑冰，以为武大靖也会出现在国家速滑馆里。我们一边看着中国队队员们训练，一边在网上搜着每个人的长相，试图和真人对上号。出发之前培训时有一位老师说：不去一次奥运会，不知道自己有多爱国。今天算是初有体会吧。当中国队队员回头挥手回应我们的加油声时，当印着CHN的中国队服映入我的眼帘时，对中国队的自豪感油然而生，不管比赛结果如何，他们都是我们的骄傲。

【2月5日】速滑馆首赛

今天是国家速滑馆迎来首场比赛的一天，也是混合区正式营业的一天。我们很早就在混合区等待着陆续前来的媒体，一直到采访结束，足足站了快4个小时，身体很累，但是很开心。其实一开始想到要去跟很多外国媒体沟通还是很有压力的，不过今天一天下来对自己的能力又认可了不少，希望能顺利地完成之后的工作。

【2月11日】令人印象深刻的记者

在混合区给我印象最深的是日本记者，日本记者永远都是集体来然后一起走。在第一轮采访完离开时，有一位日本记者的通行物掉在了这里，我就帮他收了起来。直到第二次来采访时，这位日本记者的同事想要进去却没有通行物，想找他拿通行物时，才发现自己的搞丢了，我见状急忙上前询问，看得出来他很惊喜。后来他原本已经离开了，又返回来跟我道谢。

【2月12日】当生日偶遇夺冠！

今天是我永生难忘的一天。第一，今天是我爸爸的生日，即便是在外上学，这个时间也是寒假，往常这个时候我应该在家里为他庆祝生日。第二，这一天，高亭宇夺冠了！

其实在宁忠岩未发挥出自己的实力错失奖牌后，高亭宇就是在国家速滑馆夺得奖牌的唯一希望了。大家都在混合区的电视前关注着这场比赛，我离电视有点远，其实看不清选手具体滑出了多少秒，只能看见高亭宇的成绩前面有个黑色的方块，然后激动地对着伙伴说："他破纪录了！"在这之后，再也没有选手突破高亭宇的纪录。在确定高亭宇是冠军后，记者挤满了整个混合区。记者们的手机、录音笔已经在桌子上堆满，等待着冠军的到来。看着电视里身披五星红旗的高亭宇在赛场上奔跑，我激动的内心真的无以言表。在这一天，国家速滑馆也变成了金色。

【2月19日】不舍，最后一个工作日

今天是在速滑馆工作的最后一天，我从来没想过这样日复一日的工作会让我如此不舍。

今天在工作时给一位记者指了卫生间的位置，她很友好地跟我交换了一枚《华尔街日报》在东京奥运会的pin。结束了所有的工作后，我们在混合区拍照时，荷兰队的新闻官还拿起手机装作自己是记者，来采访装作是运动员的我们。

我们还到冰场上去打卡，在领奖台上拍照，然后不舍地将混合区的高脚桌、一米栏都收走，完成最后一项工作。往常大家都会在班车到达前15分钟就上楼等车，今天已经到了班车发车时间了，大家还都很默契地在国家速滑馆里合影留念。

【2月20日】闭幕！我们一起向未来

今天是北京冬奥会的闭幕式，我很幸运地抽中了到现场观看的名额。其实通过电视能更好地看明白每个节目的寓意，但在现场体验的就是氛围，体验一群人的欢呼声、鼓掌声及热场时的人浪。

在现场看闭幕式真的需要穿很多，2条秋裤，4件衣服还抵挡不住寒冷。开场前，我们集体在卫生间里取暖。但是真的在观看节目的时候，内心的震撼、激动早就让大家忘却了身体的寒冷。当奏唱国歌时，开唱的第一秒我的声音就开始颤抖，眼泪就在眼眶里打转。这是我第一次唱国歌时流眼泪，永生难忘。

我觉得闭幕式最多的元素就是"朋友""长亭外，古道边""我和你，心连心"，都在诉说着"有朋自远方来，不亦乐乎"。现在冬奥会结束了，我送你们离开。就像张艺谋导演说的，14年一跃，从"我"变成了"我们"，一起向未来，是要我们大家一起向未来。

蒋玉婕的冬奥记忆

2022年1月22日这天，我坐上了开往闭环驻地的大巴，我的冬奥之旅正式开启了。成为一名正式的冬奥志愿者要经过英语能力测试、专业技能测试、冬奥组委面试……冬奥组委为通过了测试的志愿者们开通了冬奥会业务系统的志愿者账户，我们需要在网络平台上完成23个单元的课程，看完所有课程后还需完成线上考核。通过这一系列的培训坐在大巴上的我，那时还觉得有些不太真实。

转　折

正式成为冬奥志愿者后，我听到最多的一句话是："冬奥会成为你人生中的一个转折点，它会带给你一些改变。"

我的岗位是国家速滑馆新闻运行混合区助理。"混合区就是运动员比赛结束后接受采访的地方"，带着这样正确却显得有些模糊的概念，我在这里第一次真真切切地认识了混合区。混合区是场馆里唯一一个有"交集"的区域，我们要面对的不仅是媒体，还有运动员。"混合"二字也由此得来。疫情之下，数不清的一米栏整齐地摆放在这里，用来将媒体和运动员隔开，不免有些像迷宫。这是我对它最初的印象。

　　正式开赛前，我们要在这里轮岗值班，方便媒体提前来熟悉场地，当然，也是我们熟悉工作的机会。混合区是媒体能够第一时间获取信息的地方，因此各个媒体都想在这里采访到一些运动员，而混合区人数有限，我的工作就是要在入口查验媒体的证件，出现争执时，要向媒体好好解释，这对英语就有较高的要求。即使各种测试都证明我的英语不错，但不自信好像已经成为我的习惯。正式开赛前的一晚，害怕自己出错的紧张大过了对第一天上岗的期待，而在我用英文一遍遍解答媒体的疑问，不断倾听记者的难处、问题，再帮助他们解决问题时，也给自己增添了一份自信。

　　除此之外，这段时间的工作也让我更加能换位思考。由于新闻混合区是可以最快速获取信息的地方，因此，很多不持有通行物的记者也想要进入混合区获取一些信息，这时，这些记者就会不满于志愿者的阻拦。在这种情况下，我们就需要对对方急迫的心情表示理解，在态度上坚定，在言语上缓和，做好沟通，解释清楚混合区运行的规则，同时为对方寻找一些解决问题的办法，例如可以将录音设备交给志愿者完成采访录音。这样既遵守了规则，记者也能获取一定的信息。

　　我不期望参加冬奥能给我带来什么翻天覆地的变化，但不得不承认，我是抱着"参加完冬奥后也许会有一点点改变"这样的想法进入闭环的。经历了短暂却又漫长的一个多月后，改变与否，现在的我也许不能给自己一个肯定的答案，但我相信，在下一次遇到困难而认为自己不行的那一刻，这段经历一定会激励自己，让我重新相信自己。或许把"改变"这个词换作"成长"更为合适。是的，我成长了，这何尝不是我人生的一个转折点呢？

当防疫成为一种本能

随处可见的消毒液、一米线标识无时无刻不提醒着我们"注意防疫"。佩戴 N95 口罩、勤洗手消毒、每日进行一次核酸检测，甚至在工作时，需要佩戴面罩。在混合区进行采访时，记者和运动员要隔着两块一米栏板，也就是间隔两米。因此，布满一米栏的混合区，也让很多记者在一开始感到迷惑，不知道该往哪个入口走。粘贴地上的一米线标识，也是我们的第一项工作。

一些参赛选手通过交换身上所佩戴的徽章，传递对彼此的美好祝福，这也是刷屏各大网站的"换pin"，已成为一个奥运传统习俗。但在防疫要求下，各国代表团运动员、媒体记者和志愿者交换的徽章也需要消毒再消毒。

在这样的环境下，防疫已经成了我们的本能。尽管口罩将人们的脸遮住了一半，当外国媒体记者用不太标准的中文朝我说到"你好"时，我仍然能从他眯起的双眼中感受到他的善意。口罩隔绝了病毒，遮不住人们上扬的嘴角。

当五星红旗升起时

2022 年北京冬奥会是中国百年奥运的光辉时刻。举办冬奥会这样高水平的国际性体育赛事标志着中华民族伟大复兴的进程达到了重大历史节点。我们这一代青年人，不管用什么方式，能够参与到冬奥会中，见证历史，见证这场盛会，都是自豪、荣幸的。

2008年，北京成功举办了第29届夏季奥运会。那届奥运会给北京留下了丰富多彩的奥运财富，而北京，也为全世界人民呈现出了包容、多元、文明的魅力。十几年过去了，"我"变成了"我们"，突出全人类共有的精神和理念。2008年，人追着开幕式舞台上的光跑；2022年的开幕式，光开始捕捉人。当《我和我的祖国》响起，国旗从幼儿向志愿者再向军人手里，手手相传。作为志愿者能够为这鲜艳的红旗、为这场盛大的赛事贡献自己的一份力量，我感到无比自豪。

当身着印有CHN的中国运动员在"冰丝带"上一圈一圈滑过我的眼前，当我听见首次走进国家速滑馆的外国记者对"冰丝带"的建设发出赞叹时，当我看到混合区挤满了想要采访冠军高亭宇的记者时，当我看到五星红旗出现在混合区的电视里时，当我在闭幕式现场一边唱国歌一边忍着眼泪时……这无数个瞬间都让我感到很自豪、很骄傲。

冰雪之约　难忘冬奥之旅

张淳，北京体育大学新闻与传播学院新闻学专业2018级本科生，国家速滑馆志愿者，志愿岗位为看台席助理。

◎ 张　淳

张淳的工作日志

【1月23日】憧憬！期待！做好准备！

今天是来到北京师范大学昌平校区的第二天，也是上岗前休整阶段的最后一天，因此有很多需要检查完善的琐碎事务。我和舍友首先整理了我们的房间，检查了防疫物资、生活物资是否都已经备齐。检查完毕后，我们根据工作需要开始梳理需要提前准备的事务：按照场馆要求整理上岗时要穿的服装、再次复习场馆防疫手册中的要求、构思新华网短视频拍摄的思路……

今天我也完成了团委布置下来的宣传工作，我和其他3位同学一起负责撰写"国家速滑馆媒体运行志愿者出征"这一主题的相关宣传报道，其中我主要负责后期的编辑排版工作。在这篇推送的结尾，我们以这样一段话作为结尾："迎着2022年的初雪，国家速滑馆的志愿者们开启了崭新的生活。在冬奥期间，志愿者们将服务于国家速滑馆的媒体运行领域，为北京冬奥会的顺利举行保驾护航，相信大家能够以最饱满的精神状态迎接冬奥，用青春和热血在各自岗位上书写北体人的冬奥故事。"我也希望在接下来一个月志愿服务的时间里，能始终记得这一刻的心情，记得我满怀憧憬与向往，然后用坚定的信念和满腔的激情投入到工作中去。

【1月24日】第一次去"冰丝带"

今天，我第一次来到了国家速滑馆，来到了我即将奋斗30个日日夜夜的地方。国家速滑馆是北京赛区唯一一个新建的场馆，场馆的设计思路处处体现着冰雪元素：它有一个因为外形而得名的昵称"冰丝带"——整个场馆从高处俯瞰就像是运动员在冰面上滑行后留下的痕迹，象征着冰上运动的速度与激情；馆内的主色调是冷色，以蓝色和白色为主，场馆内也布置了很多冬奥元素的物资：冰墩墩和雪容融的背景板、冬梦与飞跃的会徽、北京2022及五环的logo……在这样的环境中工作，我自然而然就进入了冬奥会的场域中，也第一次如此真切地感受到了冬奥会的氛围。

今天，我们主要的任务就是熟悉工作环境、工作内容，以及一起工作的伙伴，分管我们的老师为我们介绍了工作的性质、任务及工作的周期，并且特别强调了防疫的要求，此后又带着我们一起熟悉了工作的流线及主要的工作环境。第一次接触难免会有一些陌生，希望我能在接下来的时间里多学习、多思考，争取更早熟悉工作内容，进入工作状态。

【1月25日】小年，初到工作点位

今天，我们第一次来到了场馆的看台上，也就是我要工作的点位——新闻记者看台席。分管老师为我们介绍了记者看台席包含的区域、工作的重点、需要特别注意的事项。我们工作的区域就在OBS评论员及奥林匹克大家庭的旁边，离整场比赛的核心工作区和重要的外宾观赛区非常近，老师也告诉我们，在工作的时候我们随时可能被摄像机扫到，和转播信号一起呈现到全世界观众的面前，因此在工作时要时刻注意。我深感自己的责任重大，我的形象不仅代表着学校、志愿者，更代表着整个中国青年的风貌。因此，在接下来的工作中，我会时刻注意自己的体态。

今天也是农历小年，我和舍友用学校下发的物资布置了宿舍：

在窗户上张贴了窗花、在门上贴了福字、在墙上挂上了新年款式的挂饰。北师大还给我们下发了小年物资——羊毛毡，供我们在休息时间做做手工、放松心情。

【1月27日】准备阶段的最后一天

今天是正式上岗的第四天，也是准备阶段的最后一天，到了明天就会有运动员陆续来到场馆进行训练，也会开放媒体工作间、看台席供记者使用。今天新闻运行团队全体在新闻发布厅开展了安保培训，由安保领域的老师结合《奥林匹克宪章》[①]为我们讲解了安保培训内容。

今天，学校也组织全体党员和预备党员进行主题学习。通过今天的学习，我备受鼓舞。在这个关键的时间节点，运动员、教练员、技术人员都毫不松懈、砥砺奋斗，作为志愿者的我也要鼓足精神。4年前，从进入北京体育大学学习开始，我就向往有一天能为北京冬奥会服务。在这4年里，我扎扎实实进行专业课的学习，努力提高自己的英语能力，不断提升自己的体育素养。如今，我光荣地成了冬奥志愿者中的一员，我会继续牢记"使命在肩，奋斗有我"的精神，鼓足干劲，为冬奥会贡献属于北体学子的一份力量！

【1月28日】"冰丝带"开放第一天

今天是正式上岗的第五天，也是场馆正式开放的第一天，今天陆续有运动员来到场馆进行训练，也有记者来到了媒体工作间、看

---

① 《奥林匹克宪章》，亦称奥林匹克章程或规则，是国际奥委会为奥林匹克运动发展而制定的总章程。第一部章程的倡议和制定者是顾拜旦，1894年6月在巴黎国际体育会议上正式通过。主要内容是奥林匹克运动基本宗旨、原则及举行奥运会的有关事宜。

台席。随着更多外国友人的到来，我们越来越意识到疫情防控责任重大，不能有丝毫的放松和懈怠。今天意大利、荷兰、加拿大的运动员已经来到场馆开始了练习，几个国家的记者也来到了场馆开始报道工作。我们主要的志愿服务内容是在记者看台席接待记者，帮助他们熟悉工作环境及工作流程。

国家速滑馆做好了一切准备，今天终于在北京这座"双奥之城"等来了使用它的运动员。在场馆的音乐声中，顶级运动员在冰上滑行、冲刺，场馆完成了它存在的意义，点燃了整个场馆的活力。当他们在冰上滑行时，他们的神态都是轻松而从容的，他们享受这项运动，享受滑冰带来的快乐。作为观看者，我也被他们感染，之前并不了解冰雪运动的我第一次感受到了这项运动的美感与乐趣，也又一次明白了自己工作的意义。

【1月29日】幸运！抽到开幕式的现场观众名额

来到冬奥驻地已经一周了，我也逐渐熟悉了自己的日常工作，在工作中越来越得心应手。虽然在面对外国记者时我依然避免不了紧张的情绪，担心自己的英语水平不过关，可能无法应对突发状况，但我已经学会了如何调整自己的心态，以一个更平常、更放松的态度去对待工作。

今天，我抽中了冬奥会开幕式的现场观众名额，非常期待能够在现场观看。一方面，我期待开幕式上演员们的表演，期待开幕式精心设计的烟花，也期待现场热烈的氛围；另一方面，冬奥会开幕式作为全球瞩目的媒介事件，我也非常高兴能有机会在现场观看，有机会感受自己在场的体验与媒介塑造后观看的区别，从而更深入地理解媒介在符号化的塑造和表达中扮演的角色。

【2月5日】正式开赛！

今天是正式开赛的第一天，看台上的电视也有了信号。老师把遥控器交给了我们，我也会帮记者用遥控器打开看台上的电视。今天认识了在OBS工作的小伙伴，是来自中国传媒大学的本科生。我向他了解了他们在转播中要注意的事项，这些转播的知识，有利于我更好地服务于媒体运行岗位。

【2月12日】语言学习真的很重要

"纸上得来终觉浅，绝知此事要躬行"，在深入一线服务赛事运行的过程中，原来只停留在书本中的抽象知识才能被更直观地理解，并进一步学以致用，转化为真正的技能。在本次实践中，我愈发感受到了语言学习的重要性，以前的英语教学更多的是注重词汇量的积累和语法的提升，而在真实应用的时候，才能体会到口语表达的重要性。在与记者的交流中，志愿者能意识到自己的英语存在哪些具体的问题，也获得了以前没有的内驱力——在交流的过程中语言成了障碍，为了更好地交流，就要更加努力地提升自己的口语水平。

【2月18日】还有一天就结束了

冬奥会还有一天就要结束了，在这段时间中，为了更好地开展工作，也为了珍惜在国际重大赛事志愿服务的学习机会，我尽可能地和各个岗位的工作人员进行交流和学习。在与媒体记者、转播商、防疫人员、安保人员、保障人员的交流中，我感受到了每一个岗位的意义，每个人的努力都是不可或缺的，奥运会的顺利举办正是依赖于这些人员不懈的努力。在与他们的交流中，我也更加明晰了自己的工作在整个冬奥服务中的位置与自己应该承担的责任。尽管在工作中也遇到了一些困难，但在团队的共同努力下，我们顺利完成了任务并受到了来自各国媒体的赞扬。

【2月19日】我的结束语

志愿者一直以来被视为展示奥运形象和青年面貌的重要窗口，作为直接服务于运动员、媒体的奥运工作者，志愿者的一言一行都汇集在聚光灯下。优秀的、热心的志愿服务不仅能满足服务对象的需要，让他们感受到宾至如归，而且能最直观地传递出中国青年的素质和充满朝气的精神风貌。在将近一个月的工作中，我很好地完成了志愿者的工作，收获了来自各国记者、新闻官、转播商的好评：多名记者在推特等互联网平台发布推文称赞志愿者的服务，称志愿者为"本届奥运会的亮点之一"，我也和记者们进行了合影留念。

张淳的冬奥记忆

2021年9月，我接到了北京冬奥会志愿者选拔通过的通知，成为国家速滑馆媒体运行领域正式储备志愿者。为了保障冬奥会的顺利进行，2021年10月开始，北京冬奥组委、北京体育大学、北京师范大学昌平校区（志愿者驻地）分别组织了一系列线上线下相结合的培训，在前期培训中，系统性的学习不仅让我掌握了志愿者需要了解的一系列知识，也让我更有信心做好未来的服务。

2022年1月22日，我进入了志愿者驻地开始接受冬奥会的闭环管理，在做志愿服务期间，我服务于媒体运行领域，从第一个训练日（1月24日）开始正式上岗工作，一直到最后一个比赛日也就是2月19日结束。媒体运行领域的主要任务包括核查媒体证件、解答记者问题、协助疫情防控等，而我工作的区域位于记者看台席。顾名思义，看台席就是为记者提供的观看比赛的位置，看台席有196个带桌媒体席和少量的不带桌媒体席，带桌媒体席配有电源插座和带有比赛信号的电视（提供混采区和现场两路信号），记者可以在观看比赛的同时在席位上工作。由于节俭办奥的需要，此岗位的志愿者人数并不充裕，一共只有11人，而比赛期间看台区域每天的开放时间超过12小时。比赛期间志愿者分两班轮流工作，每两小时换岗一次，每班有一人在入口处核验证件，其他人在看台席分区域进行值班。看台席作为直接呈现在转播镜头内的区域，对志愿者的工作就提出了更严格的要求。除了为记者提供必要的帮助及落实防疫政策外，在比赛期间，志愿者还需要时刻注意出入看台的人员有没有异常的举动。

媒体运行分为新闻运行和摄影运行，其中新闻运行包括记者工作间和媒体休息区、看台席、新闻发布厅、混合采访区等4个功能区域。作为整个媒体运行领域的一部分，要更好地服务于记者，就不能仅仅熟悉本区域的业务，还要了解其他领域的基本情况。例如，记者到达看台区后，经常会发现心仪的摄影点位并询问志愿者如何到达，这就涉及摄影运行工作领域的内容。当服务范围超过本领域，我们也会尽可能地帮助问询者进行协调。

我很自豪能以大学生的身份为北京冬奥会作出自己的一份贡献，也在这次奥运会中更好地理解了奥林匹克精神，理解了人类命运共同体的内核和"one world one family"的美好愿景。

在第一个比赛日，奥运纪录的保持者、8次参加奥运会的运动员佩希施泰因完成了速度滑冰女子3000米的比赛，在场馆的混合区里，她见证了自己创造的、尘封了20年的奥运纪录被打破。而她毫不气馁：她既为自己参加8次冬奥会感到自豪，又用积极的心态鼓励着年轻一代的运动员创造更好的成绩。她的纯粹和坚定感染了我：享受每一次比赛，享受滑冰本身带来的快乐，即使已经不再年轻、不再具备冲击奖牌的能力。在这样的震撼下，我又一次对"sports for all"（全民运动）的内核多了一些理解，看着顶级运动员在场馆上滑行、冲刺，我也告诉自己要更加努力地工作，对这项运动负责，对这项运动的爱好者负责。

在作为媒介事件的现代体育盛会中，媒体正起着越来越重要的作用。服务好媒体，为他们工作的开展提供保障和支持也就显得尤为重要。作为媒体运行领域的专业志愿者，我们直接对接媒体，为媒体营造一个高效的工作环境，并为他们的工作提供尽可能多的帮助。服务期间，我们受到了来自各国记者、新闻官、转播商的好评：既有对工作服务的肯定，又有对志愿者精神风貌的肯定。从训练日开始到赛程结束，媒体运行领域一共服务了来自多个国家超过3000人次的记者，也受到了来自多个国家新闻官、运动队随队摄影的称赞。

在本次志愿服务中，我更直观地了解了在大型体育赛事中媒体领域是如何运行的：记者的工作流线怎样规划、媒体的工作需要哪些保障条件、媒体领域与其他工作领域又是如何对接的。相信这些经历定会成为我日后学习和未来工作中难得的财富。

同心协力，保驾冬奥

孙鼎龙，北京体育大学新闻与传播学院新闻学专业2019级本科生，国家速滑馆志愿者，志愿岗位为国家速滑馆转播服务助理。

◎ 孙鼎龙

孙鼎龙的工作日志

【1月23日】进入闭环，准备上岗

今天是我们进入闭环的第一天，而我也将于明天正式上岗，前往国家速滑馆担任一名光荣的冬奥志愿者。今天是为数不多能睡懒觉的日子——但是我并没有这么做，我和室友不约而同地决定要提前适应一下志愿者的作息。因此，我们早上7点半准时起床，我学习了一个上午的西班牙语——此前我便暗暗下定决心不要因进入闭环而耽误自己学习第二外语。本来学习一门新语言就是一个艰难而长期的过程，万一在志愿服务的时候真的能够派上用场呢！下午用过午餐，在简单的休息后，我体验了一下驻地为我们准备的跑步机，一口气跑了5公里才停下来，感觉酣畅淋漓。在这次参加志愿服务的同时，我要争取做到控制饮食，强身健体，以最好的身体状态应对接下来的繁重工作。

【1月24日】正式开始工作

今天是我们正式进入国家速滑馆上岗的第一天。此前在测试赛时期已经造访过这里的我，本以为不会有什么新鲜感了。谁知在阔别3个月之后，"冰丝带"里面发生了很大的变化，按照奥运标准布置得格外精致；场馆的新闻发布厅、混合区等区域也已经全部布置完成。今天，我们主要是在带队老师的率领下再次熟悉我们的场馆，特别是场馆内部的构造——在测试赛时已经轻车熟路的我，在今天又一次迷路了。当老师带领我们站在场馆宽敞的新闻发布厅，亲自踏上冰场中央的颁奖区域时，我有种格外奇妙的感觉——自己竟然能够亲身站在奥运选手站立的地方，站在一个注定会在未来成为历史见证的地方，这让我感到无比骄傲和自豪。下午，我陪同老师接待了来自日本的转播商，在之后很长一段时间里，接待来自世界各地的外国友人，将成为我志愿工作的常态。

【1月25日】过小年

今天我们来到场馆后，在老师的带领下来到了位于场馆外面的转播综合区，接待了一些来访的外宾，并在下午协助老师对看台进行了一些简单的布置，整体来看任务量并不大。晚上，为了庆祝小年，驻地为我们贴心地准备了饺子，让我们在闭环内感受到了熟悉的"年味"，每个人心中都感到格外温暖。虽然我们不能回到家中，但是在带队老师和其他同学的身边，我们也丝毫没有感到孤单。用过晚饭后，我们在驻地的 KTV 房简单地放松了一下。通过音乐，我们释放了平时工作的压力。在接下来的志愿服务工作中，相信我们会更加充满动力！

【1月26日】熟悉场馆

整体来看，今天的工作相对比较轻松，上午陪同外国转播商之后，我们下午有了一些休息的时间。利用这一段时间，我们重新熟悉了场馆的流线——我们得知场馆的分区将于明天下午正式生效，而各个国家的运动员也将在明天陆陆续续进入场馆进行热身及适应性训练。明确自己该在哪个区域活动，是我们在岗工作时必须要明确的。紧张归紧张，当我真正要进行服务的时候，还是要以饱满的热情来面对我们的国际友人，让他们感受到中国志愿者的良好风貌！

【1月27日】训练开始

今天，来自世界各地的运动员们正式进入了我们的国家速滑馆进行训练，到场馆转播综合区的外国转播人员也越来越多了，他们的转播设备和其他物资都源源不断运到了闭环内。今天我们的任务相对较重，主要是继续跟随老师们负责接待外宾，并满足外宾提出的需求。外国转播商对于他们的转播效果要求很高，这就意味着他们会格外重视细节，而我们也需要尽力去满足他们的要求。在这个过程中，最困难的还是交流。面对外方人员不断抛出的各种术语，我的听力和口语显得有些难以应对了。冬奥会正式开始后，我们肯定会面对更多的外宾，这让我不由得感慨万千。真的到了冬奥会这样的重大场合，才真切地意识到把英语掌握好是一件多么重要的事情！

【1月28日】接待西班牙专家

今天上午，老师并没有给我们转播岗位的志愿者布置什么任务，但是在下午，我们负责接待了来自西班牙的灯光专家，我的西班牙语虽然只会说几句，还不足以直接用西班牙语帮助他们进行翻译，但可以看出我说的那一两句已经让他们感到惊喜和意外了。看到他们在听到"乡音"后惊喜的神情，我也感到十分喜悦。我真切地希望在此次志愿服务中能展现新时代中国青年的良好风貌，成为与国际友人交流的窗口与使者。在之后的交流中，我们得知两位专家2021年3月就来到了中国，一直待到了现在。我们陪同两位专家查看了赛场及混合区灯光的情况，并根据他们的要求进行了一些调整，我们合作得非常顺利。一天的忙碌告一段落，我们坐着大巴车回到驻地，京藏高速两旁的万家灯火在我们眼前匆匆闪过。还有三天就是除夕了，突然感觉有点想家。不知道那两位远离祖国来到中国的西班牙专家，此时又有着怎样的乡愁呢？

【1月29日】参观总台转播车

今天上午，我们惊喜地发现中央广播电视总台的两台转播车进入了我们的工作区域，老师满足了我们这些志愿者的好奇心——有幸能够登上这台世界最先进的转播车一探究竟。车内远比外面看起来要宽敞得多，许多块巨大的转播屏幕一排排在车上排列着，看起来颇为壮观。我毫不怀疑这些屏幕在赛时同时亮起的时候，一定会是一幅非常壮观的景象，它们也必然能为全中国的观众带来非常好的观赛体验。今天的工作内容比较杂，感觉两位带队老师已经忙得不可开交了，但由于转播领域的特殊性、专业性较强，可以帮忙的场合并不多，我们的工作还是以一些比较细小的杂活为主，在大多数时间则是处于待命状态，但是这些"杂活"同样是冬奥转播运行不可或缺的一部分，我同样为我的工作感到骄傲。

【1月30日】年味

明天就是除夕了，在闭环内已经待了一周的我，在照例完成工作任务后，惊喜地发现每间办公室门上都贴着新鲜出炉的对联。在为这久违的年味惊喜的同时，我不由得感慨国家速滑馆里的工作人员真是写得一手好字。乘着大巴车回到驻地之后，我感受到了更多"年味"——驻地发给我们的新年物资。两只小老虎玩偶看着非常活泼可爱，过去的每个春节，我奶奶也会给我买一些小玩具，去年的那只牛还摆在我的书桌上。

【1月31日】与同学跨年

今天是大年二十九，一上午赶到工作地点后，我们便在OBS的工作区域感受到了浓浓的年味。就连外国转播商工作的板房外面，也都贴上了福字和对联。在我们服务的过程中，他们不仅会热情地跟我们说"新年快乐"，甚至还会向我们索要"福"字，真是入乡随俗啊！下午我还帮老师打印了需要给转播商查看的场馆图纸，还有幸借着粘贴"禁止通行"牌子的机会进入了场馆的竞赛区域，和在冰面上训练的运动员们仅仅隔了一道围栏。他们边训练边在聊天说笑，虽然大战在即，但看起来都十分放松，可能这也是一种放松方式吧。晚上回到驻地后，我们几个来自新传学院的同学聚在了一起，一边从电视看着春晚一边打牌，欢声笑语始终不断。在零点跨年之前，正在绞尽脑汁玩"狼人杀"的我们不约而同停止了思考，开始了倒计时。在钟声响起的那一刻，我看着身边的伙伴，发自内心地为我们能够在闭环内互相陪伴而感到幸运和幸福。

【2月2日】测试赛拉开帷幕

今天，尽管我被安排到了早班，但上午除了去了趟转播综合区、临时当了一次翻译以外，并没有什么特殊的工作。老师们为我们准备了新鲜的草莓和樱桃，让我的味蕾得到了很大的满足。下午，即将迎来冬奥正式的比赛，一场测试赛即将在"冰丝带"拉开帷幕。在正式比赛中很有可能因为工作无法现场观赛的我们，也算是在正赛开始前好好地过了一把观看冬奥比赛的瘾。在测试赛中，从场馆精心准备的体育展示流程到场边密密麻麻的长焦镜头和不停闪动的快门，一切的一切都同正式比赛别无二致。令我们志愿者感到更加兴奋的是，中国选手的表现都十分优秀，他们颇有风度地向我们挥手致意，我们则报以阵阵喝彩。这次"观赛体验"实在令人难忘！衷心祝愿中国健儿们能够在几天后的正式比赛中在"冰丝带"绽放光芒！

【2月3日】检查细节

今天虽然只上了半天班，但是任务却不轻松。在协助老师与奥运转播商进行了一些有关食品安全方面的交流后，老师带领我们来到了混合采访区。在正式比赛中，我们可能需要在这里协助引流工作。但是，目前却有一台电视机挡住了混采区的出口，它的线也横在了运动员的必经之路上，给运动员和媒体记者的通行带来了极大不便。在转播商坚持这台电视机的位置不能移动的困难局面下，我们的老师只能寻找电力部门来为电视机重新接线。这个细节看起来很小，但是老师同转播商反复沟通之后，问题才得到初步解决。作为一名在老师身边担任助理的志愿者，我深深感到在以后的工作中，一个小小的细节合理与否，也是检验工作质量的重要标准。

【2月4日】冬奥开幕！

万众期待的北京冬奥会在今天正式开幕了！我们的辅导员老师和几位志愿者同学都通过抽签得到了现场观看冬奥会的机会，让我好生羡慕。不过在驻地和身边的同学一起通过电视观看也是一次难忘的经历，我心中的民族自豪感油然而生。在中国代表团昂首阔步踏入赛场时，我听到周围宿舍都爆发出了巨大欢呼声，整栋宿舍楼仿佛都因狂热的喜悦而震颤着。听着雄壮的《五星红旗迎风飘扬》，我的民族自豪感达到了最高潮。在接下来的几天里，运动员们将在赛场上拼尽全力为祖国争光。而作为一名冬奥志愿者，我工作的热情更是在观看开幕式后熊熊燃烧。相信这次冬奥会一定是一次历史性的伟大盛会，我一定会在赛事中尽自己全力做好志愿服务，为这次赛事贡献自己的一份力量，努力让这次在家门口举办的冬奥会取得圆满成功。2022，一起向未来！

【2月5日】进入比赛日，收获满满

随着冬奥会开幕，国家速滑馆进入了紧张的赛时状态，我们的工作也较之前有了很大的差别。在比赛的第一天，我们被分配到了场馆的媒体注册办公室进行工作。面对办公室的外国主管和不断前来验证身份、询问问题的外国媒体，我和身边另一位同学一开始时感到格外紧张，好在我们两人的英语基础还算不错，在简单适应了之后，便很快能与外国人进行交流，解答他们遇到的问题了。除了协助外国记者进行注册外，我还给许多初来乍到的记者带了好几次路——许多第一次来到"冰丝带"的记者并不了解其内部的复杂构造，但对于已经上岗十来天的我们来说，带路的工作可以说是轻车熟路。当看到他们向我们竖起大拇指时，我心里感到格外满足，能够为对本届奥运会进行报道的国内外媒体提供力所能及的便利，就是我们这次志愿服务最大的意义所在。

【2月6日】克服困难，倍感充实

今天是冬奥会开幕的第二天。国家速滑馆的比赛都是在下午进行，下午在办公室工作的我们继续为各路国际媒体提供注册服务。当有些记者弄不明白预订媒体席位的规则时，我可以像OBS正式员工一样用英文进行解释了，我个人还是很满意自己在语言方面取得的进步。在比赛中，我还根据OBS外籍经理的要求，实时在工作群中更新比赛成绩，并监督外籍摄像师在自己的岗位上履行自己的摄像职责。虽然疲惫是在所难免的——我所监督的外籍摄像师需要拍摄运动员离场，因此不得不站在出口外面，但是我尽我所能克服了这些困难，顺利完成了任务。在遇到困难时，作为志愿者理应咬牙坚持，尽到自己的职责。这与我在赛前所预想的困难相比，已经轻松多了。因此，在今天登上大巴返回驻地时，我心里的疲惫感一扫而空，取而代之的是一种尽到志愿者职责的充实与满足。

【2月7日】*体力考验*

今天下午，我们不在OBS的注册办公室工作了，转而被分配到场馆混合采访区的入口进行证件的验证工作——这应该也将是我们未来几天的主要工作了。今天的比赛吸引了很多转播商和媒体，我们拦住了许多证件不合规的转播人员，在一定程度上保障了混合区内的秩序，不会像前几天那样出现记者、转播商、志愿者、安保人员和其他各种人员混杂的情况了。我们的验证工作不需要费多少脑子，但是记者源源不断地进进出出，我们也没有办法坐下来好好休息一会儿，所以对体力的考验还是相当大的，特别是由于我们人手不够，因此几乎没有休息和倒班这一说。连续站了几个小时，难免会觉得腿脚发酸、筋疲力尽。但是我们还是欣慰地发现，尽管今天混合采访区人数比之前多了不少，但里面的秩序却比之前井井有条了许多。我们的辛苦没有白费。

梦想实现的二月

强靖雯，北京体育大学新闻与传播学院新闻学专业2019级本科生，国家速滑馆志愿者，志愿岗位为媒体运行领域新闻发布厅助理。

◎ 强靖雯

强靖雯的工作日志

【1月23日】上岗第一天

今天是我来到国家速滑馆开始上岗的第一天。

早上8点半出发，每22位同学一辆车，人齐了才能出发，管理很严格。9点左右来到了国家速滑馆，一切都是熟悉的感觉，因为2021年10月测试赛时我们已经来过很多次了。

到达场馆之后，我们集中在尚未开放的媒体记者工作间休息。这次媒体运行领域的志愿者除了我们学校的同学，还有19位北京师范大学的同学。到达休息区后，各位主管老师先进行了自我介绍，接着在场的所有志愿者又依次进行了自我介绍。下午，各个领域的主管带领志愿者们建了工作群，希望大家能合作愉快。

【1月26日】小工作也很重要

因为记者已经来到场馆了，所以我们所有的志愿者集体搬到了我所在的新闻发布厅休息。发布厅所有的凳子都是我们发布厅的志愿者昨天提前摆好的。这也是我第一次进入体育场馆的新闻发布厅，很有仪式感。前面有一个台子，后面是各种赞助商的背景板，有6张供运动员和教练员参加发布会时用的桌子和椅子，因为疫情的特殊性，我们还在每张桌子上面都放了隔板。

发布厅的光线是最足的，因为这里是场馆的门面，我们很自豪可以做这项工作。午饭后，我们在混采区和转播区帮忙整理了格挡，让它们对齐，这样显得更美观。

【1月28日】随叫随到，哪里需要哪里搬

今天依然是在新闻发布厅休息，早上发车发得早，我们迎着朝霞出发，窗外的景色很美。到达驻地后，各个岗位的小伙伴们陆续上岗了。我们发布厅的志愿者因为工作内容比较特殊，所以暂时不用排班，属于"随叫随到，哪里需要哪里搬"的状态。

上午9点半左右我们被老师派去熨发布厅运动员发言台的桌布，上面有很多褶皱，我们借了一个小型熨烫机，来来回回弄了3遍依然没有起色，因为需要熨烫的部分是悬空的，很不方便。我尝试用硬纸板等工具都不行，最后我和同学想到了可以用备用的防疫隔板进行操作，试了两遍之后果然管用，最后成功熨平了，这些非常细节的小事却给我带来了很大的成就感。

【1月29日】幸运抽奖

今天我们依然在新闻发布厅休息。白天新闻发布厅的主管肖老师给我们开会，告知以后都改成轮班制。一天半天班，一天全天班，老师很为我们考虑，怕我们太辛苦，希望我们能有时间休息。

下午我们在群里进行了冬奥会开幕式现场观众的抽签，43位同学抽4位，非常惊险刺激。很可惜我没有抽到，不过抽到的同学很幸运，希望他们能够享受开幕式的精彩表演。

【1月31日】猜灯谜啦！

今天的工作和往常一样，上午到达场馆之后没什么工作，我们吃完午饭之后要去媒体记者工作间，替换还没吃午饭的小伙伴。

我的工作室就在茶水间旁边，为外国记者和本国记者进行服务，比如，告诉他们食物是免费的，有热水可以冲泡面，或者回答一些他们关于比赛的问题。

春节快要到了，下午场馆举行了猜灯谜活动，我和同伴们一起来到志愿者之家门口猜灯谜，很幸运我们三个都猜对了，领取了巧克力、泡面、薯片等零食，真的很开心！今天还领取了很多激励物资，有冰墩墩的水杯、志愿者的徽章暖贴、冬奥特定的纪念水壶等。下午还进行了速度滑冰男子1500米的测试赛，比赛开始之前，闭环内外的志愿者进行了喊话，看到运动员们在赛场上激烈地比赛，我对于正式比赛越来越期待了。

【2月5日】正式比赛，正式上岗！

今天是国家速滑馆正式比赛的第一天。

上午我们都十分紧张和激动，因为今天是正式上岗的第一天，我们都希望能够好好表现，下午在我上岗之前，就有其他小伙伴陆续到达了岗位。

我和同组的新闻发布厅志愿者各司其职，他负责在发布厅的右侧引导想要发言的记者来到公共话筒前，而我首先要在发布会前站在蓝线范围里去提醒摄影记者不要越过蓝线拍照。其次，各国的冠亚季军及教练员都是从侧面的小门进来的，我还要通过手势提醒他们是否可以上台，并且在他们上台之后为他们点开麦克风的开关。

希望明天的工作也能够顺顺利利。

【2月8日】看比赛

今天我还是排的晚班，今天的比赛有点晚，晚上6点半才开始。白天我们在驻地观看了中国滑雪运动员谷爱凌参加的自由式滑雪女子大跳台的决赛。

谷爱凌真的是一位既努力又有天赋的女孩儿，她的第一跳成绩为93.75分，位列第二。虽然第二跳有一些小失误，但在第三跳中谷爱凌惊天逆转，跳出了最高难度，最后在两轮相加之后取得了自由式滑雪女子大跳台决赛的冠军。这是中国队在本次冬奥会上取得的第三金，我真的很为这些中国女运动员骄傲。

晚上在我们场馆举行了速度滑冰男子1500米的决赛，中国队派出了运动员廉子文、王浩田和宁忠岩参加。在上半场，王浩田滑出了个人的最好成绩，下半场宁忠岩奋力拼搏，最终获得了第七名，同样也是一个不错的成绩，希望3位运动员能够在之后的比赛中表现优异。

【2月12日】非常自豪！

今天场馆举行的是速度滑冰男子500米的比赛，一共分为15组，每组有两名运动员。中国选手高亭宇排在第7组出场，比赛非常激烈。当高亭宇出场时，全场的观众都在为他欢呼，因为根据高亭宇以往比赛的成绩来看，他很有实力冲金。

500米比赛时间较短，所以从高亭宇站在冰场上开始，现场的观众就已经为他欢呼。比赛开始后，高亭宇的起步速度特别快，从起步到第一个弯道就已经与前面几组的第一名拉开了差距，我们特别激动。之后，高亭宇打破男子500米奥运纪录的成绩，暂时取得了小组第一名，但因为之后还有很多组实力强劲的运动员，所以我们不确定高亭宇是否能够守住第一的位置。在剩下的组比完之后，他们都没有能超过高亭宇，最终高亭宇获得了该项目的金牌！

当我在新闻发布厅看到高亭宇的时候，激动的心情真的没办法用语言来形容，因为他也是北京体育大学的学生。那场新闻发布会也是有史以来记者来得最多、问题提得最多的一次。作为中国人，同时也作为北体学子，我们真的感到特别自豪。

【2月17日】交换胸针

今天举行的比赛是速度滑冰项目女子1000米的金牌赛，这场比赛金牌的有力争夺者是日本选手高木美帆。高木美帆在之前参加的两场比赛中都因为自己或者队友的失误遗憾获得银牌，不知道她是否能够保持女子1000米的优势。

最后高木美帆又一次打破了该项目的奥运纪录，随后出发的几名选手都没有超过她的成绩，她终于赢得了她在冬奥会上的第一枚金牌。

因为日本选手在本场比赛中的出色表现，日本的许多记者在赛后都来到了新闻发布厅。我们也在发布厅里见到了日本电视台的记者"义墩墩"，因为我们岗位里有的同学会日语，所以我们用日语跟他进行了交流，也跟他交换了一些胸针。我们将胸针的交换看作一种文化的交流。

【2月19日】告别

今天是2月19日，是我们在"冰丝带"国家速滑馆工作的最后一天。

因为今天是在发布厅工作的最后一天，也是我们在场馆工作的最后一天，所以大家都特别不舍。比赛结束后，国家速滑馆响起了《友谊地久天长》，这也代表着北京冬奥会所有项目结束。

晚上7点，当所有人都离开之后，国家速滑馆闭环内的志愿者都来到了冰场上玩耍拍照。亲身感受我们服务了十多天的场馆和冰面，这个冰面上有无数的运动员在这里拼搏，摔倒再爬起，他们挥洒汗水，让我们感受到了竞技体育的魅力。我们媒体运行领域的小伙伴也都齐聚在发布厅进行了最后的合照。虽然志愿工作已经结束，但是大家都在此次工作中获得了很多体会，也提升了自我。我们的志愿工作结束了，但天涯何处不相逢，相信大家在日后还会有机会再见面的。

强靖雯的冬奥记忆

2019年高考报名的时候，我选择了北京体育大学，就是希望我能够来到首都，来到冬奥会的家门口，能够通过自己的力量去服务北京冬奥会，而北体大也给了我这次机会。

2020年我参加了由奥组委组织、在学校举办的考试，通过考试和简历投递，我顺利地和其他14位同学及其他来自7所高校的同学进入了2020年的北京冬奥会大学生选拔训练营。在训练营中，我们得到了来自新华社、《人民日报》的著名体育记者关于奥运会报道的经验传授，国际奥委会媒体运行部的总监也给我们讲述了关于信息服务运行的重要性，这是我第一次感受到与冬奥会的距离如此之近。虽然很遗憾，没有真正加入信息运行服务的团队，但是我顺利收到了北京奥组委给我发的邮件，成功成为国家速滑馆媒体运行领域新闻发布厅的一名志愿者，我感到非常自豪。

2021年10月，在国家速滑馆举办的速度滑冰测试赛中，我第一次以志愿者的身份来到这个场馆进行服务，当时我的职位是媒体看台席的助理，我们需要在媒体看台席为来自世界各地的中外体育记者提供服务。那几天时间过得很快，虽然我们的服务内容有限，但是更加令我对北京冬奥会的正式开赛充满了期待。

经过了许多培训之后，2022年1月22日，我们正式来到北京师范大学昌平校区。1月23日，我回到了阔别3个月的国家速滑馆，正式开启了我的志愿者工作。在未正式开赛之前，我们的任务就是帮助媒体运行领域的老师们布置场地，通过上级给出的整改意见，对媒体运行领域存在的问题进行一些修改。

正式开赛的那一天，我的心情变得无比激动，因为我知道，我的冬奥会之旅正式开始了。作为一名新闻发布厅的助理，我的任务就是对运动员进行引导，以及对到达发布厅现场的记者进行一些监督，提醒他们一些防疫的要求，比如不能进入蓝线拍照，不能在发布厅内吃东西。虽然我的工作难度不是特别大，但是我也依旧希望自己能够做好每一件小事。

当然，北京冬奥会最令我们印象深刻的一定是中国运动员的夺金时刻。很荣幸，我所在的国家速滑馆就产生了这样的一枚金牌。2月12日，高亭宇参加了速度滑冰男子500米的金牌赛。当高亭宇冲线的时候，我看到他超过了奥运纪录！那一刻，我的泪水控制不住地流了下来，因为高亭宇在上一届平昌奥运会上就未能摘冠，本次冬奥会我特别希望他能够在这里弥补自己的遗憾。虽然当时他排名第一，但是之后还有几名实力强劲的运动员没上场，所以我们都很紧张，不知道他能否守住这枚金牌，我们都屏住呼吸等待比赛最终的结果，最后，高亭宇不负众望地获得了这个项目的金牌！

高亭宇在我们发布厅开完发布会即将离场的时候，他看到了还在岗位上工作的我们，于是他举手示意，向我们表示感谢。这个时候，我深深地感受到了作为一名北体学子，这次的志愿工作对我来说是人生中特别宝贵的一次经历，因为能够参与到媒体运行领域，参与到奥运会的体育报道中，看到记者从进入场馆到播报新闻，再到把这些整理成文字和视频，都需要经历哪些程序；了解一场大型的体育赛事，它的媒体运行是如何运转的，这种体验是一生中都不可多得的。

　　另外，作为一名志愿者，我们能够服务这些媒体从业人员，为他们提供帮助，其实也坚定了我在未来能够成为一名优秀的体育记者的理想，能够来到奥运会的赛场，能够同北京体育大学冠军班的学长站到一起是我的荣幸。很感激自己在选拔考试前做的充足准备，也很感谢学校为我们提供的这样一个机会，希望日后能够有机会再次参与到大型赛事的工作中。

　　在20岁遇到一场无与伦比的体育盛会，遇到并肩作战的伙伴，并有幸加入其中，这是我认为最幸福的事情。奥林匹克的赛场让我更加坚信，竞技体育的魅力与意义是任何事情都取代不了的。我永远为体育的拼搏、团结、欢笑、泪水所感动。山水有相逢，相信在这里遇到的人总会在另一个地方相遇，我们一定都会奔向更好的未来。

冰球解说，我们已勇敢迈出第一步

朱锶源，北京体育大学新闻与传播学院播音与主持艺术专业（体育赛事解说方向）2021级硕士研究生，在2022北京冬奥会咪咕视频平台担任冰球解说员。

◎ 朱锶源

李鹜，北京体育大学新闻与传播学院播音与主持艺术专业（体育赛事解说方向）2021级硕士研究生，在2022北京冬奥会咪咕视频平台担任冰球解说员。

◎ 李 鹜

李秉昊，北京体育大学新闻与传播学院播音与主持艺术专业（体育赛事解说方向）2019级本科生，在2022北京冬奥会咪咕视频平台担任冰球解说员。

◎ 李秉昊

许小龙，北京体育大学新闻与传播学院播音与主持艺术专业（体育赛事解说方向）2019级本科生，在2022北京冬奥会咪咕视频平台担任冰球解说员。

◎ 许小龙

我们的冰球解说日记：朱锶源、李骜、李秉昊、许小龙

【2月5日　李骜述】打响冰球解说第一枪VS许小龙

本场比赛为瑞典女子冰球队对阵捷克女子冰球队的比赛，这是本次冰球解说的"揭幕战"，也是我参与冬奥解说的第一场比赛。我在赛前的准备阶段，称自己"第一次真切感受到了身为一名体育解说员所要面临的艰辛"。女子冰球的比赛，相对来说观众普及度差、资料查询难度大，再加上奥林匹克官网信息的更新存在一定的滞后性，直到比赛开始的前几天，我才勉强将相关资料准备完善。此外，技战术方面的学习也是一个漫长的过程，对于一个相对陌生的项目，想要充分理解、灵活应用，并非一朝一夕就能完成的。

虽说万事开头难，但初出茅庐的我成功完成了一次双人冰球解说，无疑是令人欣喜的。我的整体状态不错，没有出现过于紧张的表现，语言表达相对顺畅，极少出现卡壳情况。同时，赛前准备相对充分，使我能够积极表达自己的观点，没有出现大的纰漏。

然而，尽管在赛前对于A、B角色有了提前的分配，但直播时还是存在配合不够默契的情况，比如一方进球时我和小龙会互相抢话，显得较为混乱；再比如在一些时刻，我和小龙各自描述各自的内容，也会给观众带来别扭的感觉。因此接下来我们需要更细致地分工，以达成互补。

作为第一次解说的新人，我深切地感受到了描述场面并不是一件十分容易的事情，很多时刻也会陷入词穷的窘境。只有真正深入

比赛、理解比赛，并掌握解说的节奏，才能慢慢克服这一问题。不同于篮球和足球，冰球比赛的节奏极快，例如，电视画面可能只给一个球员不到两秒钟的镜头，而我们却需要根据资料快速对这名球员进行介绍，但我在比赛中经常出现"慢半拍"的情况。

毋庸置疑，认真复盘每一天的工作能让我们做到心中有数，操之有度，行之有方，期待我与小龙8日的表现！

【2月8日　李骜述】牵挂中国女冰也要张弛有度，收放自如

今天这场比赛是瑞典VS丹麦，同为女子冰球的比赛，这也是女子冰球的收官之战，影响着中国女冰的出线形势，甚至会影响整个决赛阶段的对阵情况。这场比赛具备了更多的新闻性。我将赛事解说的侧重点，逐渐向着出线形势、各队战斗力对比之上倾斜，并将开赛以来的相关新闻都有所涉猎，力争以动态的视角来解说评述。

值得一提的是，本场比赛由于事关中国女冰能否从小组中出线，我作为一名解说员也有着难以规避的倾向性。我和小龙在节间休息时都意识到，牵挂中国女冰固然是好事，但也要张弛有度、收放自如、保有底线，不要过分跳出这场比赛本身。最终，我们控制得还算不错。

美中不足的是，在这场比赛中，由于受到上一场比赛的影响，我的发言反而没有上一场比赛活跃，有所保守。究其原因，一是担心抢话的情况再次出现，二是担心谈论到敏感话题。本来是想有一个更好的配合效果，但反而有些束缚了自身。下场男子冰球的比赛，我必须吸取教训，放开手脚。

【2月10日　李骜述】初出茅庐——双人解说初体验VS李秉昊

今天这场比赛是男子冰球C组小组赛的第一场，瑞典队对阵拉

脱维亚队，也是我在本次北京冬奥会上解说的第一场比赛。这场比赛瑞典队有惊无险，以3：2战胜了拉脱维亚队，在0：2落后的情况下，拉脱维亚凭借两名年轻小将连扳两球，也体现了这支队伍的韧性。

如果让我用一个词来概括这场解说实践，那便是"第一次"，这是我第一次在正式直播中体验双人搭档解说，也是我第一次解说冰球项目。在此前的解说训练中，我曾和足球学院的同学尝试搭档解说了一场英格兰足总杯的比赛。但由于搭档是第一次进行解说，我也缺少双人搭档解说比赛的经验，整体下来感觉效果不尽如人意，在解说过程中出现了抢话、长时间留白的情况。因此，为了避免在此次北京冬奥会上发生类似情况，也为了达到更好的解说效果，带动更多人喜爱冰雪运动，我和搭档秉昊在赛前一周进行了一次模拟直播，一起尝试了一下两人的搭档解说，并且交换扮演了A角和B角。作为A角要更多照顾到比赛的场面，尽可能地描述好球场上出现的情况与突发事件；而担任B角时，则需要实时对比赛走势进行分析、评论，解说的内容更多涉及技战术等。最终，我们确定了彼此的分工，在比赛中我更多承担战术、场面的分析，在面对一些关键镜头时，要做更多的原因分析，如进球是如何产生的等。所以在准备资料的时候挑选了两支队伍中一些比较有特点的球员，也是近期状态比较不错、颇有可能在正式比赛中有亮眼表现的球员。在解说的同时，穿插着介绍他们。

然而，在正式解说的过程中，我们还是遇到了一些突发情况，如对冰球比赛的整体节奏的把控，冰球与我们常看的足球不一样，它的节奏更快，场上局势变化也更多。在第一节比赛的解说中，我们就能感受自己的解说节奏稍落后于比赛场面，这样给人的感觉就不够从容，对比赛走势的分析也较少。但在第二节、第三节比赛后，我们就已经逐渐习惯了这种快节奏，在解说的时候，就可以很好地把控"描述场面"、"分析局势"与"补充内容"之间的结合。

【2月11日　李骜述】披荆斩棘——另辟蹊径尝试以情动人

今天解说的赛事依旧是男子冰球C组小组赛，对阵双方是瑞典和斯洛伐克。瑞典是本组"纸面实力"最强的队伍，但他们昨天的表现并不是很能说服观众。

在准备过程中，资料的获取与收集十分关键，除了掌握基本信息，如运动员和教练员的身高、体重、年龄、履历等，还需挖掘背后的故事与往事，而这"背后的故事"往往是最打动观众的，也能给观众留下更深的印象。比如，在准备瑞典男子冰球队的资料时，我注意到本次瑞典男子冰球队征召的球员普遍更偏防守一些，于是通过查阅国外社交媒体、体育媒体等发布的相关资料，发现其主教练约翰·加尔彭勒夫的执教风格确实偏向防守，其在选择球员时确实引起了不小的争议，不少评论员、球迷都曾对此表示质疑。

在解说过程中，瑞典的比赛情况果然如外界担心的一样，他们在进攻端的表现不够好。在第一节中，瑞典不但没有表现出该有的"统治力"，在场面上反而出现了一直防守的被动局势。基于赛前的准备，我就介绍了主教练偏向防守的执教风格，这样更有助于观众了解冰球比赛，并且认为现在的场面被动是主教练加尔彭勒夫有意为之，相信瑞典队在剩下的时间里会展开反击。最终，瑞典队也成功通过第一节有效的防守消耗了对手，在第二节、第三节开始了反击，最终以4∶1赢下了比赛。

赛后，我与秉昊也进行了交流和复盘，相信我们下一场的配合会更加默契。

【2月13日】首战告捷——勇敢迈出解说第一步

朱锶源述： 今天是我在冬奥会解说的最后一场比赛，同样是男子冰球C组，斯洛伐克对拉脱维亚。经过前几天的工作体验，我对瑞典队、斯洛伐克队及拉脱维亚队的一些特点已经比较熟悉。由于这场比赛是小组赛的最后一轮，事关各支队伍的出线情况，因此在赛前我和搭档进行了简单的"预测"。

这场比赛的一大看点就是斯洛伐克队众多年轻的球员，其中U23（年龄小于等于23岁）球员有5名，还有2名17岁的球员，他们都是初次参加成年组的冰球赛事。冰球青年组的赛事和成年组的赛事在对球员的保护和规则上有较大的区别，其护具、允许的身体对抗和比赛激烈程度都相差甚大。但斯洛伐克队本次征召的17岁年轻球员尤拉伊依然扛起了球队的进攻大旗。在此前的两场比赛中，尤拉伊一人打入3球。因此，在准备斯洛伐克队的比赛时，年轻球员尤其是尤拉伊是比赛的一大看点，那么对于我们解说工作而言，尤拉伊的资料就是重中之重。除了一些直观、有说服力的数据以外，尤拉伊的生平和场下的为人也成了我们准备资料的一部分。

冰球在国内并不算是热门的体育运动，这次的主场冬奥会是一个推广这项运动的绝佳机会。在解说的过程中，我和秉昊除了解说比赛外，也会主动介绍一些相关的内容，以便吸引观众，提高观众对冰球的认知度。除了常规冰球规则、国内外的职业联赛、国际大赛的介绍以外，还会介绍参赛队伍的历史，如本场比赛就谈了一些拉脱维亚当地的"冰球文化"。此外，还有一些球员个人方面的，就如上文提到的小将尤拉伊，他在赛前接受媒体采访的时候就表现得相当自信，甚至可以用"霸气"来形容，这样的个性和冰球这项运动所推崇的文化是相符合的，因为冰球比赛充满着身体对抗，如果不自信，就很难在场上有所作为。通过介绍球员场下的为人，将冰球的特点与之结合起来，也能提高观众对冰球的认知度。

至此，我在咪咕的冬奥解说工作算是落下帷幕，虽然我的表现有不尽如人意的地方，但我依旧想给自己、想给我们北体解说团队点个赞。因为作为一名解说新人，我能够在冬奥解说舞台上展示自我，积累经验，于我而言，这是光荣的，也是幸福的。人永远对自己的第一次不满足，于是才有了接下来的无数次精彩。此时此刻，我可以无比自豪地说，我已勇敢迈出了自己解说生涯的"第一步"，前路还长，就让我们扬帆起航，"一起向未来"！

李骜述：我的冬奥解说之旅告一段落了。尽管只有短短的3场冰球比赛，但这3场比赛却是我参与体育解说的开山之作，具有里程碑般的意义。回忆这个月内发生的一幕幕，那些鲜明而动态的情绪依然令人难忘：

忘不了第一次赛前解说准备资料时的焦虑；

忘不了在描述场面时出现词语贫乏的窘迫；

忘不了解说过程中和搭档频繁抢话的尴尬；

也忘不了在解说其他国家比赛时，对于中国冰球队的出线形势的牵肠挂肚。

平心而论，失败是成功之母，正是那些让你深刻反省的错误，才可以激励着你不断进步。正如我能明显地感受到自己每场比赛都能比前一场解说得更好，每场比赛都能以一个更加轻松和自信的心态去面对。即使说不上游刃有余，也称得上渐入佳境。解说的本质其实也可以理解为一种"用心去服务观众"的行为，无论是赛前拼命准备资料，抑或赛事直播时的滔滔不绝，我们都用心地想要呈现出最好的效果，那么结果一定是富有意义的。纵使经验不足，但那份对于体育解说的热爱驱动着我将每一场比赛解说到最好。

看似陌生而冰冷的冰雪赛事，却让我见证了冬奥精神，将那份对于体育的热爱之火燃得更旺。和冬奥会上很多项目一样，冰球运动对于很多体育观众而言显得冷僻和未知，而我们国家冰球队的实力与诸多强队相比，的确存在着一定的差距。尤其是男子冰球队，或许三连败的命运在一开始就在所难免，但我们依然打出了精彩的攻防表现，甚至在与德国队比赛中仅仅惜败一分。这是中国男子冰球队首次参加冬奥会，其实很多的冰雪小项亦是如此，我们真正想看到、应该看到的都不是直截了当的胜利与奖牌，而是习近平总书记所提出的"胸怀大局、自信开放、迎难而上、追求卓越、共创未来"的北京冬奥精神。

北京冬奥会结束了，但我的体育解说之路还没有结束。我们有机会成为"传声筒"，成为我国体育传媒事业的一颗新星，在一个即将到来的美好时代，大声地讲出"我们的故事"。长风破浪会有时，纵使困顿难行，亦当砥砺奋进！

李秉昊述： 2022北京冬奥会的冰球解说虽然已经告一段落，但是每一幕都令人记忆犹新，能够承担并完成这项任务无疑是十分幸运和光荣的，在这期间我们也在克服困难的道路上披荆斩棘，从未停下过前进的脚步。填补知识的空缺、提高解说内容的质量及解说员和评论员之间的配合与磨合都是需要在尝试与实践中不断探索和改进的，正如北京冬奥精神中所提到的"迎难而上、追求卓越"。在每一次的解说后，进行细致的复盘和总结，对于下一场比赛及未来解说生涯中的比赛都是十分重要的经验积累，也是不断更正错误、提升专业水平和个人能力的不二法门。北京冬奥会的解说经历使我积累了丰富的大赛经验，在比赛解说之外，我也体会到了体育精神，以及运动健儿们坚韧不拔的拼搏精神和顽强的意志，这无疑是令人心驰神往的。精彩激烈的高水平对抗，顽强拼搏的体育精神，面向世界的国际顶级赛事舞台，都让这次解说经历无比完美，令我久久不能忘怀。

许小龙述："各位观众，今天冬奥会女子冰球小组赛捷克对阵瑞典的比赛就为您转播到这里，感谢您的收看！看冬奥，上咪咕！我们下次见！"2022年2月5日晚，我在咪咕视频完成了冬奥会冰球的第一场解说。在整整半年的项目准备和模拟练习后，我的冬奥出征首秀以合格的成绩完成了！这一刻真的有一点实现梦想的感觉。赛后我也和李骜师哥两人总结了许多，为了8日的下一场解说做准备。当然，在留京的这些天里，我们北体解说团队还去中央人民广播电台中国之声频道参加了冬奥夜话特别节目，一边说着有意思的体育故事一边和观众互动的新媒体直播太有趣了。2月15日，我还和李秉昊一起去了国家体育馆看男子冰球的比赛，零距离接触冬奥赛场。回首这20天的冬奥之旅，我度过了人生中最有意义的一个冬天。虽然没有回家过年，但是能够体验一次国际冬季运动最高赛事近距离的他乡之旅，对于我这种超级体育迷来说，无疑是难忘而幸福的！

和冬奥一起向未来

殷雪怡，北京体育大学新闻与传播学院播音与主持艺术专业（体育赛事解说方向）2021级硕士研究生，2022北京冬奥会期间在中央人民广播电视总台中国之声担任节目主持人及赛事解说员、咪咕视频平台体育解说员。

◎ 殷雪怡

殷雪怡的工作日志

【2月4日】冬奥直播初体验

今天是北京冬奥会开幕式，也是节目的第一天。作为北体解说团队首位参与中国之声解说的同学，一切都需要和搭档曹智一起摸索，既兴奋又有一些紧张。我们到达台里之后，和老师一起观看了冬奥会开幕式。在开幕式前有一些"剧透"，我提前准备了相关资料，在开始时也在一边看一边补充。台里的老师对我们十分关心和照顾，让我们能抛开在国家级媒体平台直播的严肃感，以轻松的状态投入到节目中。除此之外，我还有几点感受，比如要准确理解节目调性。晚上10点半至12点的节目是娱乐性较强的节目，而作为嘉宾要具备的是个人的专业素质，在直播状态上要更加放松自如、灵活应变。提前做好文字准备也很重要，每一档节目都由4个版块构成，分别是记者连线、比赛回顾、游戏竞猜、听众互动。虽然是娱乐性较强的节目，但也要以文字稿件为依据，切记在节目中要做到灵活应变，一档直播类节目在策划时会设计各个版块，广播节目对于时间的把控要非常精准，每一段广告、片头片尾等都要准确，因此在其他版块中就要灵活把握时间，适时调整节目顺序。

【2月5日】登上中国之声主播台

相较于昨天的娱乐节目，今天这档节目新闻性更强，同时也是我第一次参与直播类的广播新闻节目。能够在中国之声的主播台上进行播音，是很多播音学子的梦想。就在这样一种既紧张又兴奋的心情中我完成了第一次的新闻直播。在这个过程中我也暴露了很多不足，但归根结底都是收获。

备稿是播音创作基础理论的重要组成部分，是每一次具体的播音创作活动的开始，是播好稿件的第一步。只有深入理解稿件，真实地反映客观实际，准确、鲜明、生动地传达稿件内容，才能实现宣传目的。备稿分为广义备稿和狭义备稿，对于体育主持人或者解说员来说，要时常进行广义备稿，在《一起向未来·决胜时刻》的节目中经常会进行即时转播，因此要对冬奥会各个体育项目都有所了解和涉猎，唯有这样才能确保在节目中传输准确的信息。

我深感基本功是基础，"基础不牢，地动山摇"。在今天的节目中除了对短道速滑混合团体的比赛进行了实时的转播，还插入了明日重点赛事的预告，需要有一定的新闻播报的能力，因此直接考查的是基本功，当然在直播前也应当提前熟悉节目稿件。在节目过程中我被临时安排播了一段内容，出现了说错国外人名的错误，以后应当避免此类问题，提高自己的识读能力。

可能我是因为初次尝试直播类的新闻节目，因此状态比较紧张，在节目结束后的总结中，梁悦老师和方亮老师提到，我们是作为北体大学生参与节目，状态可以更加松弛，为比赛提供学生视角，不要给自己上"枷锁"。我本科的专业是播音与主持，因此在节目进行的过程中总会要求自己"像"专业的主持人，赶上央广老师的水平进行播报。但在实际直播的过程中发现，经验的鸿沟是客观存在的，索性不要让自己背上负担，在思想上要"轻装上阵"，认清楚客观存在的差距和不足，才能在自己的能力范围内做出一档优秀的节目。

◎ 北京冬奥会北体解说团队海报

【2月8日】如何准备小众项目

在得知要解说自由式滑雪大跳台项目之前，我对于这个项目并没有很深的了解，只知道这是双板滑雪的项目之一。通过对资料的搜集整理、观看大量的动作分析、在国际滑联官网上查询运动员相关资料，我才对这个项目有了深入的了解。有了这次经验，不仅是解说自由式滑雪大跳台，在今后面对其他项目时，也让我有了经验和信心解说好比赛。

此外，我们日常接受的学习和训练都是基于视频画面的解说，在广播中进行解说是一次全新的挑战和尝试。首先，在广播中应当时刻注意画面中的各个元素，用语言表达出来，例如在比赛过程中，运动员起跳后和背后首钢工业园遗留下的冷却塔交相呼应，应当用语言描述出来。其次，自由式滑雪是一项小众的项目，其中很多动作如果只说专业名词很难让受众明白是什么样的，因此需要再用语言描述动作，这一点是需要加强的。另外，要注意自己语言的简洁性和词汇的多样性，减少口水话的连接，要使用更加精练的语言进行解说，在平时也要加强好词、好句的积累。

【2月10日】驾马十驾，功在不舍

今天是第二次尝试做新闻节目，相较于首次，在节目中没有实时转播的比赛，主要以新闻和连线记者为主，同时也在节目中第一次尝试操作控制台。虽然环境已经渐渐熟悉，但在业务上还是会暴露出一些老问题，比如普通话语音的问题。在节目开始之前，梁悦老师提到节目中有些字音要规范，如"混合团体比赛"中的混字读作四声等，这些经常会被大家忽略。再比如节目状态依旧不够放松，我只要拿到稿件开始播报新闻，就会不自觉地紧张，郝迪老师说我完全可以在这档节目中寻找更加轻松的播报方式。我认为改变的方式主要有两种，一是在播报中注意提颧肌，二是要找到对象感，仿佛在跟朋友讲事情，而不是"读稿"。

在上节目之前，我也和老师聊到一个优秀的主持人和解说员需要有充足的工作时间来积累。鲁迅曾说："无论什么事，如果不断收集材料，积之十年，总可成一学者。"因此在成为一名优秀的体育解说员、主持人的道路中更需要时间的沉淀，驽马十驾，功在不舍。

【2月13日】实践是检验真理的唯一标准

"世界期待中国，中国做好了准备。"这是北京冬奥会开幕式的一句解说词，转眼间，北京冬奥会的赛程已经过半，我看到了中国选手谷爱凌在自由式滑雪大跳台比赛中勇夺金牌的挑战，也看到了在雪橇等项目上中国军团实现了"从0到1"的突破，面对国外运动员，我们丝毫不吝啬自己的掌声。相较于2008年北京夏季奥运会，在2022年北京冬奥会中，我们看到了一个更自信、更开放、更包容的中国。今天在《一起向未来·决胜时刻》，即体育新闻节目的转播节目中，郝迪老师给予了我很多指导，比如在播报体育新闻节目时，相对于时政新闻，状态应该更加放松。

"有稿播音锦上添花，无稿播音出口成章"，这是播音教学中对人才培养的一贯要求，无稿播音，即基本没有文字稿件依据的播音，或叫即兴播音，包括独白性口语和对话性口语，它是一种话筒前的口语活动，是主持人语言的一种不可或缺的重要表达形式。在《一起向未来·决胜时刻》节目中既有有稿播音的新闻播读部分，也有对于比赛的无稿播音部分，要求我在进行实践时必须有组织内部语言、组合语言和表情达意及调节、整理语言的能力。

此外，运动员是体育传播中的基本单位，是讲好中国故事的重要载体，也是展现中国体育精神、运动员风貌的重要窗口。很多国外运动员也在社交媒体上积极分享自己在冬奥中的见闻，如美国冬奥代表团雪橇女将萨默·布里彻，分享了自己入住北京奥运村的体验。她表示："北京冬奥村的床舒适得令人难以置信。"这条视频的点击量突破了8000万。又如，英国运动员拍摄自己在北京冬奥村生活Vlog，用最真实的视角展示住宿、通勤、饮食等内容。

【2月15日】传递体育价值，学习体育精神

语言是传递信息和交流思想感情的工具，存在于人际交流中的有声语言，情感、语气和气息是一个系统中的几个方面。情感，指的是在播音过程中，播音员服务于播讲目的，由具体稿件或话题引发，并由有声语言表达出来，始终运动着的情感。在解说中情绪是第一位的，例如在比赛中选手夺冠、受伤等情况，解说中都要表达适当的感情。对于国外运动员要保持客观的情绪，不要过分宣扬。另外，要不断加强自身修养，锻炼和培养自己的政治、艺术素养，使自己具备多元的文化内涵。调动起来的感情也要服从于稿件或话题的界定，服务于播讲目的。在发声时，要充分表达各类不同稿件所确定的不同层次、不同色彩的情感，能清晰明确地传递比赛的信息，形成自己独特的解说风格。在这个过程中要遵守"情要取其高，声要取其中，气要取其深"的原则。

今天我解说了谷爱凌的第二个项目——自由式滑雪坡面障碍技巧比赛。经历了比赛因为天气情况延期后，最终，谷爱凌凭借第三轮的出色发挥，拿到86.23分，以0.33分的微弱差距获得该项目银

牌。相较于U型池和大跳台，这个项目不算是谷爱凌的优势项目，因此我所做的不应该聚焦"预测"谷爱凌在项目中的成绩，而是更应该关注她的突破和尝试。

在强手如林的冬奥会赛场上，她还是顶住了压力，最终收获了个人第二枚奖牌。在冬奥比赛中，谷爱凌无疑收获了很多的关注和期待。我们应该多学习谷爱凌在面对逆境和压力之下的大心脏，在极限运动中展现出的敢于表现自我的勇气。

【2月16日】破除"唯金牌论"，传递体育自信

今天我有幸在解说席上见证、参与解说了中国队老将齐广璞夺得中国在本届冬奥会上的第七金。作为一名冬奥会"四朝元老"，齐广璞在本次比赛中首次拿出5.0的高难度动作，并以出色的发挥获得129分，最终夺得金牌！这是继2006年都灵冬奥会韩晓鹏摘得首金后，中国空中技巧男队再次夺得该项目金牌。

中国队在这个项目中有着传统优势，在团体比赛中齐广璞未能力挽狂澜，在集体项目中留下的遗憾，也让空中技巧团队得以积蓄力量在个人项目上酝酿爆发。但我在比赛转播中注意到，同样作为老将的贾宗洋，虽然遗憾未能拿下奖牌，但当他看到队友齐广璞夺冠后同样表现出激动和兴奋的样子，并不停鼓掌向齐广璞表示祝贺。我在节目中说："中国空中技巧团队是个大家庭，尽管贾宗洋未能圆梦，但中国队拿下这枚来之不易的奖牌，他也同样激动。他的努力和坚持也让大家为之动容，同样应该被铭记。"虽然在竞技体育中，每一位运动员都在追逐金牌，但作为解说员，我们更应该破除"唯金牌论"的观念，向大众传播"不怕困难，坚持不懈"的体育精神。

世界体育文化发展中，体育领域成为弥合世界分歧、加强各国

人民友好交流和促进世界文化繁荣的重要阵地。胡塞尔的现象学哲学曾提到过"主体间性"的概念，指的是在自我和经验意识之间的本质结构中，自我同他人是联系在一起的，因此为我的世界不仅是为我个人的，也是为他人的，是我与他人共同构成的。在北京冬奥会的赛场上，我们看到了谷爱凌在夺冠之后为对手送上拥抱，花滑选手之间相互祝贺等。正如赛后谷爱凌在接受采访时所说："我参加奥运会，从来不是为了打败其他运动员，而是打破界限。"的确，北京冬奥会为各国运动员打造了和谐的环境。相较于比赛的"竞争性"，本届冬奥会更像是全世界的聚会。我们不再崇尚金牌至上的旧思想，而更加重视人类共同情感的传递。通过这场盛大的体育聚会，讲好自信、开放、包容的中国故事，才是弥合分歧、让我们一起向未来的姿态。

解说新"兴"成长记

靳家兴，北京体育大学新闻与传播学院播音与主持艺术专业（体育赛事解说方向）2021级硕士研究生，承担咪咕视频平台冰壶项目的解说工作，其中共解说13场比赛，包括3场中国队A级赛事。

◎ 靳家兴

靳家兴的工作日志

距离北京冬奥会结束已经半年。时间在这半年里走得很快，快到还来不及线下开学，年底的世界杯又急促地出现在眼前了。张艺谋导演说："你一生可以拍很多电影，但只有一届奥运。"这句话同样适用于体育解说员：世界杯可以说到老，但本土奥运，一生可能只有一次。

当我开始回想不到20天的北京冬奥会时，一幕幕像电影镜头般从我脑海里断续闪过。其中的场景有：北京电视台的光鲜大楼、熙熙攘攘的咪咕工作室、酒店里每天几乎一样的早餐，以及清晨排队换出入证的门卫亭。这些场景是立体的，它们共同构建出我解说生涯的开端。我想把指针调到2月2日，从头开始播放这部充满个人风格的影片。故事是我的，但这段经历同样属于每一个服务冬奥的北体人。

【2021年11月—2022年1月】未雨绸缪

对于北京冬奥会这次本土"战役"，学院的布局是具有前瞻性的。自11月以来，解说系的课程就已经基本被冬奥项目填满，包括冰球、冰壶、短道速滑等领域的运动员与解说前辈都在学院的邀请名单内。除此之外，同学们为了更贴切地讲述冬季项目，纷纷来到了学校的"大白"馆，亲身体验、感受冬季项目。当我发现拼尽全力仍无法驾驭冰壶的那一刻，我才清楚解说员相比运动员，还是轻松的。拥有最好的资源，我们要更拼、更冒险，才能对得起他们场上的付出。

所谓"未雨绸缪"，涉及奥运会级别的赛事，学院不仅要为更多的同窗争取到亲身参与的机会，更要在"多多益善"的基础上筛选出能力更强的"排头兵"代表北京体育大学出战。出于人才筛选的需要，学院安排了统一的笔试，内容包括综合的人文知识与体育专项知识，但到了考场打开试卷大家才发现，老师们编排的题目五花八门，确实让我们这些刚刚入门的"小白"解说捏了把汗。只有冬奥开始后，同学们才能明白老师们的良苦用心——综观杨健、杨毅、苏群、徐静雨等知名解说，无一不具有全方位、多层次的知识储备。只有多方涉猎，才能为观众带来更好的视听感受。

除了文字考试，学院还注重考查和培养同学们的出镜解说能力。利用当今最火爆的抖音短视频平台，我们每天要为自己寻找一个有关冬奥的主题，并进行出镜评述。作为一个北方男孩，我充分利用了自己语速较快的特点，深入研究了不少短道速滑的录像与视频，在冬奥期间创作出了20多条视频，涨粉1.8万，也为之后的解说工作积攒了丰富的语料素材。

【2月2日】兵临城下

今天是大年初二，北体大战队已经兵临城下。在全国人民都沉浸在新年氛围中时，晚上8点整，位于北京战区的冰壶赛道率先开打。我的战友曹智/段怡君组合、殷雪怡/刘颖健组合作为此次任务的"突击队"，打响了万众瞩目的第一枪。

"观众朋友们大家好，看冬奥，上咪咕。这里是国家游泳中心，今天为您带来的是冰壶混双循环赛第一轮……"我作为从未接触过播音与解说的"跨赛道"队员，看着这些本科播音专业的同窗的表演，仪式感油然而生。其实早在两个月前，我通过学院的解说选拔，到二七厂国家冰壶集训基地解说过3场奥运选拔赛，也算有过冰壶正式比赛的解说经验。但当冬奥会真正到来时，我才感觉到最高规格赛事带来的沉重压迫感。

混双冰壶比赛的时间不长，两个小时内，北体大战队"突击队"圆满完成了任务，大家都在群里为4位先锋鼓掌，他们也受到了学院领导的表扬，关键词是"沉稳""顺利"。由于赛前准备充分，我很自信第二天自己能奉献出更好的表现，但我还是高估了一名解说新兵面对残酷战场的心理素质。

【2月3日】当头一棒

今年是我第一次在北京过春节。由于新冠肺炎疫情，很多上班族都没能返乡过年，所以我每天早晨去往北京台咪咕总部的途中能看见形形色色的人。不知道从什么时候开始，"解说员"这个身份，让我有了在人群里挺直腰板的底气。

3日早晨，我迎来了这次冬奥解说的首秀。由于疫情，这次学院大规模精简了线下解说团队，最后只剩我和余同学两个人代表北体大包揽咪咕的20余场解说。所以对我本人来说，有着足够的调整空间，只需要轻装上阵，做好自己赛前准备的内容即可。我提前半小时来到插播间与工作台对接，并为自己录了一个加油打气的小视频，一切正常。

没想到，时间到了，我慌了。

直播真正进入倒计时，望着全新的赛事短片，听着导播不断倒数的声音，我的心跳到了嗓子眼。这是我一直以来的问题，从小学运动会听枪起跑一直到现在，我总会在关键时刻给自己树立一个

"假想敌"，他会把我吓得屁滚尿流，我与他的对决胜绩到现在为止仍是零。这1个多小时的时间里，我只记得平时脱口而出的语料全部作废，只剩下赤裸的场面描述。我得承认，我确实不是大赛型选手，足球比赛点球不进是我，篮球比赛关键绝杀手抖也是我。

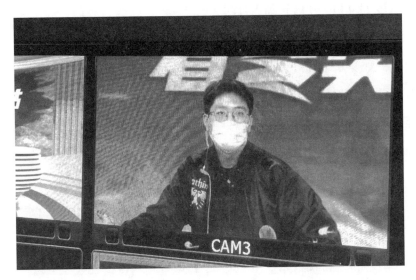

◎ 演播室的工作照

比赛结束后，我走在北京台18楼空荡的楼道里，刚巧遇见了另一位北体大解说小余。我问："你怎么样？"他说："我觉得我的解说挺好，没瑕疵。"知道他在王婆卖瓜，我一个人默默地往回走。

有解说经验的人就是不一样。

回到咪咕工作室，我坐在工位上，回想今天的整个过程，并用电脑写下了总结：太依赖语料，准备字数太多；过于紧张，心态不稳；语速太快。但只有我自己清楚，如果真要总结的话，学院让我用300字其实可以概括成一个字：尿。我尿了，奥运会的第一场我终究没有放开自己。这场比赛之后，我老师在群里评价道："说得很好，语音基本功还要锤炼！"

有些时候，第一场的支离破碎也不是什么坏事，何况我没什么大的失误，只是有些紧张而已。我望着窗外北京的车水马龙，有点孤单。

【2月4日—9日】渐入佳境

4日下午的第二场，现在想起来还是模糊的。其实记忆本该如此，如果一件事让你记忆特别深刻，那一定是表现得太好，或者太差。我只记得小余很早就去解说了，我在宾馆多睡了一会儿。翻开冬奥会时候写的300字总结，依稀能让我想起比赛中的一些细节：

> 整体状态好过昨天，整个人更放松，也适应了北京台的插播间。但在解说的过程中还是问题频出。最大的问题，是解读场外信息时间太长，导致错过主要画面，传击说成了旋进。以后一定以比赛本身为主，如果场上不确定对手做出了怎样的战术，不说就好。
>
> 其次，哪支队伍投球搞错了一次，还因为担心中国和加拿大的比分，把意大利总是说成加拿大，下一场说话前要过一遍脑子，防止"无脑输出"。
>
> 其他的小错误，主要是说话太快，磕磕绊绊多。在明天的比赛中，一定克服上述缺点，争取把失误率降到最低。这是冬奥会，不是让我拿来练手的小比赛，一定要保证万无一失！

看完这篇总结，我突然想起后期看到的一篇网友微博，"咪咕的解说问题频出，甚至把意大利说成了加拿大！"

接下来的5日和6日，我说了3场比赛，整体状态也调整到了最好。除了比赛本身，我也在不断学习，将更多新鲜的话题加入语料库中，这在当时的总结中有明确的记录：

2月5日。今天一共说了两场比赛，下午第一场时状态最好，除了偶尔留白较多，需要更丰富的信息去填补，无其他口误或者失误。而在晚上的场次脑子有些空白，也出现了很多需要改进的地方。

今天短道速滑是曲春雨在决赛中出场，实时播报的时候没有提前去查信息，导致最后说成了张雨婷。其实没有实质性错误，因为张雨婷也作为替补在队中，但直接说张雨婷还是会引发误会。

2月6日。我完成了个人冰壶混双比赛的全部解说，昨天两场到今天最后一场的整体状态趋于稳定。

冬奥会已经全面开始，解说时要适当拓展信息，比如将"中国首金"这种话题和"王濛解说破圈"适当添加进解说中，丰富话题的多样性，增强与受众的互动。但注意要坚守政治性和专业性，把这两个因素放在第一位。

站在半年后的节点回看当时，混双冰壶比赛几乎包含了一切戏剧因素：开门红但未能出线的中国、换了搭档但发挥不佳的加拿大……相比4人冰壶的环环相扣，混双冰壶更具有观赏性，打出的比分也更大，它给了我对于体育比赛程序最深刻的理解。

【2月10日—17日】意外之喜

"Look, if you had, one shot or one opportunity, to seize everything you ever wanted in one moment, would you capture it, or just let it slip?"

这是埃米纳姆在 *Lose Yourself*（《迷失自我》）中的开头歌词，我从未体会过它的含义。原来以为这句话的意思是我从没有试过拼尽全力地争取一些事情，但10号那天我才发现自己理解错了。解说完第一场团队冰壶赛事，我回到咪咕工作室，我的工作导师白玫和一位师哥叫住我，跟我说："我们给你加了3场中国队赛事，你愿意吗？"那一刻，我看着解说排班表上"巴德鑫"、"许金莉"和"于鑫娜"3个人的名字，脸开始发热。

原来，这句歌词的意思是，"倘若某个时刻，你有一次机会把握你梦寐以求的东西。你是抓住它还是让它溜走呢？"，我跟师哥说，"我愿意"，就像婚礼上新娘与新郎说出誓言那样坚决。

11日，我在北京台插播间见到了巴德鑫老师——2016年冰壶混双世锦赛亚军，原国家男子冰壶队成员。翻开那天的笔记，回忆那天的心情，就像著名网络直播员李老八的经典名句："有一股丰收的喜悦。"

今天很荣幸能和巴德鑫巴指导在插播间解说，我尊重专业，对体育项目本身充满敬畏感，所以我总觉得巴德鑫巴指导作为曾经的世界亚军，窝在插播间解说不太合适。巴老师很平易近人，跟我说："咱俩聊天就好。"而我的错误，也犯在了"聊天就好"。

经过咨询受众，我的一些长句子需要变成短句，因为说的时候总是一卡一卡的，影响网友体验；另外，我把自己还是太置身于B角了。其实我的角色是A角，虽然在当今，体育解说我个人认为不用太分A、B角是趋势，要不然A角会一直问来问去，但是我自己还是要把本职工作做好的，就是多介绍一些选手个人信息和背景信息。

解说完这场比赛回到咪咕工作室，小余已经在工位旁等着我。因为巴德鑫指导的出席，他观看了我的解说直播，所以我咨询的观众也是他。那天我们俩对"A、B角是否应该做出明确区分"有很大分歧，最后的结果是各退一步。即使到现在，我还是坚持我的想法：A、B角的区分不应太过明显，不应该把体育解说员变成播音员，因为解说员逢题必问、只介绍非战术信息的样子像个十足的"局外人"。

【2月18日】最后一舞

最后两场比赛解说是英国男队VS加拿大男队、英国女队VS俄罗斯奥委会代表队女队。

上午和下午的解说里，我用最松弛的状态延伸了我的解说内容，包括我对冬奥的理解、奖牌榜的分析，甚至聊到了谷爱凌，她是我见过最自信的女孩儿。我说，希望国家以后能在本土培养出这样自信的运动员。一切结束后，我把咪咕的导师请到了走廊上，并和她说了一声"谢谢"。这些天我没什么太琐碎的压力，一心扑到解说上，也说到了其他解说员无法触碰到的中国队。这些幸运是学院、导师和领导给予我的。

◎ 咪咕公司给我颁发的"优秀实习生"证书

　　咪咕在两天后有一个庆功会,但我太想家了,第二天一早就提着箱子,踏上了回家的列车。刚来的时候,我对这趟旅程充满好奇,是一个"新兵蛋子";走的时候,我对体育解说这个职业多了一份敬畏,也对学校和学院多了一份感激。

　　你一生可以解说很多场比赛,但只有一次本土奥运会。

　　北体大战队队员、2021级解说系新兵小靳,圆满完成任务!

妙语连珠，道不尽冰上花样惊鸿

韦艳鑫，北京体育大学新闻与传播学院播音与主持艺术专业（体育赛事解说方向）2019级本科生，承担咪咕视频平台花样滑冰男子单人滑短节目、自由滑、女子单人滑自由滑、双人滑短项目的解说工作。

◎ 韦艳鑫

刘颖健，北京体育大学新闻与传播学院播音与主持艺术专业（体育赛事解说方向）2021级硕士研究生，承担咪咕视频平台冰壶和花样滑冰项目的解说工作。

◎ 刘颖健

王笑阳，北京体育大学新闻与传播学院播音与主持艺术专业（体育赛事解说方向）2020级本科生，承担咪咕视频平台花样滑冰女子单人滑自由滑、双人滑自由滑项目的解说工作。

◎ 王笑阳

【2月8日　韦艳鑫述】一级险情：直播时大脑一片空白！

2月8日是个重要的日子，是花样滑冰比赛拉开帷幕之日，也是我的解说首秀。虽然我之前做过了很多练习，但心中仍免不了紧张：能说好吗？观众会喜欢我的解说吗？……各种思绪涌上心头，内心的担忧和外部的喧嚣让这场"真枪实弹"的实战充满了挑战。

我搜集了不少资料，不断提醒自己：绝对不能冷场！但设想终归是设想，现实却给了我当头棒喝。学长给我留了足够的"展示空间"，但我因为慌乱一直"沉默无言"，准备好的资料找不到合适的时机说。比如在金博洋热身时，可以简单介绍中国男单的历史发展，花样滑冰6种跳跃的区分……而我一直没敢在中间插话，只同步解说了技术动作。

找不准时机解说已经让我焦头烂额，更大的困难还不止于此。本次比赛共有30位选手参赛，我在准备的过程中并没有做到对每一位选手都有深入的了解，所以无法对他当天的表现做出更贴合他个人的评价。比如法国选手亚当·萧因法，在准备资料的过程中，我发现与他相关的信息几乎为零，所以我无法对观众阐述他今天的发挥情况，自然让解说产生了很多空白。

随着时间的流逝，选手一位位上场，我慢慢找到了节奏。选手信息、选曲、技术动作、补充信息……专注当下，沉着冷静。忐忑已然被我抛在脑后，我只想把比赛解说好。渐渐地，我的解说变得游刃有余。

回顾今天的解说，动作辨别能力是我要加强的地方。格鲁吉亚选手莫里斯的后外点冰四周跳很像萨霍夫四周跳，但我不确定他到底做的是什么动作，所以并未对该动作进行实时解说播报。后来李晶老师告诉我，在看跳跃的时候必须保持12分的专注，并且提升肉眼判断周数的能力，才能在解说中做到准确无误。

这场比赛也是明星选手羽生结弦的首次亮相。面对热门选手，我的临场应变能力也有所欠缺。因为浓重的个人倾向，我认为羽生结弦能够获得冬奥会三连冠，导致我没有对意外情况进行预估。在短节目中，羽生结弦的萨霍夫四周跳跳空，我当时只注重表达对他跳空的惊讶和遗憾，并未做到及时地对他整套节目的表现进行评价。这里刘颖健学长就能顾及得比较全面，及时地把解说情绪重新带回到客观冷静的轨道上，赛后他告诉我，要对输与赢都做出预案，并且保持冷静和清醒的头脑，不论上场的选手是谁。

【2月10日　韦艳鑫述】"表达"困局，如何破解？

今天我解说的是男单自由滑的比赛，比起第一场解说，我明显得心应手了些。我能基本掌握比赛节奏，同时调整好了心态。这多亏了刘颖健学长的指导，他告诉我，他也会在高强度工作中很紧张，但想要长时间保持状态，就一定要让自己放松下来。一方面是放松嗓子，保证声音状态的稳定；另一方面是放松身体，保证更加自如地进行解说。

随着话语量越来越密集，我口语表达出现了问题，首先是"嘴瓢"。比如今天是自由滑比赛，但我却说成了短节目，而且全然没有意识到，是颖健学长救场的。赛后才意识到，出现错误后还是有机会救场的，但因为我一错就很惊慌，直接愣着不说话了，以后我要处理得更成熟一些。

其次是抢话的问题。虽然我和颖健已经是第二次搭档，但两个人还是会相互抢话，导致两人都没能表达好。原因是网络轻微延时，我们以为对方没有说话，所以自己开口了，看来后续还需再磨合。中场调整时，我和颖健分析原因、商量对策。在颖健的提议下，我们细化了分工，比如说介绍球员信息、赛后点评是颖健负责，比赛中间的技术动作讲解和赏析是我负责。此外，他还提议，一旦出现抢话情况，我们就通过视频做手势来示意对方，决定下一句话由谁开口。慢慢地，我们的默契值增加了，抢话的情况也变少了。

口语表达还有个重要的环节，就是解说员的语貌。4个小时的持续解说对声音控制力的要求很高。可是在一场比赛的后期，赛况愈发激烈的时候，我想要表达出一种非常激昂、非常兴奋的状态，但是我的声音却不如开场时那么有力，没有给观众最爱的视听感受。颖健跟我说，花滑的比赛持续时间很长，但是对于大部分观众来说，他们不会全程跟着看四五个小时，更多的是等到自己关注的选手出场时才会收看，对于他们来说，真正的观赛时间就是那10分钟。但是解说员需要从头评论到尾，但凡有一些状态上的松懈，就会给观众带来不好的观赛体验。我们要让每一个时间段观看的观众都能被你的热情所感染。

同时，颖健学长还跟我分享了他的心得，我们应该不断调整和适应符合花样滑冰解说的声音状态。花样滑冰是一个非常有美感的项目，刚柔并济，所以这就需要解说员的声音状态在有力的同时还得保持柔性的韵律美。我们要在解说的过程中不断找准自己的发声位置、声音状态等，让我们的声音更加契合花样滑冰的风格。

最后是语言组织的问题。在比赛的后半程，一直在监听我们解说的李晶老师发消息提醒我，要注意调整语调，让语言"活"起来。此前，我的词汇运用匮乏单一，对选手的评价大都是"比较完整""发挥不错"。除这些常用词之外，几乎没有其他的词汇。

总体来说，比上一场短节目更游刃有余了，但还是出现了很多新的问题。最主要的还是经验不足，没有十足的底气。出现问题不能从容应对，下一场争取减少失误。

◎　韦艳鑫解说前准备的资料

【2月17日　韦艳鑫述】报告，"资料"准备完毕!

　　今天的女子单人比赛是我在冬奥会上的第三场解说。在资料准备方面，我请教了颖健学长，他建议准备的材料一定要翔实，并且烂熟于心。他在前期就花了大量的时间去积累花样滑冰知识。熟悉打分规则，知道打分标准，提前了解每名选手的动作列表、舞风、曲风、难度系数、文化背景及过去该节目的完成情况等。这些资料的体量是非常大的，所以他建议一定要归纳和整理。不仅积累知识，也积累方法。接着他教我如何在各大官方网站中最方便地找到我需要的资料，然后通过Excel、Word等进行整理和归纳，从而提升了我的赛前准备的能力。有了学长的指导，并且汲取了很多男单解说的"前车之鉴"，这一次解说花滑女单明显更从容了。

首先，我在准备花滑男单的资料时，主要是关于选手的个人资料，比如何时开始滑冰、缘何开始滑冰及选手的整体优势、选曲意义等。这次我在花滑女单原有的资料上，新增加了热门选手高难度跳跃的成功率，以及其跳跃存在的主要扣分问题。这方面的资料能够有效地减少留白，并且能做到有针对性地评价一位选手。这是男单解说中疏忽的地方。

其次，提高了资料的利用率。比如在ISU（International Skating Union，国际滑冰联盟）官网中下载的选手官方信息，里面有他的个人最好成绩，之前在男单解说时，我疏忽了这个信息，导致我无法对他本场的表现做出贴切的评价。在这次女单解说过程中，我就把这个漏掉的信息用上了，用她的本场得分和她的个人最佳做了对比，弥补了报分时的一些尴尬留白。

最后，合理把握情感。上一次男单因为羽生结弦跳空一个跳跃之后，解说的内容和情绪直接被打乱了。这一次女单是被坂本花织的表现感动了，但没有情绪失控。我明白临场应变能力不是一朝一夕就能提升的，还需要在实践中不断磨炼，在总结经验教训中进步成长。虽然这些问题都是平时练习时看似很简单甚至是不会犯的错误，但是只有真正实践才能知道，原来看似简单的问题不是轻而易举就能做到的。

每一次的实战都是学习，每一次的学习都是实战。通过这一场解说，我收获的不仅仅是解说上的经验总结，更是对体育、对体育解说更深刻的领悟。赛场风云瞬息万变，如何把比赛说得精彩，是解说员职责所在。观众能够看到的只是运动员在赛场上的短短几分钟，而运动员在场下却付出了十几年甚至几十年的努力。"重要的不是取胜，而是参与。"体育竞技的魅力在于一较高下的刺激，更在于运动员不懈拼搏的努力。如何让观众隔着屏幕与运动员同喜同乐，同样也需要解说员先与运动员共情。感性的心脏，冷静的头脑，这就是解说员吧，一个看似矛盾的结合体。

【2月19日　刘颖健述】十五年破茧成蝶，奏一曲"金桥"战歌

2月19日，是北京体育大学冬奥期间在咪咕解说的最后一场，而这最后一场，同时也是最重要的一场，这场比赛由我和搭档王笑阳共同见证中国组合隋文静、韩聪的发挥。经过了上一场比赛的手忙脚乱，这一场比赛已经可以比较好地把握场上的局面。

因为在这最后一场比赛之前，我已经完成了十几天的解说任务，对这些运动员的信息、比赛规则、文化背景等都信手拈来了。所以在赛前我还是保持着我常规的准备工作，没有什么特别的准备。这也确实是我准备不充分的一方面。

比赛的过程确实非常紧张激烈。我也清楚地知道这场比赛的重要性，所以其实我个人在解说的过程中是有观众的心态在里面的。我一边给观众进行赛况的解读、一边又在期待着隋文静和韩聪的节目呈现。轮到他们登场时，我的心也跟着一起揪了起来。而当他们完成了最后结束动作，相拥而泣时，我的眼泪也止不住地往下流。这份感动和共情是所有知道隋文静和韩聪这些年来的付出和努力的人都会有的顺理成章的情感流露。笑阳感叹，在这一刻我们是多么幸运，可以见证历经艰难险阻的中国运动员隋文静和韩聪二人站上世界最高领奖台，我们更为自己是一名中国人而感到骄傲和自豪。

也许是被情感冲昏了头脑，我当时其实在语言的组织上是不到位的。当时的想法是：我千万得想好了再说，不能说错话。这就造成在解说中留白的时间有点长了。虽然我当时的表达都是有感而发，但是因为缺乏一定华丽的辞藻作为支撑，所以还是少了一些语言上的冲击力，没有达到最佳的升华效果。

刚说完时，我还沉浸在隋文静和韩聪夺冠的氛围中，自己还有点小得意，觉得说得不错。下播后赶紧回听了一下，结果是惨不忍睹。声音的控制，语音语调都很离谱，如果我是观众的话，我会觉得这段解说会让我不舒服。所以我觉得自己在之后的实践和练习中需要去提升这一点，当自己的情绪起来时，如何保证解说的稳定性，不能只感动自己，不管其他人的感受。

赛后笑阳跟我交流，我们的声音还需要多加历练，在解说当中尤其是在隋文静和韩聪出场之后达到了音调的峰值，而在比赛的尾声阶段，我们之间的配合问题也是比较大的，接下来还需要更多的历练，在台下进行更多的磨合。而今后我也会更加努力提升自己在花滑领域的专业能力，尽量做到最好！

【2月20日　王笑阳述】忆冬奥征战月，看未来发展路

在冬奥解说备战的两个月里，我积极努力地去学习相关知识，熟记比赛规则、了解每名运动员的特点，保证自己向业内专业人士看齐。下面我将详细讲述我的准备工作是如何展开的。

首先，调整好心态，积极面对。当我得知我通过了选拔之时，我虽然非常高兴，但仍然告诉自己"这只是起点"。我努力让自己激动的心情平复下来，要更加努力。为此，我更加努力地去查阅资料，了解每一名运动员的技术特点及其在各个世界大赛中的表现，同时将数据进行整合，形成一套自己的资料库，让自己在记住相关运动员的同时还可以随时用最快的速度找到该运动员的数据及其获

得的荣誉。此外，我还会观看近几次大赛的比赛录像及重量级运动员参加的比赛录像，在训练自己花滑实战解说能力的同时还可以更直观地认识运动员和他的技术特点，做到心中有数，以便可以将更多的内容呈现给观众。

其次，在准备工作上，我主要通过翻看比赛录像及近几次世锦赛、各大洲锦标赛的录像来熟悉运动员的特点，并且我通过和哔哩哔哩知名花样滑冰up主（uploader，上传者）进行梦幻联动，向她请教了许多关于技术上和运动员特点上的问题，还询问了有关听解说时花滑爱好者的爱好，保证解说更加有针对性。

对于此次冬奥会工作，我深感责任之重大，因为我代表的不仅仅是一个人，而是一个学校乃至是一个国家新时代新青年所向世界发出的"中国之声"。

最后，期待着未来的解说工作中，我可以发挥出我应有的水平，我也会更加努力地去准备相关资料，学习相关知识，戒骄戒躁，脚踏实地，圆满地完成任务。

我们的冰壶解说之旅

薛笑天，北京体育大学新闻与传播学院播音与主持艺术专业（体育赛事解说方向）2019级本科生，2022北京冬奥会咪咕视频平台冰壶项目解说员。

◎ 薛笑天

崔世鑫，北京体育大学新闻与传播学院播音与主持艺术专业（体育赛事解说方向）2019级本科生，2022北京冬奥会咪咕视频平台冰壶项目解说员。

◎ 崔世鑫

贲广禄，北京体育大学新闻与传播学院播音与主持艺术专业（体育赛事解说方向）2021级硕士研究生，2022北京冬奥会咪咕视频平台冰壶项目解说员。

◎ 贲广禄

【2021年9月　薛笑天述】初识冰壶——冬奥倒计时5个月

2008年，8岁的我坐在姥姥家的沙发上，看着北京夏奥会开幕式的电视直播，时至今日，很多画面依然历历在目——梦幻五环、中国卷轴、千人击缶、脚印烟花……直到李宁脚踏祥云，点燃火炬。那个时候的我当然没有想到，14年后的北京冬奥会，竟然离我这么近。

"北体新传解说，讲好中国体育故事，与北京冬奥一起向未来！"这是北体新传解说团队在拍摄《一起向未来》手势舞宣传片的末尾齐声喊出的口号。这两句话，是目标，也是动力。为了备战北京冬奥会，整个大三上学期，"体育赛事解说理论与实践"这门课程全部围绕冰雪项目展开，从教室到冰场、从理论到实践，一周两次三学时的课程，满满的"冰雪干货"。

冰壶是解说课程体系里介绍的第二个项目，尹素伟老师和小朱老师的这堂课给我留下了很深的印象。小朱老师作为专业的运动员，再加上东北人"天然的"幽默感，把很多关于冰壶的理论讲得非常透彻，深入浅出、条理清晰，让我觉得与冰壶的距离一下子被拉近了，从此推开了"冰壶世界"的大门。不过两节课的容量不能很好地理解、掌握技战术，还是有很多问题，需要大量观看比赛、练习和实践。

【2021年12月　薛笑天述】牛刀小试——冬奥倒计时2个月

2021年12月，学院和北体传媒反复沟通，为我们争取到了解说冰壶国家集训队奥运选拔赛的机会，我是第三周去的。同时，咪咕赛事解说项目也开始进行笔试考核。

在二七厂的冰壶解说是直接在场边进行的，运动员、制冰车、记分牌等这些和比赛相关的东西就实实在在地展示在我面前，甚至可以听到冰壶滑过冰面的声音、运动员的叫喊声。这样直接的视听体验对我来说非常珍贵。因为作为没有直接参与过冰壶运动的解说员，这是可以获得项目体验最直接快速的方法。

解说之前，我准备了很多资料，但是后来发现在解说过程中，我并不能很好地把手头的资料融入进去，反而给自己造成了很大的压力。和我搭档的研究生靳家兴学长和二七厂解说员杜泓锐给了我很多鼓励和建议："把这纸都扔掉，专注每一个壶。""我觉得你在放松的状态下说得是最好的！"杜指导本身是冰壶运动员出身，技战术方面的讲解已经到了炉火纯青的地步，声线也很适合冰壶解说。跟杜指导的交流过程中，我问他，"如果我们没有办法准确地做出预判，该怎么办"。杜指导说，"这可能没法速成，但或许你们可以换个思路。因为我是'因果论'，你们可以选择'果因论'，先说结果，再说为什么这么打"。

厚积薄发，灵活应变。对于解说来说，技战术是基本。其他的东西是锦上添花。人文知识积累等可以提高解说的上限，但是技战术决定了解说的下限。平时做好万全的准备，在坐上解说席的那一刻丢掉一切包袱，轻装上阵。

【2022年1月　薛笑天述】脚踏实地——冬奥倒计时1个月

冬奥的脚步越来越近，我也迎来了笔试考核后的第二轮考核——"每天拍摄一条抖音"，我决定聚焦冰壶项目，从冰壶的起源、冰壶比赛的器材、场地等方面入手。这个过程不仅是对冰壶知识的一个补充，也是一个语言凝练和再创作的过程，如何在这短短的一分钟内让视频说得清楚、说得有趣还是非常有难度的。在短视频创作过程中，我也在不断复盘之前的国际性冰壶赛事，并进行相关的记录和语料整理。"脚踏实地、点滴进步"是这段时间的关键词。

【2月3日 薛笑天述】厚积薄发——冬奥进行时

作为北京2022年冬奥会和冬残奥会媒体运行的专业志愿者，这个时候我已经在冬奥村媒体中心工作了10天，2月3日是我的第一场解说，正好那天媒体中心的志愿者排到我轮休。现在想起来还是觉得十分激动，因为第二天就是北京冬奥会的开幕式（冰壶项目由于比赛场次多，在开幕式的前两天就开始进行）。再加上比赛双方是挪威和加拿大，两支实力强劲的队伍，比赛应该会比较激烈。我在驻地的酒店吃完晚饭后就赶快调试设备，和搭档崔世鑫同学开了一次解说前的会议，两个人都是冬奥会的第一次解说，所以内心还是有些紧张，但我们还是尽力让自己冷静下来，对比赛可能发生的问题做了一些预案和准备。

但是比赛刚刚开始，就给了我们一个"下马威"，因为在赛前会播放OBS的官方小片，然后进入倒计时，再切入解说。由于我们对这个环节不熟悉，导致解说切入的时机没有把握好。解说过程中，也出现了很多问题，比如，对"power play[①]局"的战术、选手意图的判断不够精准，双人解说的经验不够，远程直播容易出现抢话的问题，等等。

万事开头难，"发现问题，解决问题"的过程就是成长和进步的过程。整体来看，整场解说的表现还是比较平稳流畅，节奏掌握得也比较好。这场比赛也确实非常精彩，两支队伍"强强对

---

① 在每次比赛中，当每个队伍在开局前有决定"放置"冰壶的位置的权力时，可以使用 power play 的权力摆放这两个冰壶。

话""不分上下"，加拿大队最终以7∶6战胜挪威队。真的到了"战场上"，沉浸在每一个壶，看着顶级的冰壶运动员，我才真正体会到什么是"壶壶生威"。每一道弧线，每一次撞击的声音，都让人振奋，能为此发声，是我的荣幸。

【2月11日　薛笑天述】一回生，二回熟

上一场解说的是混双的比赛，之后的3场都是团体赛。今天对战双方是俄罗斯奥委会代表队和丹麦队，我依旧是和崔世鑫同学搭档。经过了上一场比赛的配合和之后的复盘，这场比赛的解说我们做出了一些针对性的改进，明显感觉到两个人的状态更加松弛，表现也更加流畅。团体赛相比混双比赛，投壶人数增加，投壶数量也增加，所以场面变化更多。

这场比赛的过程相当"深入人心"——俄罗斯奥委会代表队以10∶2大胜丹麦队，在比赛的第五局中出现了难得一见的场景，俄罗斯奥委会代表队先手获得6分，创造了奥运会冰壶比赛的新纪录。

比赛前四局，实力占优的俄奥队以4∶1领先。第五局，后手掷壶的丹麦队从开局便失误频频，到四垒米克尔·克劳泽最后一投时，大本营里已经有对方7只红壶，却只有1只黄壶，而且有3只红壶距离大本营的圆心更近。也就是说，米克尔·克劳泽的最后一壶如果不投，俄奥队将获得3分。

当时的局面其实也不是"无力回天"——俄奥队的红壶都在大本营内，路线上其实并没有占位壶，丹麦队最后一投只需要旋球进圆心，就能后手获得1分。即使旋球出现偏差，也最多丢1分。但丹麦队经过商议后，却选择了大力击打。结果在击飞最上方的一只红壶后，这只黄壶撞到了本方大本营内原先的那只黄壶，且双双出

界，圆心内留下了6只俄罗斯奥委会代表队的红壶……

这样的"名场面"远远超出了我们的预判，随后一局，丹麦队后手获得1分后，选择了"握手认输"。我想，这也是解说比赛的一大魅力之一——不确定性，比赛如战场，风云变幻，不到最后时刻，谁也不知道哪边会是赢家。

深切体会到解说员的不易，台上一分钟，台下十年功。

【2月15日　薛笑天述】台上一分钟，台下十年功

已经进行到了男子冰壶循环赛的第十轮，我开始和研究生学长贲广禄搭档，比赛解说越来越轻车熟路，和学长的配合也十分默契。

随着比赛进程的推进，我发现了新的问题，虽然对技战术和场面的把握越来越熟悉，但是很容易又陷入"同质化"的泥潭之中，对于一些类似壶的解读过于单一，也比较相似。这场解说的加拿大队在4天之前就"见过面"，如果对于这几位球员的介绍还是停留在年龄、体重、履历等基本情况的介绍，就会显得过于单一。当然，在冬奥会的这几场解说当中，这样说是没有问题的，因为本身要照顾到大量的"临时壶迷"，这些观众出于对冬奥会的关注或者冰壶的好奇而观看比赛，本身对于冰壶并不十分了解，所以需要解说介绍大量的基本知识，进行更加细致地讲解。

可如果是长期的比赛呢？解说如何在大量的比赛中保持新鲜感和趣味性，这需要平日里不断地积累和练习。同样的技战术，如何用不同的表达，如何最直接、清楚地向观众介绍；同样的项目，如何讲得有趣；同样的运动员，如何进行与众不同的介绍，这些都不是一朝一夕可以完成的，不管是技巧还是语料积累，都需要充分了解项目和比赛，并且进行反复的练习。很难想象那些专业有趣、妙语连

珠的解说员背后付出了多少艰辛和努力。成为一名解说员，成为一名优秀的解说员，太不容易了，真的是"台上一分钟，台下十年功"。

【2月16日　薛笑天述】冬梦一场，好幸运

"好的，本场比赛到这里就结束了，我是解说员薛笑天，感谢您的收看。"女子冰壶团体赛，日本VS美国，这是我解说的最后一场比赛，关掉直播的那一刻，十分不舍。

解说结束后，我坐在桌前，浏览着解说链接中的评论，脑海里是刚刚赛场上姑娘们坚定的眼神，冷静的投壶，响亮的叫喊。忽然之间，我觉得一切都好奇妙，3年前坐在高三教室里的我，不会想到自己会到北京体育大学；踏入北体大校门的我，也没有想到自己会在北京2022年冬奥会上担任解说员的角色。从学期刚开始小朱老师的线上、线下两堂课的讲解，到咪咕冬奥解说项目开启，围绕冰壶展开的笔试、抖音拍摄、解说练习；从二七厂的冰壶国家集训队奥运选拔赛到北京2022年冬奥会——我从一个不了解冰壶比赛的"小白"成长到可以独立完成一场冰壶赛事的解说。

这个没有回家的春节，充实而有意义。我在冬奥村媒体中心为记者和运动员提供相关的服务——混合采访区、记者工作间、新闻发布厅；我在咪咕体育进行冰壶项目的解说——占位、击打、旋进。我可以骄傲地介绍"我是北京冬奥会媒体运行领域的志愿者薛笑天""我是咪咕体育2022年北京冬奥会冰壶项目解说员薛笑天"。

冬梦一场，好幸运！

【12月10日　崔世鑫述】层层选拔，圆梦北京

当第一次得知能解说北京2022年冬奥会的时候，我们解说班的所有同学都很激动，畅想着自己解说比赛时的情景：喜欢花滑的

同学描述着羽生结弦那优美的动作；痴迷速滑的同学为武大靖的又一次夺冠而呐喊……但现实也同样残酷，得知需要通过考核的方式才能参与冬奥解说之后，所有人的心一下子跌入谷底：从之前课上有说有笑共同解说的搭档，就要变成竞争对手，我们都感受到了不小的压力。当然压力也成了我们前进的动力，经过两轮紧张的测试及一系列的解说练习，同时也丰富了我们的冬奥历史人文、解说专项等方面的知识。

刚开始我对冬季运动项目其实并不了解，随着不断的摸索，我开始渐渐迷上了冬季运动。在正式解说开始前的一段时间，我自己撰写文案、设计内容，更新了不少抖音视频。从一开始的简单介绍项目，到之后解释奥运冠军王濛老师的"金冰刀"从何而来、罗致焕老先生当年的训练环境有多艰苦、安凯为何无缘北京冬奥会等，我开始更加期待我的声音能出现在北京冬奥会的"舞台"上。

【2月12日　崔世鑫述】用声音感受冰壶的"温度"

今天是我的最后一场解说——女子冰壶循环赛，英国队VS美国队，这场比赛是解说时长最长的一场。这是两支冰壶劲旅，实力相差不大，比分咬得很紧，直到加时赛阶段才决出胜负。这场比赛让我第一次感受到冰壶这项运动的温度。两个小时的比赛中，队员们除了局间休息时能短暂恢复体力，其余时间在身体和精神上都有着巨大的消耗，他们会为了对手那微弱的分数优势不断尝试、不断争取，也会在最终失利后为对手鼓掌庆祝，这正是奥林匹克体育精神所在，也是冰壶这项绅士运动的温度所在。

从2月3日的首场混双比赛开始，到2月12日最后一场的女子冰壶循环赛结束，我在本次北京冬奥会的解说任务可谓顺利完成。这一次的冬奥解说之旅收获颇丰，从最开始的紧张、状态低迷、情绪平淡没有起伏，到之后能与搭档流畅交谈；从成为一名体育解说专业的学生，到利用专业所学为北京冬奥会发声。我感到无比的兴奋和荣幸，也非常感谢解说班的各位老师及咪咕的转播老师们的辛苦付出。这一次的解说，是经验积累，更是美好记忆，它将助我在未来的解说之路上走得更加长远、更加坚定！

【2月16日　贲广禄述】愉快的"开门之旅"

2月之前，我对赛事解说虽有一定了解和学习，但还从未有过直播解说的经历。用俗话说，当时的我还是个妥妥的"门外汉"。承蒙学院厚爱，我获得了参与北京冬奥会冰壶项目解说的机会，打开了我解说事业的大门。

今天是我的第六场直播，女子冰壶，美国队VS日本队，也是我本届冬奥会"开门之旅"的最后一舞。我的搭档是薛笑天同学，她已经拥有了丰富的解说经验，对于冰壶运动的理解也比我深刻。在经历前面几场直播后，我的状态逐渐松弛，越发有了"上道儿"的感觉。我们从一人一句对赛场画面进行描述性解说，到慢慢开始对赛况进行评议式解说，还会对运动员的趣事进行讨论，比如美国队"冰壶姐妹花"彼得森姐妹并肩作战的故事。

整场比赛下来，需要我反思的地方也有很多，譬如我准备的语料过于冗杂，这让我在念稿时过于机械，回听解说的过程中发现有损听感。另外就是要避免口头禅，为了保持解说全程"在场"，有时在搭档发言后我会条件反射地说"对""没错"，这个习惯应该改正，要学会留白。不过好在有薛笑天同学的专业性加持，整场比赛解说过程愉快而顺利。

当我吃力地推开这扇"大门"时，搭档们一双双强有力的手先后帮助了我，她们是段怡君、张泉玥、张溪乔、薛笑天，来自北体解说班，她们代表专业，期待与各位的再次合作！

【后记　薛笑天述】

时间如梭，如今距离北京冬奥会结束已经过去6个月，我也即将升入大四，回望过去的3年，在北体新传每一次的学习和实践，都弥足珍贵。我在这里，爱上了我为比赛的精彩瞬间欢呼雀跃，为五星红旗高高飘扬而骄傲自豪；我感慨运动员一路走来艰辛不易，了解一个项目发展的前世今生；我发自内心地、深刻地体会到，体育之于个人、体育之于社会、体育之于民族、体育之于国家，弥足重要。

虽然现在的我不能肯定地说"我将来要成为一名优秀的赛事解说员"，但是我想说，"解说比赛真的很酷，很有趣""体育真的值得"。字字恳切。体育记者也好、体育经纪人也罢，或者继续读书深造，我还没有想清楚自己以后要做什么，唯一能够确定的是，仍想跟"体育"在一起。所以，这4场比赛对我来说，既像一场解说之旅，也是一个"寻找答案"的过程，我会思考体育解说的意义、思考体育的意义，对于我个人来说，这便是最大的实践收获。

很荣幸，能为冬奥会发声；很荣幸，能为中国体育发声。

北体新传解说，我们一起向未来！

喜乐冬奥，虎跃生威

　　段怡君，北京体育大学新闻与传播学院播音与主持艺术专业（体育赛事解说方向）2020级本科生，冬奥会期间在中央广播电视总台参与录制《一起向未来·冬奥之夜》系列节目，担任娱乐版块嘉宾、新闻版块主持人，解说短道速滑等项目。

◎ 段怡君

段怡君的工作日志

【2月4日】疾风知劲草，烈火见真金

2月4日，我抵达了中央人民广播电台附近的酒店，鉴于今天并没有工作安排，所以我选择了在酒店观看2022北京冬奥会开幕式，晚上8点，具有历史性意义的一刻，令无数人激动的一夜，中国为世界呈现了一场激情澎湃的冰雪盛典，奥林匹克精神将不同国家、地区、种族聚集在了一起，用行动书写着"Together for a Shared Future"。北京冬奥会在二十四节气的倒计时中徐徐绽放，从雨水开始到立春，与浪漫的诗词一一对应，磅礴大气又不失细腻浪漫。打开北京冬奥会的窗口，我们向世界讲述着生动丰富的中国体育故事、弘扬着源远流长的中华民族文化。当画面转向迎疾风而舞的青青小草时，我脑海中突然回荡起儿时背诵的那句"野火烧不尽，春风吹又生"，就在这一刻，我突然感受到了这句诗词的生命力。

【2月6日】初遇央广，心绪飞扬；初话冬奥，心潮澎湃

2月6日，赛事推进、场馆运行、志愿服务等一切都在井然有序地进行着，但对于即将踏入央广演播室、主持冬奥会的我来说，2月6日却是紧张与激动交织、心跳与呼吸加剧的一天。为了从容不迫地完成此次学院与央广共同搭建的实践机会，我万分珍惜、认真准备，本以为准备好的我能够从容不迫地迎接冬奥会，可是真正当这一天向我走来时，未知带来的不确定感还是让我的心中悬起了巨石，我不停地问自己：我能做好吗？我的专业能力足以获得老

师、观众的认可吗？

　　这番疑问终于在我打开麦克风的那一瞬间全然消失了，随和可亲的央广老师、温暖明亮的演播室灯光、默契感十足的搭档杨加丞学长，疑问就这样被自信、专注替代了。娱乐版块的流程分为3个部分：赛事新闻速递、冬奥项目分享、冬奥知识问答。在实践之前，我对我在节目中即将具体承担什么角色其实并不了解，但当我真正沉浸于这个轻松的氛围时，一切都顺其自然地推进，这个顺其自然我想更应该是来自搭档主持人精湛的业务能力，他能够迅速地让嘉宾在放松的状态下完成节目中的"议程设置"，十分值得我去学习。"在实践中学习，学习后落地实践"，这样的一种复盘模式也使我在北京冬奥会期间实现迅速成长。

　　虽然整场节目顺利完成，但是作为我在央广的冬奥首秀，我在其中还是暴露了专业及思维上的一些瑕疵，让我进一步发掘了自己的进步空间。比如对自我角色定位认知的理解，首先，在节目过程中我一直不敢跟主持人抢话，导致整场下来节目娱乐效果并不是很理想，在与加丞师哥赛后复盘讨论时他说到自己也有这样的问题，直播结束后我俩便与主持人老师针对该问题展开交流，老师说娱乐节目其实恰恰就是需要我们去"抢话"以增添直播间的青春气息与活力。其次，我要注意我的副语言，虽然是广播，但是我应该以电视直播的状态去要求自己，时刻保证自己举手投足间得体大方、眼神坚定。

　　值得一提的是，今天也是我和杨加丞师哥的第一场节目合作，和加丞师哥合作最大的感受就是"安心"，在节目开始前他就总是让我先去挑选自己擅长的内容做好准备，而他负责剩下的部分。在节目过程中，每当我遇到无法处理的问题时，他总能以自己的方式帮我完美地解决，是专业、是关怀，更是一种传承，让我深深地感受到了"走出去，北体解说一家亲"。

【2月9日】在实践中再次"翻开书本"

今天依然是与师哥杨加丞搭档主持娱乐节目，本场我担任B角，负责介绍冬奥项目，在选择项目的时候我考虑到了受众现在最迫切的需要，那就是本届冬奥会中国强势夺金项目——短道速滑，因此我选择了从发展历程、短道速滑在中国、短道速滑名将3个点出发让观众了解更加系统、全面的短道速滑项目。鉴于在分享的过程中有网友评论表示不了解短道速滑与速度滑冰之间的区别，因此我又从比赛场地大小、比赛技术要求等方面做了比较与区别。在学校的时候，老师就经常提到主持人应该做到随时随地"什么都能说、什么都能接"。虽然能理解，但我始终无法真正认识到这句话对于一位主持人职业发展的重要性，当我真的遇到这种情况时我才深刻地感受到"广义备稿"的重要性，我在想倘若我对网友发起的提问涉及的知识点并不了解时，我只能忽略该条评论，那整场节目的互动氛围热度也会递减，因此"上知天文，下知地理"应是我今后要去努力实现的状态。

在节目中同样引发我思考的还有我们的搭档白中华老师，单是看他的穿着打扮你一定不会想到眼前的这位是北大中文系毕业的高才生，更不会想到他的职业是一名主持人，但只要他一张口，声音的质感无瑕、状态的张弛有度、思维的敏捷迅速，瞬间让人感叹：还得是专业的！回顾整场节目，我和加丞哥在经历复盘消化后，这场相较于上一场的表现更加轻松，语言状态、质感也有所提升，对于主持人老师抛来的"梗"都能娱乐且不失尊重地接上。总之，这场节目很完美！央广的老师们很温暖！

【2月13日】见贤思齐，止于至善

今天我的任务是与方亮老师搭档解说转播短道速滑男子500米比赛及女子3000米接力的1/4决赛、半决赛及决赛，可以说这场比赛是我这几天实践过程中遇到难度最大的，也是最考验播音主持功底的实践。在充满变数、完全靠临场反应的环境中，我第一次感受到自己的内容准备是多么单薄、临场发挥充满顿感，尤其是在方亮老师的衬托下更加暴露出自己专业上的问题。业务能力很强的方亮老师给我带来震撼的同时也让我见识到一名优秀的主持人到底是什么样子的，更让我学会开始思考如何去成为一名优秀的主持人。首先是对节目的把控，方亮老师虽然手中有编辑准备好的稿子，但是面对时时刻刻都在变化的节目，"他自己"才是节目的稿子，语言的即时编码解码、强大的控场能力，面对无法掌控的节目内容耗时他也能自然驾驭，并在这个过程中伴以轻松自如的话筒前状态。他还非常擅长捕捉细节，对于节目的衔接也能瞬时找到合理的逻辑点。

当然，我相信方亮老师如此专业，一定离不开他长年累月的积累与内化。所以我也相信，只要我能如同匠人一般打磨自己的专业与作品，终有一天也能成为一名优秀的主持人，照亮他人。

【2月16日】璞玉非石，在独一、在无二

今天依然是我和加丞师哥搭档，不一样的是今天节目的"飞行嘉宾"是由苗霖老师担任的，他的出现让整个演播室的氛围又换了新颜，诗词贯口出口成章、话题发挥妙语连珠。其实这并不是我与苗霖老师的第一次合作，早在之前央视音乐频道与学院合作搭建平台时我就已经参与其中。见识到苗霖老师的独特之处，当画面给到

正在练武术的同学时，他直接一段贯口瞬间让整个直播画面饱满起来，激起现场阵阵掌声。今天也是一样，苗霖老师在每个环节总是能恰如其分地做到画龙点睛。

在节目直播过程中，苗霖老师的备稿不同于我们埋头苦背实现的备稿，而是来自他在日常节目拍摄过程中的所见所闻，最终与自己的特色相结合形成令人难忘的个人形象。这也令我想起白中华老师在节目之余同我闲聊时提到的："在现在这个时代，你要尽可能地做到无可替代。"好像的确是这样的，在跟老师做节目的过程中，两位主持人老师也说到只要苗霖一开口，不用做自我介绍大家都知道是他。所以我就在想，那我身上有哪些点是能够让观众注意到的呢？是需要去刻意营造自己的人设吗？还是说做好自己就是一种特色呢？将这问号变成句号对我来说任重而道远，只有时间才会为我揭晓答案，但值得肯定的是璞玉就算尚未雕琢也依然受人喜爱，原因之一便在于它的唯一性。

【2月18日】结束，开始

今天是我在央广冬奥会实践的最后一天，在整理稿件时不舍之情就已经涌入心间，14天，我已经熟悉了从央广大门到演播室的路、轻松对上各位老师的名字与岗位、和师哥师姐们早已打成了一片、不慌不忙地去解说一场比赛、游刃有余地完成直播前节目内容的准备，开始的一切曾令我头疼不已，如今即将结束时的一切早已悄然间汇聚成暖流，润泽我心，我相信这些瞬间会在今后的人生中替我融化理想的坚冰、助我渡过困苦的江河。

就像我们人生中读过的书，虽然可能早已忘记故事的结局究竟是怎样的，但是其中的真谛早已在悄然间成长为我们思想的一部分，此次学院与央广为我们共同搭建的北京冬奥会解说平台正是如此。在这个过程中我"了解、参与、成长"，发自内心地为每一块金牌呐喊，真情实感地为每一名受伤的运动员担心，在几个不自知的瞬间就理解了"使命在肩、奋斗有我"的深刻内涵，作为北体人我深感骄傲与自豪！接过时代的接力棒，我在思索体育强国到底如何落地，对于我来说参与贡献的过程其实并不宏大，只要踏踏实实地解说好每一场比赛，认认真真地讲好每一段生动有趣的中国体育故事便足矣。虽然我在央广的实践到这里就要告一段落了，但我相信这只是一个开始，未来，依旧需要我去耕耘。

在与郝迪老师主持完节目后，他笑着对我说："真羡慕你们，这么小的年纪就能拥有这么好的机会，加油，以后还会再见！"关于"再见"我不想将它理解为一种告别，在我心里它应该充满着喜悦的感情色彩，它仿佛在向你招手，微笑着说道："再见，再一次更好地相见！"

相约冬奥，共赴未来

贲广禄，北京体育大学新闻与传播学院播音与主持艺术专业（体育赛事解说方向）2021级硕士研究生，负责北京广播电视台体育频道中心新媒体编辑工作。

◎ 贲广禄

贲广禄的工作日志

【1月18日】心潮澎湃，开启北广之旅

1月18日是个不平凡的日子，我彻夜难眠，因为今天我就要去台里报道了。早上不到7点我就从床上跃起，冲到洗漱间就发现一个熟悉的高大身影站在镜前，是靳家兴。他和我一样激动，一样心潮澎湃。我俩狼吞虎咽吃完早餐后和大部队会合，接着我们就怀揣着学院的期望奔向了北京广播电视台（简称北广）。站在北广大楼脚下，我们整齐划一地掏出手机，对着眼前的建筑拍来拍去，因为今天我们的身份有所不同，我们成了北广的实习生。对接我们实习项目的是北广体育频道中心的陈老师——确切地说，应该叫她陈学姐。她是毕业于我校新传学院的大师姐，如今已是一名资深记者。她给人感觉亲切而知性，边和我们聊天边介绍台里的各种区域与设备，讲话时总是面带微笑。

"来来来，这是你们自己的办公室。"陈老师边说边引领我们到走廊中间的办公室，这是今天的一个小惊喜，本以为要在公共办公大厅工作的我们，如今也有了自己的独立办公室——新媒体工作室。"目前距离冬奥会还有一段时间，我们应该提前做一些准备工作。毕竟我们是媒体人，所以对热点新闻人物与事件要有一定的前瞻能力。"陈老师边说边列举了她总结的相关热点：譬如冬奥会的开闭幕式、冬奥吉祥物的营销信息等，还有各个项目的高话题度运动员，谈及U型池她就想到今年是肖恩·怀特的最后一舞，谈及自由式滑雪她就想到谷爱凌今年在多个项目上的夺冠压力。罗马不是

一日建成的，陈老师多年培养的专业能力和冬奥知识储备使我们钦佩至极。难怪外界对北体大走出的人才有"文体双全，独当一面"的评价。

结束讨论后，陈老师给我们安排了接下来几天的任务：将军不打无准备之仗，我们应以人气运动员为核心，提前收集整理他们的一切资料，争取在冬奥开赛后能对运动员进行真实而全面的报道，除了展示运动员赛场上的英姿，还要宣传运动员生活中多彩的一面。经过小组讨论，我负责调查的运动员是肖恩·怀特、爱丽丝·鲁滨逊和刘佳宇。

"除了新媒体作品，"陈老师说，"因为大家都是解说专业的同学，开赛后台里很有可能为大家提供机会以广播的形式在工作室进行直播解说。"这又是一个小惊喜，因为我们作为冬奥首秀的解说员，居然有机会登上北广这样的权威平台，以公域信号向全社会传递自己的声音。正当我们为此消息感到兴奋时，陈老师把心思已经飞到九霄云外的我们拉了回来："但是，我希望大家最近一定要加班加点去夯实知识储备并训练播音能力，在广播直播中，如果播音员超过5秒钟没有说话，那就是严重的播出事故，希望大家一定要严肃对待。"此话一出，我们马上意识到了任务的重要性及台里对我们的重视程度，在浩大规模的工程面前，一丝一毫的差池都可能造成不可逆转的后果，何况是5秒钟呢。想到这里，我上扬的嘴角慢慢放平，余光瞥到了我的同学们，他们也一个个面容严肃，目光如炬。

结束了为时一天的报道之旅，回到宿舍躺在床上，我的心情久久不能平静。5秒钟等于一起播出事故，这么重要的工作交给我们，我终于意识到了学院对我们的重视程度，也意识到了我们每个人不光代表自己来到北京广播电视台实践学习，还代表着北体解说品牌在业界的口碑，我们是唇齿相依的关系。

【1月26日】线上办公，再接再厉

由于疫情，我目前的实习不得不转为线上。当我踏上了返乡的列车，回到孕育我的燕赵大地，我的心绪却依旧停留在北广那间明亮的新媒体工作室。回到家中，北广实习小群的微信消息就响个不停，同学们都在为这几天的冬奥短视频发挥天马行空的想象力。我也没闲着，打开手机就开始搜索近期热门的冬奥话题寻找灵感，毕竟话题度决定流量池的基本盘。

【2月1日】海量资讯中的"掘宝者"

此次北京冬奥会，我在北京广播电视台担任新媒体编辑。虽然距离冬奥会开始还有几天，但由于冬奥期间的赛事资讯信息量过于密集，所以如果没有准备工作做铺垫，那正式工作时就会形如"大海捞针"，陷入"不知该从何开始"的工作困局。想要做到"赛前对看点、热点、泪点精准预判"，广泛而深入地准备资料成了我此次工作中必不可少的一环。2022年北京冬奥会作为明星效应显著的体育盛会，体育明星就是"流量密码"，出于这样的思考并结合今天的工作内容，我决定从列举冬奥各个项目的明星运动员开始，着手调查、分类、整理、归纳他们的背景资料，所以我从成长环境、参赛成绩、个人生活等方面对肖恩·怀特、爱丽丝·鲁滨逊及刘佳宇等运动员进行了全方位了解。

不止于此，为了满足报道需要，我不能仅仅搜集随处可见、人尽皆知的资料，更要对每个明星运动员进行"深挖"，以满足受众多样化的需求。因此我试图从每个运动员身上发掘出一些让人好奇的小话题，比如，"肖恩·怀特为什么要剪掉长发？""天

才少女爱丽丝·鲁滨逊是如何爱上滑雪的？"在挖掘到这些小话题后，我也会在脑海中模拟这些小话题在未来可以如何发光发热、助推体育人物形象的丰满、展现体育运动更深层次的意义等。

虽然北京冬奥会尚未真正来到，但我已预感到此次北京冬奥会对我来说一定是一段终生难忘的旅程，从心而发"参与冬奥、服务冬奥、奉献冬奥"的荣誉感和使命感也必将成为我此次在北京广播电视台实习、实践的强大精神动力。

【2月4日】冬奥，开幕！梦想，启航！

今天是北京冬奥会比赛开始的第三天，同时也是冬奥会正式开幕的日子。在这个国事与佳节双喜临门的日子里，我的心情万分激动，正是这份激动时刻提醒着我要沉下心去迎接、完成属于我的冬奥首秀，助力冬奥。

上午我的工作内容主要是浏览各大媒体平台的新闻，尤其注意在评论区挖掘冬奥受众的所见所闻所感，以此为切入点制作出更有洞察力、更具感染力的媒体作品。比如，在观看抖音视频评论区的时候，我发现不少网友对我国冰壶混双运动员范苏圆的认可度极高，尤其对她的专业能力大加赞赏，都纷纷表示"她推眼镜的时候我就知道稳了"。根据这一现象，结合抖音媒体的传播特点，我在下午制作了"范苏圆推眼镜与其在运动场上精彩表现"的混剪视频，背景音乐使用了富有节奏感的DJ音乐，并且在剪辑过程中做了"卡点"处理，希望能够顺利投放。

【2月7日】激情解说，共话热血冬奥

今天是冬奥会比赛开始的第六天，最近人们的关注点逐渐转移到了我们国家的夺金项目上——速度滑冰与短道速滑。2月5日我们迎来了本届冬奥会中国队的首枚金牌——短道速滑混合接力决赛冠军。换下冰刀，拿起麦克风的"短道速滑大魔王"王濛用自己过硬的专业素养、幽默的个性解说为此块金牌带来了现象级的流量，收获了大批观众的喜爱与点赞，引起了业内的广泛讨论。在王牌解说员黄健翔的配合下，王濛的解说更显激情与活力，除了中国队夺冠后的大加赞赏，甚至还手舞足蹈地为中国队助威，让观众看完比赛后直呼"濛教主太可爱了"。

这一场"意料之外，意料之外"的爆红解说也引起了我的思考。作为我国短道速滑的殿堂级名将，王濛在这个项目上为我国带来过空前的荣誉。有如此高的成就，然而解说的方式却又如此"接地气"，这一对比形成了极大的反差感，拉近了和观众之间的心理距离，消解了世界冠军与观众之间的隔阂，我想这便是王濛此次火爆全网的底层逻辑。我想，虽然大家都知道王濛是位短道速滑名将，但或许不知晓她具体的优秀之处，所以我计划制作一个王濛比赛的混剪视频，加以具有节奏感的音乐，以更感性的形式向受众展现"濛主"的当年之勇。

【2月10日】遇见不一样的肖恩·怀特

今天是北京冬奥会赛程进入第九天的日子。很高兴，我刚刚完成了冰壶混双项目的解说工作，又可以专心致志地展开我的新媒体视频创作工作了。

最近有关世界单板滑雪之王肖恩·怀特的讨论热度再次飙升，本届冬奥会将是他退役前的最后一舞，因此人们对于本届他在冬奥会上的表现也有着不同以往的期待，最终他也不负众望，顺利晋级。肖恩·怀特的巅峰期是在互联网尚未发达的时代，当时人们对他也多是"空闻其名，不识其人"。其实肖恩极其热爱生活、富有人格魅力，这一点，一定是很多雪迷渴望了解的，因此我今天的短视频便以此为切口，制作了一个名为《世界单板之王的多重身份》的短视频。我通过他的社交媒体下载了他各种活动的照片，然后分别冠以"搞怪达人""中华文化小迷弟"等称号，再加上动感的音乐，形成"卡点"的效果，从而让观众在娱乐、轻松的氛围中认识、了解、爱上赛场之外更加立体、丰满的肖恩·怀特。

【2月13日】实力与颜值并存的中国运动员们

今天是北京冬奥会赛程的第十二天。冬奥赛程逐渐接近尾声，在这段日子里我发现：国内受众对于冰雪运动的热情是明显随冬奥赛程呈规律性波动的。由于各种客观条件限制，冰雪运动相较于夏季奥运会项目与大众之间的距离更远，所以大众对于冬奥的最主要切入点就是运动员本身。

譬如冰壶，冰壶在国内的讨论热度仅存在于冬奥赛程期间，但不同于其他项目，这项"绅士运动"为每个运动员带来形象加分，让更多观众关注运动员的外在形象。如赛程初期我国混双冰壶的"智圆组合"，因为姣好的相貌和过硬的实力广受网友喜爱，虽然后期遗憾败北，但也给网友留下了"中国冰壶运动员颜值与实力并存"的深刻印象。

因此，我今天制作了一条名为《带你看看中国男子冰壶颜值队》的短视频，根据受众需求导向，结合流行音乐，从多角度带受众欣赏了我国男子冰壶运动员的场上英姿。

【2月16日】昔日荧幕演艺，今朝赛场驰骋

今天是2月16日，也是冬奥会赛程开始的第十五天。在这个互

联网传播时代，15天紧张刺激的国际性赛事吸引了我们大量的注意力。因此，冬奥会中脱颖而出的奥运健儿也拥有、享受到了瞬时燃爆的流量红利与大众期待。

譬如混双冰壶赛中拿下全胜的"莫萨纳组合"，还有花样滑冰中的羽生结弦。尤其是在我们国民拥有强大文化自信的时代，我国的运动员更是占据头部流量，比如先后涌现的凌智、范苏圆、谷爱凌等人，而在新一个赛事周期中，最引人瞩目的便是"小栓子"苏翊鸣。苏翊鸣与其他运动员相比最特别的一点是他在年少时有过做演员的经历，这一现象在公共论坛上实现了"体娱破壁"，就此我计划搜集、整理、剪辑苏翊鸣参演过的影视剧片段，让受众重温荧幕上的"小栓子"，爱上现实中驰骋雪场、为国争光的苏翊鸣。

【2月19日】泪水，不为悲伤，更为感动

今天是2月19日，还有1天冬奥会就正式结束了。回顾这段时间我们做过的作品，有对冰雪公主谷爱凌的赛况分析，有对世界单板滑雪之王肖恩·怀特的不舍道别，也有对我国冰壶运动员的由衷赞美。虽说这段时间一直都在做内容输出，但我感受到了前所未有的获得感，这份幸运是来自北京体育大学新闻与传播学院和北京广播电视台的馈赠。

我相信随着北京冬奥会进入尾声，一定有不少观众同我一样留恋这场精彩刺激的冰雪之旅，怀念在此期间我国代表队涌现出来的自信优秀的冰雪健儿。我认为，新媒体平台作品的一切都要在合理合规范围内，遵从流量导向原则，受众有相关具体的需求，我们就要尽可能地去满足，因此我计划制作一期名为《带你回顾北京冬奥会的经典时刻》的视频，主要将我国运动员夺金瞬间、高光时

刻及赛场上下的动人画面混剪成视频，回顾北京冬奥会的难忘事件。在剪辑的过程中，我的鼻子突然一酸，一瞬间泪水在眼眶里打转，回忆也汹涌而至。夺冠时的星光、失意时的晚霞、东山再起时的朝阳、拥抱对手时的百川，在此刻都已汇聚成"更快、更高、更强——更团结"的人类文明长河。能亲身经历这些难忘精彩的瞬间让我深感幸运，这些天的视频记录将成为冬奥历史洪流中的一滴水花，虽不足以撼动，但足以闪耀。

回顾整个实习期间，我的创作流程都是：选取热门运动员或事件为出发点—寻找共鸣或反差—进行文本创作。譬如，人们只知道肖恩·怀特在赛场上的辉煌，而对他场下丰富多彩的生活了解甚微，我便制作了《世界单板之王的多重身份》的视频。在整个实习过程中，我的大多作品获得了陈老师的认可。当然也犯过错误，最后导致视频返工，这也让我有了版权意识，十分感激陈老师的细心把关。

奥斯特洛夫斯基曾说过：灵感在劳动中产生。半年前的那段实习时光，不仅增强了我作为媒体人的身份认同感，还使我意识到，只有坚持实践，才能在行业内永远保持竞争力。如今，我仍然在坚持短视频创作工作，这是那段实习经历赋予我的，我对学院和北广永怀感激！

雪车载冬奥梦，言语诉家国情

岳海昊，北京体育大学新闻与传播学院播音与主持艺术专业（体育赛事解说方向）2021级硕士研究生，冬奥会期间担任雪车、钢架雪车解说员。

◎ 岳海昊

彭丽霖，北京体育大学新闻与传播学院播音与主持艺术专业（体育赛事解说方向）2019级本科生，冬奥会期间担任雪车、钢架雪车解说员。

◎ 彭丽霖

"彭岳"默契养成记

【2月11日】把握主动权，营造交流感

今天是我和搭档彭丽霖第一次全程、高强度投入到赛事之中。中国有句老话"万事开头难"，还记得比赛开始之前，我俩默默祈祷，不要有事故，顺利完成就是成功，但是，墨菲定律总是能灵验。比赛过程中还是发生了一些状况：我在赛前检查了麦克风状况、网络状态、设备情况，全部都没有问题，可是在切换进直播信号，我点了准备按钮之后，直播站出现了故障，并没有收到我的声音。然而，在直播站中，我们可以听见彼此的声音，但直播站的工作人员却听不见我讲话，而丽霖和我全然不知，我们继续解说，这就导致最后直播画面中的声音变成了丽霖一个人的。在12分钟后我收到了李晶老师的提醒，才发现这个重大的问题。咨询监播后，监播让我退出直播站重新进入，才最终让一切步入正轨。

据丽霖回忆，当时她有一种整个人"陷入"地面的感觉，大脑已经空白了。这时老师们不断发来信息，她瞬间感觉有一根绳子把她"从地下拉了上来"。画面已经接入了，她明白不能一直沉默。收到新闻与传播学院播音专业李晶老师的提示指令，她决定先打头阵。拿着资料呆滞在麦克风前的她，一收到信息，立马拿起旁边的水杯喝了一口温水，说："从没感觉哪一口水能像这般醒神！"

她鼓起勇气，说出了整场解说的第一句话。尽管这只是句简单的问好，但对于当时的她来说也是异常艰难，这一点不难理解，试想在极其紧张的情况下控制自己的声音，同时还得迅速找到资料为下一句话做准备是多么艰难。不管怎么说，她还是顺利地开场了，

在她的讲述过程中，我以最快的速度解决了问题，我们一起完成了这场记忆深刻的解说。

此外，今天是我们第一次解说雪车项目，两人都非常紧张。我们准备了非常翔实的资料：选手的年龄、身高、体重、赛季表现、生平获奖情况、教练员信息、除了雪车职业之外的其他职业（冬季项目由于是季节性较强的运动，所以很多国外运动员除了雪车运动员之外还有其他的职业，如警察、面包师）、奇闻逸事等。然而，即使准备了非常多的资料，可面对话筒还是显得有一些生硬。再加上直播站的客观问题，导致第一场整个人都是紧绷着的。丽霖赛后也跟我交流，感觉我们的配合缺少默契，存在说话节奏不一致的情况，她的节奏快，我的节奏慢，无法找到一个合适的话语交流状态，容易出现抢话的现象。

记得女子钢架雪车第一轮滑行中，奥地利选手弗洛克滑完之后，慢动作回放画面出来了，丽霖想对这个画面做简单的评述，她的话音刚出，我也说道："在回放中……"事后我还为抢话的事情非常自责，但丽霖让我换个角度考虑问题："这样的'巧合'不也是我们'默契'的一种体现吗？"

我们分析，抢话的主要原因是角色定位不明确，即解说员和评论员的角色分工不清晰，所以我们在中场休息时，听取李晶老师的建议，调整了解说语态，细化了分工。丽霖负责所有数据播报，现场画面的描述；我负责评论技术和补充内容，如此有效减少了抢话频率。这样一来，我们在第二轮解说中逐渐找回状态，紧张感得到了缓解，解说自然流利了很多。

我们意识到只有真正解说完一场比赛后，才能更好地感受比赛的节奏，把握实际情况。实际赛况与平时的练习差异很大，节奏快、难度大，需要更强的反应能力和语言表达能力。今天收获很多，希望能在接下来的实践中表现得更好！

【2月12日】夜晚也要"支棱"起来！

我和丽霖经过两轮比赛的磨合，逐渐找到了搭档的感觉。双人解说和单口解说有很大的不同，最难的地方就在于两个解说员如何配合。就像丽霖所说，要营造交流感。我们明确了具体分工，丽霖播报选手的个人信息、赛道的实时成绩，而我主要点评选手的驾驶技术，讲解赛况，补充选手背景信息。

丽霖在赛后跟我交流了她的感受：面对快节奏的比赛，我们要提高临场应变能力和即兴口语表达能力。在短时间的滑行过程中，学会传达关键信息，筛选出资料中重要的内容进行补充。因为比赛开始之后并不像练习时那么慢，大部分时间都要集中于现场，资料补充只是辅助，要提高对比赛现场的感受和画面处理能力。

今天的解说，我俩面对的大敌就是夜晚。坦白说，刚开始我们提不起精气神儿，状态不佳。剖析之后，发现有客观原因也有主观原因。客观原因在于：夜晚在生物节律之中是休息的一个时间，除非经过专业训练，不然人们的反应力、体力等都会较白天有所下降。面对第一次夜晚解说，我第一个感受就是想不起来之前准备的资料，大脑在茶余饭饱之后处于非常安逸的状态，丝毫不想转动，不过好在解说期间没有打哈欠。主观原因在于：对于体育解说状态的把握不够准确。体育解说不同于其他的播音体裁，不像新闻播报似的正襟危坐，不像新闻评论似的黑白分明，更不像诗歌朗诵般娓娓道来，我们对于体育解说的认识仍然停留在课堂上"应然"，当我们真的坐在主播台前时，却无法将"应然"转变成"实然"。一句话总结我的感受就是，"纸上得来终觉浅，绝知此事要躬行"。解说结束后李晶老师告诉我们，声音状态应该积极些，因为这是体育类的比赛，解说的声音应该给观众传递活力，而低沉的声音听了会让人犯困。这也是我们接下来需要解决的主要问题。

我看到丽霖在日记中写道：历程过半，我已不再那么紧张。踏上坦途之前，我们注定走得跌跌撞撞，但少年鲜衣怒马，何惧艰险？不过就是日后发光的勋章。确实，之前的问题给我们带来的是宝贵的经验，这是课堂上没法得到的实践经验。课堂上我们体会不到比赛开播之后出现故障那种心跳到嗓子眼的紧张感，也不会有把自己变成"八爪鱼"的经验。带着前路积累的"干粮"，走后面的路就更有劲儿了。在磨合过程中，我们变得心里有底，想把之前的经验和想法完善到接下来的场次当中，带着想做得更好的目标，我们继续出发。

【2月14日】中场休息绝不松懈！

今天是女子单人雪车第三轮、第四轮的比赛，很多高水平的选手都会选择在这一轮爆发实力。由于我国选手大赛经历较少，心理承受能力没有其他经验丰富的老将那么强，所以并没有发挥出自己最好的实力，最终无缘领奖台。

其实，中国队的差距在第三轮结束就一目了然了。在中场休息时，我和丽霖交流了彼此收集的资料及对中国雪车队的看法，在这里分享给大家：

中国雪车队真的很优秀。我国雪车建队时间较晚，2015年申请冬奥会成功之后，才开始大力发展、推广冰雪运动。也是在2015年才开始第一次雪车跨项选材，从其他的运动队如田径队、足球队、拳击队等选择合适的人才补给雪车队。要知道，雪车这项运动从1924年第一届夏蒙尼冬奥会就加入比赛项目之中，经过这么多年的长足发展，其他国家的雪车项目已经拥有丰富的比赛经验、装备技术、赛道条件，而中国雪车队在短短的7年内，完成建队、建基地、建比赛场地、参加比赛，并且雪游龙赛道也是2021年8月才开始制冰，10月建成投入使用，主场的赛道优势也没能体现。滑行技术、科技装备、比赛经验等方面，我们都差其他冰雪强国一大截，这7年来的每一步都充满了艰辛。不过我们并没有停下追赶的步伐。拿雪车来说，中国队的雪车是航空航天部门主导研发的，用到了空气动力学、流体力学等方面的知识，为的只是节省选手在比赛中的零点几秒；比赛服装是国产品牌安踏携手科技部门，经过风洞试验研发出来的低阻力的比赛服装。我相信，再给中国雪车选手一点时间，慢慢磨炼技术，积累经验，不远的将来一定能够让中国红飘扬在世界的舞台。

说实在的，第三轮结束，我还有些"意难平"，但通过查看最新的雪车报道及跟丽霖的交流，我的心态放平了许多。所以一定要好好把握中场休息的时间。丽霖在今天的总结中也表示，中场休息时间一定要打起十二分精神，提高效率。首先，我们有最新的数据、最及时的动态，这是我们首要利用的资源。这时候我都会下载好官方新鲜出炉的成绩表，发给丽霖一份，做下半场回顾用。同时，我们会对之前准备的资料做新的补充和调整。其次，就是做小复盘，对于上半场出现的错误我们会讨论一个对策，用在下半场实施以减少错误。在讨论过程中我们也会聊聊天，互相打打气，使工作时紧张的氛围放松下来。比如，聊到整理资料时，丽霖还给我介绍了好用的做笔记的软件。同时，我们自己也会做一些调整，喝口水，上个厕所，或是吃点东西，总之就是让自己的状态更好。同时，要记得关闭麦克风以免讨论的声音从直播站流出。同时，休息时也要时刻关注比赛现场的情况，做好比赛随时开始的准备，不能太过松懈，以免自乱阵脚。

今天的解说自我感觉良好，较前面两轮有较好的提升，找到了两人搭档的感觉，准确地说就是两名解说员之间的话轮转换。抢词次数明显减少，配合默契度也显著提高，可以把这个解说的模式用到我接下来的解说之中，形成统一的标准。在两轮搭档之后，我利用自己"天生的幽默感"，逐渐拉近了与丽霖之间的距离，相信在明天最后一场解说中，也能够有比较好的表现。

【2月15日】关上冬奥麦克风，开启未来新旅程

本次男子双人雪车的选手人数非常多，我们也是第一次遇见这样的情况，所以准备的材料有些不够充分。问题主要集中在解说的后半段，我们的状态已显得有些乏力、知识储备明显不足。因为雪车比赛的每一轮滑行都需要介绍选手，而我们的比赛资料又都是固定的，第三轮介绍选手的资料如果在第四轮仍然照搬照抄，必然会影响观众的观赛体验，这个时候我们才发现自己准备的资料还是不够充分。

好在我们及时调整，在第三轮与第四轮的比赛间隙，进一步补充了选手的资料，因为双人雪车分为舵手和推车手，我们在第三轮比赛的时候过于重视舵手的作用，花大篇幅对舵手信息进行补充，殊不知推车手对成绩的影响也不容小觑。推车手在推车环节的时间节省0.1秒，在其他任何条件都相同的情况下，最终能够为总滑行时间节省0.3秒。

比赛间隙我们收集了推车手的许多信息，为下一轮解说做了

充足的准备；分析官方给我们的第三轮选手成绩，现在有一个流行的词叫作"数据说话"，即使一个选手的名声再大，赛前被称为冠军卫冕者，但是滑行成绩不行还是拿不了冠军。3轮比赛之后，有些选手的成绩是"蒸蒸日上"，还有一些选手的成绩却在第三轮失利，通过对赛段分段的分析，便可窥见一二，"这名选手是因为推车成绩慢了0.1秒，所以这轮没滑好""这名选手是因为第一赛段的4号弯磕碰，导致开始的速度没有上去，影响了最终成绩""这名选手是在螺旋弯的时候，爬得太高了，导致出弯过晚，差点翻车了"……有了这些分析，我们在第四轮解说时，面对不同的选手滑行，就可以更有针对性，也可以为观众提炼出第四轮的观赛亮点。

我与丽霖的配合默契度也有所提升，把"聊天"的感觉带到了解说里面，观众听起来会比较好接受，解说之间的配合也显得更为自然。在解说开头，我们也注意到今天是中国的元宵佳节，可以以元宵节为抓手，在开头对屏幕前的观众致以问候。同时，我们克服了异地连麦解说最大的问题——抢话。我们经赛前沟通，为了进一步增强交流感，把之前设定的一些固定的流程取消了，尽量以聊天的形式进行。

最后一场比赛结束，我关上麦克风的那一刻，确实像"大梦一场"。退出直播站之后，我俩静坐了一会儿，什么也没干。准备的一堆资料在桌上散乱着，电脑停留在了最新的成绩表页面，麦克风的灯关了，只有我们面前的白墙在"放电影"，一部关于北体解说和北京冬奥会的电影。

由我们学院领导、老师、学生共同组成的北体解说团队为冬奥会所做的筹备工作又划过眼前，一节节理论结合实践的冰雪运动课，一个个疯狂输入体育知识的日夜，一次次老师细心的指导，一场场严格的考试，所有的努力化作了北体解说的专业和热爱，展现在2022年北京冬奥会的舞台上。我十分荣幸成为北体解说中的一员，为我国盛大的冰雪赛事服务，比赛会落下帷幕，但我不会停下，北体解说不会停下，中国的体育发展不会停下。因为，路再远，走下去就能抵达!